古代歷史文化 研究輯刊

十編

王明蓀 主編

第21冊

馬可波羅與元初社會

申友良 著

國家圖書館出版品預行編目資料

馬可波羅與元初社會／申友良 著 — 初版 — 新北市：花木蘭
文化出版社，2013〔民 102〕

目 2+202 面；19×26 公分

（古代歷史文化研究輯刊 十編：第 21 冊）

ISBN：978-986-322-349-8（精裝）

1. 社會生活　2. 元代

618　　　　　　　　　　　　　　　　　　　102014419

ISBN-978-986-322-349-8

9 789863 223498

古代歷史文化研究輯刊

十 編　第二一冊　　　　　ISBN：978-986-322-349-8

馬可波羅與元初社會

作　　者　申友良

主　　編　王明蓀

總 編 輯　杜潔祥

出　　版　花木蘭文化出版社

發 行 所　花木蘭文化出版社

發 行 人　高小娟

聯絡地址　235 新北市中和區中安街七二號十三樓

　　　　　電話：02-2923-1455／傳眞：02-2923-1452

網　　址　http://www.huamulan.tw 信箱 sut81518@gmail.com

印　　刷　普羅文化出版廣告事業

初　　版　2013 年 9 月

定　　價　十編 35 冊（精裝）新台幣 62,000 元

本書由蘭州大學意大利文化研究中心資助

（Supported by the Research Center for Italian Culture of Lanzhou University）

鳴謝：香港文化更新研究中心及中國文藝復興教育基金有限公司

馬可波羅與元初社會

申友良　著

作者簡介

申友良（1964～），男，籍貫湖南邵陽。歷史學副教授，現任職於湛江師範學院歷史系。1996年博士畢業於南京大學，師從陳得芝教授。1998年又到中央民族大學博士後流動站師從王鍾翰教授和陳連開教授。主要研究專長爲中國古代史、中國民族史、中西文化交流、廣東地方史等方面，特別是在中國古代北方少數民族研究、中國古代遼金元時期歷史研究以及馬可·波羅研究等方面已經取得了初步的成果。先後出版專著《中國北族王朝初探》、《中國北方民族及其政權研究》、《馬可波羅時代》、《報王黃世仲》、《馬可波羅遊記的困惑》等5部，合著《文物鑒定指南》、《新中國的民族關係概論》、《中國歷史地名大辭典》等3部，發表學術論文60多篇。

提　　要

　　對於元初社會狀況的認識，學術界存在諸多不同的觀點和聲音。到底真實的元初的社會狀況是怎樣的呢？由於文獻材料的匱乏，無法完整地復原當時的實況。

　　元朝在古代社會中是一個特殊的朝代，它是第一個由少數民族建立的大一統的專制王朝，也是中國古代王朝中疆域最爲遼闊的朝代，它的統治者是依靠武力征服大半個世界的遊牧民族，所有這些與以往中國的統治者有很大的差別。在元代，中國的士大夫們失去了以往優越的社會地位，中國傳統政治受到了前所未有的衝擊；在社會風俗方面，由於蒙古人是統治階級，它的到來必然爲社會生活方面注入新的元素，民眾的生活習慣、生活方式會和蒙古人相互融合；在經濟方面帶來的變革尤爲明顯和重要，由於遊牧民族特有的「重商主義」使得統治者對商業格外的重視，使得商業的地位變得尤爲重要。

　　《馬可·波羅遊記》一書從一個外國人的視角出發，詳細記載了當時元初的社會、政治、經濟、軍事、文化等方面的情況，這種視角對於中國學術界關於元初社會狀況的研究，無疑具有相當高的借鑒意義和參考價值的。

目次

第一章 從《馬可・波羅遊記》 看元初的社會變遷

　　《馬可・波羅遊記》是 13 世紀著名商人、冒險家馬可・波羅口述的東遊途中所歷經種種的一部著作。雖然這部著作受到很大的爭議，有些學者認為其根本不存在，但仍有大量的證據證明其真實性，更是研究元初社會發展的重要史料，從其著作中可以瞭解到元初的政治制度、商業狀況、社會風俗、農業發展等方面的內容。在這章裏，就當時大汗的權威、政治制度、商業、社會風俗、農業等方面去探索元初的社會變遷問題。

一、從普通百姓生活變遷角度來看元初的社會變遷

　　在元朝之前，中國人上廁所大便後用的是廁籌，也叫廁牏，也就是木片或竹片，這種大便後的非一次性用品，可供家居長期使用，但須時時勤加洗滌。在元朝時代，手紙首先由蒙古皇室貴族成員開始使用，然後官員階層紛紛效法，隨後推廣開來，普及到廣大城鎮居民。在元朝以前，中國民居多為茅屋。而經過元朝時代的經濟大發展之後，大部分人民則住上了瓦房。由此可見，經過元朝時代的經濟大發展，社會大進步，廣大鄉村已經遍地瓦房，那個連縣衙門都「了無片瓦」的時代一去不復返了。最令後人吃驚的是，在宋代，中國人多有穿紙衣的可悲現象，而在元朝時代，廣大中國人民才開始普遍享受棉衣的溫暖。

二、從科技文化角度來看元初的社會變遷

宋朝科技成果無疑是相當輝煌的，然而元朝時代與宋朝相比科技水平則更為先進。其中最主要一個原因是：元朝統治者吸收科技知識的態度是主動而非被動，對科技發展的推動也是充滿熱情的。在元朝時代，一些關乎國計民生的科學技術在元朝政府的扶持下得到了前所未有的高速發展。在天文學方面，由政府組織的一系列最先進的大規模天文實測活動南至南沙北達北極圈附近，使得當時中國天文學發展遠遠超出宋代成就，處於世界領先地位，許多項天文學先進成果西方數百年後才能趕上。如由郭守敬、王恂等編創的《授時曆》正是其中最傑出的成果。在數學方面，元代大數學家朱世傑的成就也遠遠超過宋人，《四元玉鑒》是中國數學著作中最重要的，同時也是中世紀最傑出的數學著作之一。在地理學方面，《大元一統志》開中國官修地理總志之先河，也是中國古代史上篇幅最大的一部官修地理志書；元代編修的方志達到 160 種，數量遠遠超過了宋代。在農業技術及農學普及方面，南北東西農作物廣泛交流，各地農業技術（如生產工具）取長補短，棉花種植在元代得到全面推廣，很多農作物得到普及。政府加強了農業科技的總結和普及工作，司農司編輯的《農桑輯要》是中國古代政府編行的最早的、指導全國農業生產的綜合性農書，魯明善的《農桑衣食撮要》是中國月令體農書中最古的一部，王禎的《農書》是中國第一部對全國農業進行系統研究的農書。在船舶製造業上，元朝時代也獲得了前所未有的大發展。1984 年在山東省蓬萊縣登州港海灣中發現的蓬萊元代戰船是世界上迄今為止發現的最長的中國古戰船，古船上一舉兩得的掛錫工藝，在我國古代船舶中還是首次發現，船上裝備有世界上最早的艦炮裝置，在當時海軍中是最先進的。宋代對外交通，甚為發達，但其各項學術，都不脫中國民族本位文化的範圍，對外來文化的吸收，幾達停滯狀態。而元朝顯然改變了宋朝這種「對外來文化的吸收，幾達停滯狀態」的不良局面。從統治者文化心態上看，無疑元朝統治者要比宋朝統治者更開放更寬鬆。在這種開放文化格局下，元朝出現了比宋詞更為自然，更為市民化的元曲文化。

三、從《馬可‧波羅遊記》看元初的君主權力的變遷

馬可‧波羅來到中國時正值忽必烈時期，從《馬可‧波羅遊記》中可以看出大汗出行遊玩時隨行人員之眾多，排場之豪華，聲勢之浩大，盡顯皇家

天威。在娛樂方面，大汗愛好狩獵，應當說整個社會的人們都很愛好這項活動，其記載著「有一萬名鷹師同行，他們攜帶著大批白隼、遊隼和許多兀鷹，以便沿河捕獲獵物，許多富於趣味的事件伴著狩獵活動而出現」，[註1] 可以看得出當時大汗狩獵活動排場的浩大。

從大汗行宮的豪華奢靡也可看出當時大汗無限大的權威，「上都是忽必烈大汗所建造的都城，他還用大理石和各種美麗的石頭建造了一座宮殿……該宮殿的所有殿堂和房間都鍍了金，裝飾的富麗堂皇，屋頂也布置的金碧輝煌，滿目琳琅，大殿非常寬敞，能容納一大群人在這裏舉行宴會。皇宮內還有許多獨立的房屋，構造精美，布局合理」，[註2] 其富麗堂皇的宮殿就真實地顯示了元初皇權的至高無上，神聖無比。

甚至在日常生活中他也很講究這種君臨天下的自我感覺，《馬可‧波羅遊記》中就寫到「無論大汗坐在哪一殿堂之上，總要依照一定的慣例。他的桌子安放得比別人的高出一大截，皇室成員只能坐得更低，低到他們的頭與大汗的腳處於同一水平線上。其他一些王侯們坐得更低，這樣設置桌子，是為了皇上能夠看到所有的在座者，看到每一個人。」[註3] 座位按照嚴格的順序排放，這更能顯現出大汗的威嚴。

四、從《馬可‧波羅遊記》看元初政治制度的變遷

元初君主權力空前膨脹，面對如此廣闊的元朝，而忽必烈又是採取怎樣的制度去管理王朝的呢？可以從《馬可‧波羅遊記》中所描寫的驛站制度、宵禁制度、治安與戶籍制度、社會救濟四個方面去瞭解元初的政治制度。

元代有相當完備的驛站制度，在汗八里城有許多道路通往各省，每條大路按照市鎮的位置，每隔大約數十里就有一個招待信使與客商的旅館。這給來到帝國朝廷的專使和往來於各省、各國王的欽差提供了很大的方便，在大汗的整個疆土內，遞信部門服務的馬匹不下二十萬，而設備齊全的驛站也有一萬家。這種制度在行動上很有效率，也使得帝國的管理很有秩序，從中可以得出當一個地方出現叛亂的時候，能很快就傳回中央，使得中央能很快就派兵去鎮壓；當帝國出兵去征服周邊地區的時候也能及時得到軍情，以便戰

〔註1〕馬可‧波羅，馬可‧波羅遊記〔M〕，北京：中國文史出版社，2006，128。
〔註2〕馬可‧波羅，馬可‧波羅遊記〔M〕，北京：中國文史出版社，2006，92。
〔註3〕馬可‧波羅，馬可‧波羅遊記〔M〕，北京：中國文史出版社，2006，120。

爭能夠取得勝利。應該說驛站制度在元初大帝國管理國家、周邊地區是發揮著重要的作用。

《馬可‧波羅遊記》中還寫到了那時的宵禁制度,「城區中央都設有鐘樓,夜晚鳴鐘報時,按照制度,第三次鳴鐘後,城區實行宵禁,禁止行人外出行走,違反者立即拘禁,移交城防管吏處理,在宵禁期間,也禁止居民點燈和作業。」〔註4〕這種宵禁制度大大加強了中央對人們的管理,也有助於有效防止人們密謀叛亂,也可以看出元初中央權力的加強。

中央採取的治安與戶籍管理以加強對地方的管理,城市每個主要街道都設置巡邏兵維持城內治安,遇到火警,巡邏兵敲擊木板發出警報,戍兵立即奔赴現場救火,從中可以看出元朝對人們安全的重視,此舉亦能贏得人心,安定百姓,而無疑之中也加強了對地方的管理,不讓叛亂分子乘機作亂,壓制社會生活中一切反叛的活動,這些措施體現了元朝中央對地方的管理大大加強。在戶口管理上,各家長需將全家人口數目及變動情況,登記於政府帳冊,同時張貼在大門上,便於官府檢查,用這種制度管理百姓便可以清楚了然的知道居民家中的人數,整個城鎮的人數,對於農田產量也能從中瞭解到。這樣也能大大加強官府對人們的控制,正是元初中央善於加強對地方、對人們的管理,才能有效控制如此廣闊的疆域,對內安定也有助於發動對外戰爭,掠奪更多的疆土。

忽必烈非常重視改善民生,每年都派遣使者巡視各地,體察民情。遇到各省有災荒發生,如饑荒或牲畜大量死亡,政府不僅免去災民的賦稅,還會從中央穀庫那裏調劑穀物賑濟災民。對於因天災人禍而陷入貧民的家庭,忽必烈經常取出賑濟的私產進行資助,政府還在主要城市中設立慈善機構,專門收容老弱殘廢以及失去工作能力的人。從中看出忽必烈時期的社會政府對人們並非殘暴,而是注重民生,關注百姓的生活。

五、從《馬可‧波羅遊記》看元初商業的變遷

忽必烈還改變了中國「重農抑商」的古老傳統,實行保護商業、發展商業的方針。由於蒙古族當時統治的地域幅員遼闊,也造成了元朝的經濟發展非常的頻繁,尤其是對外貿易的交往更為頻繁。可以從《馬可‧波羅遊記》

〔註4〕 馬可‧波羅,馬可‧波羅遊記〔M〕,北京:中國文史出版社,2006,118。

中看到馬可‧波羅在每到一個省或地區都描寫到當時商業的繁榮，總的來看，整個城市商業活動在整個元初都比較繁榮。

手工業在這個時期也得到極大的發展，從《馬可‧波羅遊記》中經常看到居民從事手工業，元朝時期有官辦手工業，私營手工業經營紡織、陶瓷、釀酒等。手工業中織造綢緞很是盛行，棉紡織也發展得很好，居民從事各種藝術活動，如：繪畫、雕刻、鑄銅、陶瓷、建築等，手工業的發展也大大輔助了商業的發展，可以看出元初居民的生活水平有所提高。

元初通過水運發展商業也相當頻繁，南京、鎮江、揚州、杭州、福州等各大城市都利用運河運載貨物。《馬可‧波羅遊記》中就有這樣的記載「這座城方圓約有一百英里，他的街道和運河都十分寬闊……這座城市位於一個清澈澄明的淡水湖與一條大河之間。湖水經由大小運河引導，流入全城各處，並將所有垃圾帶入湖中，最終流入大海。城內除了陸上交通外，還有各種水上通道，可以到達城市各處。所有的運河與街道都很寬闊，所以運載居民必需品的船隻與車輛，都能很方便地來往穿梭。」〔註5〕城市中的河流、支流眾多，南北之間有運河和海道，東西之間有各條自然河流，有時船隻把貨物從這個地區運到另一個地區，有時船隻只是把貨物從地區的這頭運到另一頭，往來船隻相當熱鬧。水運運輸方式也大大提高了商業貿易活動的頻率，從往來船隻的穿梭，也可體現商業貿易的繁榮，也使得元朝成為 13 世紀世界上貿易活動最頻繁的地區，大大提高了人民的生活水平，也促進了地區與地區之間交流的加強。

元朝疆域的遼闊，統治者的開放治國思想，使得國內外貿易有所發展。大都是全國最大的城市，馬可‧波羅當時有這樣一段精彩記敘：「汗八里城內外人口繁多，有若干城門，還有不少附郭。居住在這些附郭中的有不少來自世界各地的外國人，他們或是來進貢方物的，或是來售貨給宮中，所以城內外都有華屋巨室，有的是貴族居住的，有的是供商人居住的，每個國家都有自己的專門住宅。國外運來的價錢昂貴的珍品和各種商品之多，世界上沒有一個地方可以與之相比。來自各地的貨物，川流不息。僅絲一項，每天進城的有成千車，還有不少絲織品」。〔註6〕由此可以看出元朝與各國商人都有進行商業貿易活動，整個社會處於人口來往頻繁商業貿易活動盛行的風氣之中。

〔註5〕馬可‧波羅，馬可‧波羅遊記〔M〕，北京：中國文史出版社，2006，201。
〔註6〕馬可‧波羅，馬可‧波羅遊記〔M〕，北京：中國文史出版社，2006，132。

在一個大城市中，市場上的貿易活動也非常的頻繁，《馬可‧波羅遊記》中有這樣一段記錄：「城內除了各街道上密密麻麻的店鋪外，還有十個大廣場或市場，這些廣場每邊都長達半英里。大街位於廣場前面，街面寬四十步，從城的一端筆直地延伸到另一端，有許多較低的橋橫跨其上……這裏的近岸處有許多石頭建築的大貨棧，這些貨棧是為了那些攜帶貨物從印度和其它地方來的商人而準備的。從市場角度看，這些廣場的位置十分利於交易，每個市場在一星期的三天中，都有四、五萬人來趕集。所有你能想到的商品，在市場上都有銷售」。〔註7〕從這可以知道元初市場上商品銷售的熱鬧，街道上店鋪鱗次櫛比，市場中擠滿商人，各種貨物滿目琳琅，眾人為維持自己的生計行業，人們也為購買所需商品，川流不息。還出現手工工場，工場中有雇傭工人，凡所經之處均可看到元初社會生活的繁榮與熱鬧。

大汗發行的一種紙幣通行於全國上下，《馬可‧波羅遊記》中這樣記載著「大都設有造幣廠，使用桑樹皮製成紙幣，價值與金幣、銀幣相等。」〔註8〕正是由於紙幣通行於全國，更加方便了人們的貿易活動，有利於人們外出進行商業活動時攜帶方便，全國居民都使用這種紙幣，也大大方便了人們的生活。從這些可以看出元初社會在各方面發展都是相對較完善的。

商業貿易中，鹽業與糖業是大汗主要的收入來源，「人生不願萬戶侯，但願鹽利淮西頭。」講的就是當時鹽業商人的情況，鹽業與糖業的盛行也大大促進了商業的發展。

中國人在兩千多年前的西漢時期，已懂得用煤炭作為燃料。然而大多數歐洲人在十三世紀還不知道煤的用途。因此，當馬可‧波羅看到中國人在用煤時，竟以為那是一種可以燃燒的黑石頭。《馬可‧波羅遊記》記載「這種黑石頭採自礦山，燃燒效果超過木炭，甚至可以從夜晚燃燒到天明仍不會熄滅……這些黑石塊取之不盡，各地都在使用，價格也十分低廉」，〔註9〕煤炭的使用，也促進了商業的發展，並在人們的生活中產生很大的幫助。而由此也可見，十三世紀時，中國的物質文明就遠在西方之上。

六、從《馬可‧波羅遊記》看元初社會風俗的變遷

閱讀《馬可‧波羅遊記》可以從中瞭解到元初的社會風俗。元朝時期人

〔註7〕 馬可‧波羅，馬可‧波羅遊記〔M〕，北京：中國文史出版社，2006，202。
〔註8〕 湯標中，元代和忽必烈商業政策〔J〕，北京商學院學報，1979。
〔註9〕 海日，論元世祖忽必烈的經濟政策〔J〕，世界歷史，2009，（5）。

口眾多，尤其是各大城市，在市場上交易的場景更是車水馬龍、川流不息。
人們的生活水平溢於言表，就拿杭州來說吧，杭州的居民「渾身綾羅，遍體
錦繡，她們的綢緞服裝和渾身珠寶的昂貴，是令人無法想像的」，杭州的居民
的住宅「建築華麗，雕梁畫棟，耗費的錢財，是極其可觀的」，西湖上的划舟
行樂，令人心曠神怡。由此可以得知人們生活極其富裕，並且生活極其奢靡，
這都是元初的社會狀況。

　　《馬可‧波羅遊記》中記載著大多數省份的居民都是偶像崇拜者，這個
時期的基督教在元朝也有所發展。人們也比較的迷信，如「記下子女的生辰
年月，當嬰兒長大以後，有什麼重要的事情，便可讓算命先生預言事情的成
敗，然後再根據此去進行……大街上有算命先生或術士，任何婚姻在沒有得
到算命先生的意見前，絕不會舉辦的。」〔註 10〕從中可以看出人們的迷信
觀念很重。在汗八里城的基督教教徒、薩拉森人和契丹人中，約有五千名占
星學者與預言家。他們的衣食是由大汗供給的，他們可以因此不斷地研究法
術。當占星學家在他們的觀象儀中發現某事件的徵兆時，便宣佈該事件將要
出現，但同時又說，上帝可以隨意或多或少地改變他們所記下的事件。因此
可以知道不僅是在民間居民非常迷信，而且在統治階級也是如此，可以說元
初整個社會都是崇信迷信的，根據迷信來調整生活。從《馬可‧波羅遊記》
中也能瞭解到元初的葬儀「所有死者的家屬及親友都必須穿起粗麻布衣服，
伴送死者直到墳地。送葬的隊伍伴衣樂隊，沿途吹吹打打，還有僧侶之類的
人高聲念頌經文，燒紙製的葬品。」〔註 11〕從中也可以大略知道元朝的葬儀。
還從中知道有些地區，不介意妻子與來這個地區居住的旅客發生關係，並不
認為此是件恥辱的事，而是妻子受到越多人青睞越覺得有面子。還有個地區
把來到家中做客的認為有智慧的人殺死，他們認為這樣上帝就能讓他們成為
有智慧的人……等等這些社會風俗。從《馬可‧波羅遊記》中可以看出元初
有許多不良的社會風俗得到了改變，但是一些頑固的惡習依然殘留著。

七、元初社會變遷的影響

　　《馬可‧波羅遊記》以紀實的手法，記述了馬可‧波羅東遊途中與旅居

〔註10〕馬可‧波羅，馬可‧波羅遊記〔M〕，北京：中國文史出版社，2006，207。
〔註11〕海日，論元世祖忽必烈的經濟政策〔J〕，世界歷史，2009，（5）。

中國的所見所聞。記載了元初的普通百姓社會生活、科技文化、君主權力、政治制度的變化、商業的繁榮和社會風俗的方面。從中可以看出元初普通百姓的生活越過越好，這說明了元朝較宋朝社會有所發展，而且普通百姓的生活得到改善也有利於社會的穩定。科技文化的發展使得元朝在中國古代長河中留下了寶貴的財富，也正是由於科學與技術的發展才使得元朝的商業如此繁榮，且元曲的發展也大大豐富了市民的生活，提高了人們的思想水平，統治者心態的開放接受外來文化，才使得馬可‧波羅得以有幸感受元朝的繁榮，其著作為研究元朝留下寶貴的史料。

元初由於其軍事的強大，征服了很多小國而使得大汗自覺得自己是世界的主宰，而人們也順從地屈服於大汗的統治之下，君主的權利達到很大的加強，應當說此時的社會是少有出現叛亂的，整個社會在君主權威的籠罩之下出現了相對安定的局面，君主權力的加強也有利於集全國的人力物力進行建設，使得元朝是當時世界上數一數二的強國。對於一個地域如此遼闊的元朝，採取驛站制度、宵禁制度等政治制度去管理莫大的國家，無疑是正確的。從中不難看出元初由於地域廣闊，經濟貿易頻繁，社會在這種繁榮中出現了相對安定的局面，其中還是大大歸結於忽必烈採取的人性管理，在大大加強中央對地方控制的同時也關注百姓的生活，才使得百姓安居樂業。由於國家資金的充足，才有足夠的資金去採取驛站制度和在天災人禍時對社會進行救濟，而百姓在宵禁制度和戶口管理之下，也井然有序地生活。從中可以發現了雖然忽必烈會出兵去征服周邊地區和國家，置被征服地區百姓於水火之中，但是在元朝內部人們還是過著相對安定的生活。元初商業貿易的繁榮，且貿易形式多種多樣，大大提高了人們的生活水平，從手工業的發展、發達的水運、國內外貿易交易的頻繁、市場的熱鬧等方面可以看出元初社會的發展水平達到了一個高度。

綜上所述，在馬可‧波羅的眼中，元代的中國是一個幅員遼闊、人口眾多、國力強大、商業繁榮的國家。大汗忽必烈精明而顯威嚴，整個國家有一套完整的政治制度和運作系統，城市的布局和治安措施非常嚴密，驛站制度使得中央與各地方之間形成緊密的聯繫，而採取的賑濟災民的措施也起到維護社會穩定的做用。總之，從《馬可‧波羅遊記》中，由此可以看出由於元初蒙古族通過武力征服廣大地區，國力達到鼎盛時期，大汗的權力威震四海，而與此同時也保障了元朝人們的生活，社會通過採取一系列措施的發展，君

主權力較之有所加強，中央與地方的聯繫也日益密切，商業也隨著疆域版圖
的擴大而頻繁起來，與周邊地區加強了貿易聯繫，農業也較之前有所發展，
很多技術運用其中，社會民情風俗也因為地區的聯繫加強也逐漸趨於統一，
一些優良的民俗習慣得以延續，但也保留了大量的惡習。

第二章　從《馬可・波羅遊記》
看元初的社會風俗

　　元代是中國歷史上第一個由少數民族建立的大一統帝國，也是中國歷史上疆域最大的封建王朝，研究元初的社會風俗特點是研究元代歷史的一個重要方面。《馬可・波羅遊記》一書敘述了馬可・波羅在元代中國各地的見聞，對元初的蒙古族、漢族和少數民族人民的生活習俗，分別從婚姻、宗教信仰、喪葬、飲食，以及服飾、住居、節日、娛樂等方面進行了描述，展示了元代特有的民情風俗，是研究元初社會風俗的一部重要作品。本文主要談談《馬可・波羅遊記》一書反映出的元初社會風俗情況。

一、婚　姻

（一）多妻制

　　在元代，多妻制比較盛行。蒙古族和其他一些民族多實行多妻制，而漢族，大多數採取「一夫一妻制，以納妾作爲補充」的婚姻形式。〔註1〕馬可・波羅在遊記中指出：「韃靼的男子可以隨意娶妻。」〔註2〕「普通人可以娶二、三房妻室，有些可能還更多，有些則少些，這全憑自己的財力而定。因爲他們不僅得不到女方的嫁妝，而且還必須將牲畜、奴隸和金錢分給自己的妻子。結髮妻子在家中享有一種優越的地位，丈夫如果發現某個妻子有對不

〔註1〕 史衛民，元代社會生活史〔M〕，北京：中國社會科學出版社，1996，60。
〔註2〕 馬可・波羅，馬可・波羅遊記〔M〕，北京：中國文化出版社，1998，82。

起自己的行爲，或不被自己所喜歡，則可將她休回家去。」〔註3〕「男子大多貪戀女色，按照他們的法律和風俗，只要有維持生活的能力，男子可以任意娶妻。某個青年女子即使出身貧寒，只要美麗動人，富人就會娶她爲妻，並且爲了能娶得上她，會向她的父母和親屬送上價值不菲的禮物。」〔註4〕因此，「一切偶像崇拜者和薩拉森人都按照自己的情況，娶六個、八個或十個妻妾」。〔註5〕

蒙古族的多妻制和漢族的妻妾制是不同的。蒙古族的多妻制都是妻子，有正妻、次妻之分，正妻的地位比次妻的要高。「結髮妻子具有特別的權力，這是合法的。同時這種權力又擴大到她所生的子女身上。」〔註6〕根據馬可·波羅的描述，忽必烈「他有四個合法的皇后，她們四人中任何人的長子在大汗駕崩後，都能繼承大位。她們享有同樣的皇后稱號，各居一座宮殿。」〔註7〕由此，可以猜測，忽必烈有四個正妻。漢族的妻妾制，妻子「無所謂正、次之分，只能有一個」；其妾「既不能有次妻的稱謂，也不應享有妻子的地位」。〔註8〕

（二）收繼婚

蒙古族保留著收繼婚的風俗。馬可·波羅在遊記中是這樣描述的：「父親死後，兒子可以將父親遺留下的妻子作爲自己的妻子，只有他的生母例外。他們不能娶自己的姊妹爲妻，但他們的兄弟死後，可以娶嫂子或弟婦爲妻。每一次結婚都要舉行盛大的儀式。」〔註9〕所謂的收繼婚亦稱「轉房」，或「接續」，是指婦女喪夫之後，改嫁給其亡夫的親屬爲妻的婚姻風俗，用司馬遷對匈奴婚俗的描述即是「父死，妻其後母；兄弟死，皆取其妻妻之。」〔註10〕從《馬可·波羅遊記》和司馬遷對收繼婚風俗的描述中，可以看到蒙古族的收繼婚包括平輩收繼、異輩收繼兩種婚姻形式。史衛民在他的著作《元代社會生活史》中指出，實行收繼婚的一個重要原因，是保證家庭和家庭財產的穩定性，不致因寡婦再嫁使財產流向其他家庭或家族。〔註11〕除了這個原因，

〔註3〕 馬可·波羅，馬可·波羅遊記〔M〕，北京：中國文化出版社，1998，73。
〔註4〕 馬可·波羅，馬可·波羅遊記〔M〕，北京：中國文化出版社，1998，89。
〔註5〕 馬可·波羅，馬可·波羅遊記〔M〕，北京：中國文化出版社，1998，142。
〔註6〕 馬可·波羅，馬可·波羅遊記〔M〕，北京：中國文化出版社，1998，82。
〔註7〕 馬可·波羅，馬可·波羅遊記〔M〕，北京：中國文化出版社，1998，110。
〔註8〕 史衛民，元代社會生活史〔M〕，北京：中國社會科學出版社，1996，64。
〔註9〕 馬可·波羅，馬可·波羅遊記〔M〕，北京：中國文化出版社，1998，82。
〔註10〕 王曉清，元代收繼婚制述論〔J〕，內蒙古社會科學，1989，（6）：73～78。
〔註11〕 史衛民，元代社會生活史〔M〕，北京：中國社會科學出版社，1996，57。

還有一個原因值得考證：如果有孩子的話，這樣可以更好地照顧孩子，不致
孩子沒了父親又沒了母親的照顧。

受蒙古族的影響，漢族也出現了收繼婚，而「弟收兄嫂」成了元代唯一
合法的漢人收繼婚形式。〔註 12〕在漢族人中，接受收繼婚風俗的一般是下層
貧民。

（三）冥婚制

除了收繼婚，冥婚制也在蒙古族中流行。「當某個韃靼人有一個兒子，而
另一家有個女兒時，雖然兒女們可能都已死去多時，但他們的家長仍可以替
他們訂立婚約。同時在紙片上畫一些侍從、馬和其它動物以及各種衣服、金
錢、日用器具。家長們將這些紙連同正式訂下的婚約付之一炬，以便送到陰
間供自己的兒女享用，並讓他們彼此正式結成夫婦。雙方的家長在舉行過這
個儀式後，也就視為親戚，和兒女們在世上真正結婚一樣」。〔註 13〕

（四）其他婚姻習俗

某些地方，如哈密、西藏、建都（今雲南麗江附近）等地，有留生客讓
妻子、女兒、姊妹和其他女親屬招待食宿，而丈夫不在家的習俗。「每當有生
客經過，想在他們的家中住宿時，他們就格外高興，並且要求自己的妻子、
女兒、姊妹和其他女親屬招待客人，對客人的要求百依百順。自己則離家進
城，從城裏送回各種各樣招待客人的必需品，使客人覺得那些婦女和自己的
妻子一樣。」他們認為，這樣的招待「是符合他們的神的意志」的，才可以
得到神的祝福。〔註 14〕

馬可‧波羅指出，在貝恩省，有一個很奇特的風俗：「凡結過婚的男人離
家外出二十日，他在家的妻子就有改嫁的權利；男子也同樣可以到別處另外
娶妻安家。」〔註 15〕

馬可‧波羅還指出，在西藏，人們是不娶處女的。「這些地方的人民不願
娶保持童貞的青年女子為妻，竟然要她們婚前與許多男人交合過，才算合
格……他們相信一個沒有男伴的女子是毫無價值的。」〔註 16〕

〔註 12〕史衛民，元代社會生活史〔M〕，北京：中國社會科學出版社，1996，66。
〔註 13〕馬可‧波羅，馬可‧波羅遊記〔M〕，北京：中國文化出版社，1998，86。
〔註 14〕馬可‧波羅，馬可‧波羅遊記〔M〕，北京：中國文化出版社，1998，69。
〔註 15〕馬可‧波羅，馬可‧波羅遊記〔M〕，北京：中國文化出版社，1998，63。
〔註 16〕馬可‧波羅，馬可‧波羅遊記〔M〕，北京：中國文化出版社，1998，161。

二、宗教信仰

元代的宗教政策是十分寬容的，因此便形成了元代宗教的多元性和開放性。「人類各階層敬仰並崇拜四大先知。基督徒視耶穌爲他們的神，薩拉森人視穆罕默德爲他們的神，猶太人視摩西爲他們的神，偶像崇拜者視釋迦牟尼爲他們的神。我對於四者，都表示敬仰，懇求他們中間眞正的，在天上的一位尊者給予我幫助。」〔註17〕從這段話就可以看出忽必烈以及元代的其他統治者對宗教的態度：他們對基督教、伊斯蘭教、猶太教、偶像崇拜都一視同仁。「每當基督教主要節日如復活節、聖誕節，他總是這樣做的。即使是薩拉森人、猶太人或偶像崇拜者的節日他也舉行同樣的儀式。」〔註18〕由此可知，忽必烈和蒙古汗廷的達官貴人也像尊重基督徒那樣尊重猶太人，猶太人的宗教和節日受到了忽必烈汗的重視。

（一）基督教

忽必烈尊重基督教。《馬可‧波羅遊記》中有這樣一段記載：「三月是我們的復活節，大汗知道這是我們的主要祭祀之一，於是下令所有的基督徒都來到他的面前，並捧出他們的四大福音的《聖經》。他十分莊嚴的下令將《聖經》用香薰幾次，然後很虔誠的對它行一個吻禮，並命令所有在場的貴族行同樣的禮節。」〔註19〕由此可知，忽必烈尊重和重視基督教。

基督徒分佈極爲廣泛，還修建了一些教堂。如甘州，「大多數居民是偶像崇拜者，但也有些基督教徒和回教徒。基督徒在該城中修建了三座宏偉的教堂。」〔註20〕再如寧夏王國，「居民大都是偶像崇拜者，但聶斯托利派的基督教教徒也有三個教堂。」〔註21〕還有鎮江府，「這個城裏有三座聶斯托利派的基督教教堂，建於一二七八年。」〔註22〕

忽必烈相信基督但卻不奉基督教。他認爲這裏的基督徒都是些沒有知識、沒有能力的人，沒有表現出任何神奇的能力。但那些偶像崇拜者卻可以隨心所欲地施展各種法術，對於惡劣的天氣具有使它退出天空的本事，並且

〔註17〕馬可‧波羅，馬可‧波羅遊記〔M〕，北京：中國文化出版社，1998，106。
〔註18〕馬可‧波羅，馬可‧波羅遊記〔M〕，北京：中國文化出版社，1998，105。
〔註19〕馬可‧波羅，馬可‧波羅遊記〔M〕，北京：中國文化出版社，1998，105。
〔註20〕馬可‧波羅，馬可‧波羅遊記〔M〕，北京：中國文化出版社，1998，72。
〔註21〕馬可‧波羅，馬可‧波羅遊記〔M〕，北京：中國文化出版社，1998，89。
〔註22〕馬可‧波羅，馬可‧波羅遊記〔M〕，北京：中國文化出版社，1998，198。

還有許多奇異的本領，能預言，問卜求籤，無不應驗。〔註23〕

（二）偶像崇拜

元代大多數人都是偶像崇拜者。根據馬可‧波羅在遊記中的記載，唐古多省（今寧夏、甘肅等地）、欽赤塔拉斯城（今新疆吐魯番）、京兆府城（今陝西西安）、揚州、南京省、京師城等都有偶像崇拜分佈，因此，可以知道，元代的偶像崇拜分佈很廣泛。他們「建造了許多廟宇，供奉著大量的偶像。」〔註24〕「居民對這些偶像十分虔誠，常常祭以牲畜。當他們的兒子出生時，他們就祈求一個偶像來保祐他。」〔註25〕馬可‧波羅還說，在瓜州城的對面的島嶼（即金山）上有一個大寺院，敬奉著眾多偶像。那裏就是偶像教的聖地，地位比其它寺廟要高。〔註26〕

蒙古族都是偶像崇拜者。據馬可‧波羅的描述：「韃靼人都是偶像崇拜者，每人都有一張神像圖，高高地貼在自己房中的牆壁上……他們對這個神靈每日焚香膜拜……在這個天神之下，他們在地板上還立了一個雕像，叫納蒂蓋。他們認為他是管理地上一切事物，或管理從土地中生產東西的神。他們替納蒂蓋配上妻子兒女，也同樣對他焚香、拱手、叩頭，向他祈求的是風調雨順、五穀豐登、養兒生子等一類的事情。」〔註27〕

（三）祖宗崇拜

馬可‧波羅指出，在某些地方還保留著祖宗崇拜，如匝兒丹丹省（今雲南保山地區）。「在這個地區中，既沒有廟宇，也沒有偶像，居民只崇拜家中的長者或祖宗，認為自己的生存是靠自己的祖宗，自己所有的一切，都是祖宗賜予的」。〔註28〕

（四）其他教派

馬可‧波羅在遊記中指出了一種教規很嚴的宗教，他是這樣描述的：「還有一種教派，他們的教徒叫笙新（Sensin）。他們嚴守教規，過著一種極為樸素的生活，每日粗食淡水，別無它物。這個教派有時拜火為神，其它教派都視之為邪門外道，因為他們不像其它教派那樣崇拜偶像。根據這個教派的規

〔註23〕馬可‧波羅，馬可‧波羅遊記〔M〕，北京：中國文化出版社，1998，105～106。
〔註24〕馬可‧波羅，馬可‧波羅遊記〔M〕，北京：中國文化出版社，1998，72。
〔註25〕馬可‧波羅，馬可‧波羅遊記〔M〕，北京：中國文化出版社，1998，67。
〔註26〕馬可‧波羅，馬可‧波羅遊記〔M〕，北京：中國文化出版社，1998，197。
〔註27〕馬可‧波羅，馬可‧波羅遊記〔M〕，北京：中國文化出版社，1998，149～150。
〔註28〕馬可‧波羅，馬可‧波羅遊記〔M〕，北京：中國文化出版社，1998，172。

定，他們的教徒在物質上有一定的差別。他們嚴禁娶妻生子，也和其它教派一樣，剃光頭不留鬍鬚，穿黑藍色的麻布長衫，即使穿綢衣，衣服顏色也一定要是黑的。他們睡在粗糙的席子上，比一般人的生活要苦得多。」〔註29〕

（五）宗教派別的雜居

馬可·波羅在遊記中對宗教分佈狀況的詳細描述表明，很多地區、城市，信仰不同的宗教派別雜居在一處。有回教徒和基督教徒雜居的，如喀什葛爾，「居民除回教徒外，還有一些聶斯托利派的基督教徒，他們按自己的法律生活，並有自己的教堂。」〔註30〕有基督徒、回教徒和偶像崇拜者雜居的，如哈密的鄰縣欽赤塔拉斯城，「居民分成三個教派。少數居民奉行聶斯托利派的教義，相信基督；第二派為回教徒；第三派為偶像崇拜者。」〔註31〕還有更為複雜的雜居，如哈剌章省（今雲南省）「這裏居民成份十分複雜，有偶像崇拜者、聶斯托利派基督教徒、薩拉森人或伊斯蘭教徒，但偶像崇拜者的人數最多。」〔註32〕唐古多省的沙洲城，也是一個各種宗教派別雜居的城市，是偶像崇拜者、土庫曼人聶斯脫利教派和回教徒的雜居。〔註33〕

總的來說，由於元代實行十分寬容的宗教政策，所以元代各種宗教都得到了進一步的發展。蔣遠柏指出，在元代，「佛教在政治上取得了我國歷史上罕見的崇高地位，道教、伊斯蘭教均迎來了各自發展史上的鼎盛時期，基督教也盛極於終元之世。」〔註34〕

三、喪　葬

（一）皇帝的喪葬

根據馬可·波羅的記載，蒙古皇帝死後都葬在同一個地方，有大量的人和物殉葬。「一切大汗和成吉思汗——他們的第一個主人——死後，都必須葬在一座叫阿爾泰的高山上。無論他們死在什麼地方，哪怕相距有一百日的路程，也要把靈柩運往該處，這已經成為皇室一種不可改變的傳統慣例。……

〔註29〕馬可·波羅，馬可·波羅遊記〔M〕，北京：中國文化出版社，1998，96。
〔註30〕馬可·波羅，馬可·波羅遊記〔M〕，北京：中國文化出版社，1998，60。
〔註31〕馬可·波羅，馬可·波羅遊記〔M〕，北京：中國文化出版社，1998，70～71。
〔註32〕馬可·波羅，馬可·波羅遊記〔M〕，北京：中國文化出版社，1998，167。
〔註33〕馬可·波羅，馬可·波羅遊記〔M〕，北京：中國文化出版社，1998，67。
〔註34〕蔣遠柏，元代宗教政策寬容性成因淺析〔J〕，廣西師院學報：哲學社會科學版，1996，（1）：103～109。

還有一項慣例，就是在運送靈柩的途中，護送的人要將途中遇到的所有的人殺死作爲殉葬者……他們確信，這樣被殺死的人在陰間還會成爲大汗的奴僕。他們又把最好的馬匹也殺死供主人在陰間享用。當蒙哥汗的屍體運往阿爾泰山時，護送的兵馬沿途殺死了將近兩千人。」〔註35〕

　　值得注意的是，蒙古族的墓地是對外保密的，這一點可以在史衛民的著作中找到證據。據他的記載，成吉思汗的陵墓，連守護那裏的老守林人也無法找到。〔註36〕由此可見，蒙古族墓地的對外保密措施做得非常好。

（二）貴族富戶的喪葬儀式

　　貴族富戶非常重視喪葬，他們的出殯儀式比較隆重。對於這一點，馬可‧波羅在遊記中作了詳細的記載：「任何達官顯貴和富人大戶死後，都必須遵守以下的儀式，這也是他們的風俗。所有死者的家屬及親友都必須穿起粗麻布衣服，伴送死者直到墳地。送葬的隊伍伴以樂隊，沿途吹吹打打，還有僧侶之類的人高聲念頌經文。到達墳地後，人們把許多紙製的男女僕人、馬、駱駝，金線織成的綢緞，以及金銀貨幣投入火中。他們相信死者在陰間也可以享受這些東西，並且相信那些假人與貢物都會在陰間恢復原來的狀態，即使貨幣、綢緞等也是如此。等這些東西燒完後，他們立刻奏響所有的樂器，聲音宏大喧囂，經久不息。他們認爲這樣的儀式，可以使他們的偶像接引那屍體已化爲灰燼的死者的亡靈。」〔註37〕

（三）偶像崇拜者的埋葬儀式

　　據馬可‧波羅的描述，偶像崇拜者對於死人要舉行一種特別的埋葬儀式。當一個有身份的人去世，等待安葬的時候，他的親屬就去拜訪一些占星家，告訴他們死者出生的年、月、日、時，占星家根據這些資料來觀察星宿。等到他們確定了星座或標誌，知道了死者出生時的那顆行星位於某個星座後，就立即指明舉行葬禮的日期。如果這顆行星那時不是上昇的話，他們就要求將屍體停留一個星期或一個星期以上，有時可能要停留半年之久，然後才能安葬。死者親屬爲趨吉避凶，不到占星家指定的那個適當的日期，不敢掩埋死者。埋葬的儀式必須在城外舉行，所以死者家屬在沿途所經過的某些地方建造了一種只有

〔註35〕馬可‧波羅，馬可‧波羅遊記〔M〕，北京：中國文化出版社，1998，79。
〔註36〕史衛民，都市中的游牧民——元代城市生活長卷〔M〕，湖南：湖南人民出版社，2000，186。
〔註37〕馬可‧波羅，馬可‧波羅遊記〔M〕，北京：中國文化出版社，1998，207。

一根支柱，並用絲綢裝飾的小屋，作爲臨時停柩之地。每到一處他們便將酒肉置於死者棺前，如此下去，直到墳地才作罷。他們認爲這樣做，能使死者的靈魂得到休息，有力氣跟著行進。同時在埋葬前，還有一種儀式，就是他們預備某種樹皮製的大批紙片，在上面畫上男女、馬、駱駝、錢幣和衣服等圖形，與屍體同埋在一起。他們認爲死者在陰間將享有紙上所畫的人和一切物品。當這些儀式進行時所有的樂器都十分嘈雜地響個不停。〔註38〕

（四）土葬為主，火葬為輔

元代的喪葬大部分爲土葬，只有一部分人受到宗教或少數民族的影響而實行火葬。元代蒙古皇帝均採用土葬和深葬方式，但都是有墓無冢。〔註39〕馬可‧波羅在遊記中對土葬和火葬作了一番描述：「所有屍體都不能在城內掩埋。偶像崇拜者的風俗是要實行土葬的，於是人們將屍體送到近郊以外的墳地上進行掩埋。」〔註40〕在禿刺蠻省（今雲南大關），「這裏的人死後實行火葬，不能化爲灰的骨頭，就被放入木箱中，帶到山上，藏在岩石洞中，以免受到野獸的侵擾。」〔註41〕

四、飲　食

（一）主食和肉類

元代人民的主食以米、麥和其他穀類爲主，產量豐富。王賽時在《元代的主食結構與副食內容》中指出，元朝的主食結構呈現出南北交融的特點。〔註42〕而據馬可‧波羅的記載，韃靼人、契丹人和南中國蠻子省的居民大都以米、粟等東西來維持生活，這些東西的產量十分豐富。〔註43〕一些人民認爲小麥製成的麵包有害健康，因而不吃麵包而吃大米，僅僅把它（小麥）做成麵條或糕餅來食用。至於米粟等糧食，則和肉一起煮成漿。〔註44〕

〔註38〕馬可‧波羅，馬可‧波羅遊記〔M〕，北京：中國文化出版社，1998，67～68。
〔註39〕郭曉燕，試析多元宗教對元朝蒙古族葬俗的影響〔J〕，月皖西學院學報，2011，27，（4）：129～132。
〔註40〕馬可‧波羅，馬可‧波羅遊記〔M〕，北京：中國文化出版社，1998，132。
〔註41〕馬可‧波羅，馬可‧波羅遊記〔M〕，北京：中國文化出版社，1998，180。
〔註42〕王賽時，元代的主食結構與副食內容〔J〕，四川烹飪高等專科學校學報，2007，（3）：3～6。
〔註43〕馬可‧波羅，馬可‧波羅遊記〔M〕，北京：中國文化出版社，1998，142。
〔註44〕馬可‧波羅，馬可‧波羅遊記〔M〕，北京：中國文化出版社，1998，142。

　　元代人民的肉類非常豐富，如禽鳥、家禽、綿羊、鹿肉、兔肉、牛肉、馬肉、駱駝肉，還有魚類等等。馬可‧波羅在他的遊記中指出，韃靼人完全以肉、乳爲食品，一切飲食都來自他們狩獵的動物。他們吃一種像兔子一樣的小動物（土撥鼠）……同時他們還吃其它各種動物的肉，如馬肉、駱駝肉，甚至於狗肉，只要是肥壯的，都是他們的佳肴美味。〔註45〕

　　令人難以置信的是，押赤（今雲南省昆明）的居民有生吃禽鳥、綿羊、黃牛和水牛肉的習慣。馬可‧波羅對他們儲存生肉的方法作了詳細的記錄：他們將肉切成小塊浸在鹽水中，再加入幾種香料，這是上等人的製法；至於較貧苦的人，則將肉切碎後，浸在大蒜汁中，然後取出食用，其味道好像烹調過的一樣。〔註46〕

（二）酒和乳製品

　　據馬可‧波羅記載，元代的酒類有由米加上香料和藥材釀成的，芬芳甘醇，這種酒清香爽口，如燙熱之後飲用，比其它任何酒都更易醉人。〔註47〕還用其它穀類加入香料來釀酒，釀出的酒清澈可口。〔註48〕

　　蒙古人以乳爲食品，他們將馬乳釀製得非常精細，味道和白酒一樣。〔註49〕元代的奶製品主要是忽迷思，即馬奶子，這是蒙古人夏天的主要食品，此外還有鮮奶加工而成的奶酪、奶油、奶乾及奶茶。〔註50〕馬可‧波羅在遊記中對奶酪的做法作了詳細的記載：「先將乳煮開，把浮在上面的乳脂部分取出，放在另一個器皿中做乳油。因爲此物如果留在乳中，乳液就不會凝成固體。然後再將取出乳油的乳酪曬乾備用。」〔註51〕

　　綜上所述，元代，中國歷史上第一個由少數民族建立的大一統帝國，其地域廣袤，民族眾多，各民族的經濟文化各具特色，民族關係複雜多變，彼此相互交融、相互影響，因此決定了元代婚姻、宗教信仰、喪葬、飲食等方面的社會風俗帶有濃厚的民族特色。

〔註45〕馬可‧波羅，馬可‧波羅遊記〔M〕，北京：中國文化出版社，1998，81～82。
〔註46〕馬可‧波羅，馬可‧波羅遊記〔M〕，北京：中國文化出版社，1998，167。
〔註47〕馬可‧波羅，馬可‧波羅遊記〔M〕，北京：中國文化出版社，1998，146。
〔註48〕馬可‧波羅，馬可‧波羅遊記〔M〕，北京：中國文化出版社，1998，167。
〔註49〕馬可‧波羅，馬可‧波羅遊記〔M〕，北京：中國文化出版社，1998，82。
〔註50〕任崇岳，元代蒙古人的社會風俗〔J〕，尋根，2007，（3）：4～9。
〔註51〕馬可‧波羅，馬可‧波羅遊記〔M〕，北京：中國文化出版社，1998，84。

第三章 從《馬可‧波羅遊記》
看元初的市民生活

　　瞭解元初市民生活的各個方面，是更加深入的認識中國歷史上第一個由少數民族建立並統治全國的封建王朝具有重要作用。

　　但所謂的正史中記述元朝市民生活，尤其是元初市民生活的內容缺乏，而且有關這方面的著作和已發表的論文也很有限。

　　在《馬可‧波羅遊記》中發現並搜集記載元初市民生活的內容，並比較分析了其他的相關資料，從而在有關元初市民生活的婚喪習俗、建築道路、娛樂活動、職業宗教活動等方面進行了對比印證。

一、元初市民的日常生活

　　元初市民的日常生活會是是怎樣的一種狀態？它與我們的想像中的會有何的不同？它會有哪一些驚喜等待我們？這些，通過對《馬可‧波羅遊記》的閱讀，會得到答案。

　　從《馬可‧波羅遊記》出發去研究元代市民日常生活，首先得關注的一個問題是其大的背景，蒙古進入中原，蒙漢民族相互影響肯定會使得市民生活出現很多大的變化。同時，我們也要關注作者作為一個西方人的文化背景與觀察視角。

　　關於市民的服飾，在市民中，金錦絲絹、綾羅綢緞普遍且流行，另還有獸皮、大麻、樹皮所織之布等，此外，服飾在地域上也會有所差異，這是《馬可‧波羅遊記》所反映出來的。但是，服飾方面的記載，在《馬可‧波羅遊

記》一書中，是非常簡略的。

另外元初市民買賣使用的緞匹服飾的式樣顏色等是受到統治者的嚴格控制的。「御用的緞匹不能使用和製造，緞匹服飾上不能五角雙角纏金龍等龍形圖案、佛像、西天字等圖案，也不能使用柳芳綠、雞冠紫、紅白色閃色等顏色」。〔註1〕所以，總體來講是民間流行的服飾是受到嚴格的控制的，式樣顏色比較樸素簡單。

飲食上，元朝是個多民族的國家，多種飲食方式並存。總體來講，元初市民的主要食物是米麥，南方食物以稻米製品為主，北方則以麥製品為主，游牧民族則以乳製品和肉類為主。這都是在《馬可·波羅行紀》體現出來的特點。其它，種種食物甚豐，野味如獐鹿、花鹿、野兔、家兔，禽類如鷓鴣、野雞、家雞、鴨、鵝，但小牛、大牛、山羊之屬，其肉乃供富人大官之食。有種種蔬菜果實。〔註2〕

元初市民飲用的酒類也在不斷的豐富，傳統的米酒是主流的應用酒，還有葡萄酒等果實酒，但馬奶酒、葡萄酒在市民中是較難得到的。馬可·波羅遊記中有記載道：「然有一種小麥、稻米、香料所釀之酒，其味甚佳。」〔註3〕同時也記載了當時民間已會釀製葡萄酒，「其地種植不少最美之葡萄酒，釀葡萄酒甚饒。」〔註4〕

有關茶的記載，在馬可·波羅遊記元朝的篇幅中則沒有相關的記載，但這是可以理解的。「茶的問題，到13世紀70的年代，還沒有資料證明蒙古人與回回人已經普遍飲茶，即使到了90年代初也很難說蒙古人與回回人已經飲茶成風。這樣長期生活在蒙古人與回回人中的馬可·波羅，自然不一定能得到茶的信息。」〔註5〕但我們說到元朝市民飲食生活的時候卻是不可以不提到的，正如當時流行的諺語「早晨起來七件事，柴米油鹽醬醋茶」〔註6〕可以說茶已經成為元初市民飲食中不可缺少的部分了。茶是家庭中必備的飲料。同時，在南北各地城鄉中，遍佈許多茶坊、茶樓、茶館。元初的元曲大家關漢卿的雜劇《錢大尹智勘緋衣夢》中有這麼一段，茶坊主人稱「自家茶博士，

〔註1〕 史衛民，元代社會生活史〔M〕，北京：中國科學社會科學出版社，1996，83。
〔註2〕 馮承均，馬可·波羅行紀〔M〕，上海：上海書店出版社，2006，336。
〔註3〕 馮承均，馬可·波羅行紀〔M〕，上海：上海書店出版社，2006，226。
〔註4〕 馮承均，馬可·波羅行紀〔M〕，上海：上海書店出版社，2006，249。
〔註5〕 申友良，馬可·波羅與《馬可·波羅遊記》新探〔J〕，湛江師範學院學報，2001，（1）。
〔註6〕 臧晉叔，元曲選〔M〕，北京：中華書局出版社，1958，474。

開了這茶坊。」雖然馬可·波羅遊記當中沒有有關飲茶方面的記載，但是我們卻不可以忽略了市民生活中這一重要的組成部分。

住房方面，元初市民的住房大都是很簡陋的，多是土房子，木屋子，但在具體的空間利用上又十分的巧妙。南宋的一個宦官，宋朝滅亡後，來到大都，居住在宮外，但僅「住一室，起臥飲食皆在焉」，屋內僅有「小竈一，幾一」。〔註 7〕上都城，以至黃河以北一般城市居民的典型住房都以磚房和土房為主，且土屋之中建有生火的土坑。

由於氣候的原因，南方的住房較之於北方是有很大的區別的，這在今天還是在古代都是一樣的。南方的元初市民居住的環境相對北方來講會更好一點，他們居住的也不是土房，一般都是木結構的房子。這方面記載有：「周圍建有高屋，屋之下層則為商店。」〔註 8〕「在此城中並見有美麗邸舍不少，邸內有高達樓臺，概用美石建造，城中有火災時，移藏資財於其中，概房屋用木建造，火災時起也。」〔註 9〕以及「橋上有房屋不少，商賈工匠列肆執藝於其中。但此類房屋皆一木構，朝構夕折。」〔註 10〕

交通出行方面，元初市民生活活動的範圍相對來講是比較封閉的，只有小部分經商之人會存在有比較長途的旅行。他們的交通要道主要是陸路，其次是橋梁和水路，主要的交通工具主要是馬、牛、車、驢、船等，南方以船的使用更為普遍、客棧館舍則是保證市民遠行的保障。這些在馬可·波羅遊記中都是有所反映的。在馬可·波羅的記載中，元初時候市民的出行都是相對比較方便和人性化的，而這主要是得益於道路交通的合理規劃。在馬可·波羅的記載中就有「行在一切道路皆鋪磚石，蠻子州中一切道路皆然，任赴何地，泥土不至沾足」以及「通行全城之大道，兩旁鋪有磚石，各寬十步，中道即鋪細沙，下有陰溝宣泄雨水，流於渠中，所以中道永遠乾燥」。〔註 11〕從這可以很明顯的看出元初市民出行之「大道」是經過合理細緻的規劃設計的，它是以方便市民的出行為前提的。在《馬可·波羅行紀》中還能看到元初市民的出行在南方和北方是有區別的，由於南方的河流較之北方多，因而南方的橋梁交通更為普遍。馬可·波羅在描寫蘇州城的時候就有「此城有橋

〔註 7〕 史衛民，元代社會生活史〔M〕，北京：中國科學社會科學出版社，1996，48。
〔註 8〕 馮承均，馬可·波羅行紀〔M〕，上海：上海書店出版社，2006，336。
〔註 9〕 馮承均，馬可·波羅行紀〔M〕，上海：上海書店出版社，2006，331。
〔註 10〕 馮承均，馬可·波羅行紀〔M〕，上海：上海書店出版社，2006，258。
〔註 11〕 馮承均，馬可·波羅行紀〔M〕，上海：上海書店出版社，2006，338。

六千，皆用石建，橋甚高，其下可行船，甚至兩船可並行」〔註12〕。同時，南方的橋梁修建還很大程度上影響著北方的橋梁設計。在記載北方的桑乾河橋時有以下一段描寫：「橋長三百步，寬逾八步，十騎可並行於其上。下有橋拱二十四，橋腳二十四，建置甚佳，純用極美之大理石為之。橋兩旁皆有大理石欄，又有柱，獅腰承之。柱頂別有一獅。此種石獅巨麗，雕刻甚精。每隔一步有一石柱，其狀皆同。兩柱之間建灰色大理石欄，俾行人不至落水。橋兩面皆如此，頗壯觀也。」〔註13〕從這可以看到這橋中有南方橋梁的影子，十分的講究橋梁的美觀與安全，這可以視作為文化交流的一個成果。

　　首先，元初市民居住的空間規劃中帶有西方的的氣息。從《馬可·波羅遊記》中，可以關注到很多時髦。馬可·波羅是個西方人，其對事物的觀察或多或少會帶有不同於我們的西方的文化元素與視角。其中他在對元初市民生活的城市的描述中就有這方面的表現，城市的觀察帶有西方文化視角，從《馬可·波羅遊記》中不難發現一些中方文獻中較少出現的較現代的詞彙，如港口、城市和就業機會。「禮敬父母，若有子不孝敬父母者，有一特設公共法庭懲之。」〔註14〕

二、元初市民的娛樂生活

　　元初市民的娛樂生活多姿多彩，這是《馬可·波羅遊記》反映出來的具體來講其娛樂方式包括乘舟遊湖、駕車郊遊、聽曲等，另外還有雙陸、圍棋、猜枚、分茶、顛竹、投壺、拆白道等。眾所周知，元曲在我國歷史上具有十分重要的地位，元初政治一統經濟開始恢復，各行各業，各色人集中於城市，市民階層對娛樂的需要促使大眾娛樂迅速成長。元初有一些民間劇團，在城鄉巡迴演出。勾欄和瓦舍是戲曲在城市中的主演演出場所。〔註15〕關漢卿，元初戲曲家，以悲劇作品著稱，主要作品有《竇娥冤》、《哭存孝》、《蝴蝶夢》、《魯齋郎》等。《青樓集志》說元代「內外京師，外而郡邑皆有所謂勾欄者。」反映了以市民為主的審美趣味。當時出現了很多符合市民思想情感的戲劇。乘舟出遊、駕車郊遊在《馬可·波羅遊記》中有多處的記載：

〔註12〕馮承鈞，馬可·波羅行紀〔M〕，上海：上海書店出版社，2006，247。
〔註13〕馮承鈞，馬可·波羅行紀〔M〕，上海：上海書店出版社，2006，247。
〔註14〕馮承鈞，馬可·波羅行紀〔M〕，上海：上海書店出版社，2006，245。
〔註15〕史衛民，元代社會生活史〔M〕，北京：中國科學社會科學出版社，1996，374。

在元代初期乃至於整個元朝時期，無論南北，雙陸在市民中都是十分受歡迎的一種遊戲娛樂方式。關漢卿曾自稱會「分茶顚竹，打馬藏鬮」。〔註16〕

元初市民們的消遣娛樂方式豐富多樣，既有情趣，又蘊含著深厚的文化修養。

但值得關注的一點是在《馬可‧波羅遊記》中，關於我們傳統的節慶娛樂的記載甚少，這或許與作者是西方人的關注視角有關聯，但作爲一個西方人不是更加的對這些外民族的甚少經歷的東西更加的關注，才是符合常理的麼？

三、元初市民的宗教生活

元初市民生活在一個多宗教和諧發展的壞境中，佛教、道教、基督教，伊斯蘭教並存，其主流是佛教。從《馬可‧波羅遊記》看元初的市民的宗教生活狀況對於一個喜歡研究宗教歷史的人來講是非常驚喜的，因爲在看到一個多宗教並存的局面中發現有很多值得研究的東西。

元朝宗教派系繁多，從馬可‧波羅的記載也可以看到元初市民中宗教的氣氛濃鬱。仔細分析市民中宗教信仰的問題，會發現其普遍存在的原因主要有以下幾個方面：首先，疆域廣闊、軍事強大、政治統一的帝國裏，多民族的融合帶來了多種宗教的傳播。其次爲了政治穩定的統治需要，元代實行兼容並包的開放宗教政策，使得宗教信仰被統治者所允許。「在當時的統治者看來，那些宗教都包含有勸人安分守己、修身養性的教義，都具有排憂解難，撫慰心靈，穩定社會，輔政教化的功能」。〔註17〕根據馬可‧波羅的記載「汗八里城諸基督教徒、回教徒及契丹人中，有星者、巫師約五千人，大汗亦賜全年衣食，與上述之貧戶同。」〔註18〕可以感受到統治者的態度。再次，就是戰爭結束，人們對戰爭的恐懼以及生活的繁瑣與壓力促使人們通過宗教來寄託與釋放情感。雖是多宗教的局面，但在元初的市民中偶像教即佛教占到了絕對的優勢。《馬可‧波羅遊記》記載的城州城市民幾乎都是偶像教徒，當中的記載也甚爲詳細：「個人置牌位一方於房壁高處，牌上寫一名，代表最高天帝。每日焚香禮拜，合手向天，扣齒三次，求天保祐安寧。所禱之事只此。此排位之下，地上供一偶像，名稱納的該，奉之如同地上之一切財產及一切

〔註16〕臧晉叔，全元散曲〔M〕，北京：中華書局出版社，1986，234。
〔註17〕任宜敏，元代宗教政策略論〔J〕，文史哲，2007，（4）。
〔註18〕馮承均，馬可‧波羅行紀〔M〕，上海：上海書店出版社，2006，243。

收穫之神，配以妻子，亦焚香侍奉，舉首扣齒禱之。」〔註19〕

四、元初市民婚喪與習俗

　　元初市民多以一夫一妻爲主，納妾作爲補充，基本與前代的婚姻形態保持一致，但細節上也有所差異。首先，在絕大多數市民的婚姻生活問題上，地區、社會、家族、宗族、民族等因素起著重要的作用。那時候地域上的封閉性依然存在，地區性婚配的現象沒有被打破，社會地位、家境好壞、受教育水平等是婚配考慮的重要之問題。〔註20〕但是在這裏我們必須要考慮到元初前，即宋末元初的戰爭對社會婚配問題造成的影響。眾所周知，戰爭帶來的一個負面之一則是家破人亡，流離失所，這就導致了部分人在流亡中在他鄉成婚的現象。而這部分現象又比較突出的體現在人口流動較大的一些大城市當中。至於漢族以外的少數民族的婚姻形態和習慣又有其地方的特色。馬可·波羅就記載過這麼一段話：「此地之人，無有娶室女爲妻者，據稱女子未經破身而與男子共寢著，毫無足重。然一旦結婚以後，伉儷之情甚篤，遂視污及他人妻之事爲大辱。」〔註21〕在這裏我們不能以一個現代人的眼光去評判漢族或其他少數民族的婚姻，也不能將漢族的主流婚姻形態與少數民族的進行比較，因爲那些都是時代、地區、歷史的產物。

　　有婚姻，即會產生家庭生活。元初市民的家庭生活總體來講仍然是傳統的方式：婦女扮演家庭主婦的角色，男子則承擔家庭謀生的重擔。馬可·波羅遊記反映出來的現象是女子在家打理家務，相夫教子，男人則在外從事經商等職業活動。「在這種模式下，婦女在家庭中的地位往往較低，他們的社會交往受到多方面的限制。但在城鎮中，亦可看到婦女坐肆買賣。」〔註22〕這就是元初對前時代的繼承與突破，也可以看到元代市民中婦女的地位在微慢的提升。

　　在馬可·波羅遊記中還可以看到元初市民中流行的一個比較普遍的現象：人死焚其屍。據馬可·波羅遊記記載「北起寧夏，西到四川，東達山東，

〔註19〕馮承均，馬可·波羅行紀〔M〕，上海：上海書店出版社，2006，245。
〔註20〕史衛民，元代社會生活史〔M〕，北京：中國科學社會科學出版社，1996，61。
〔註21〕馮承均，馬可·波羅行紀〔M〕，上海：上海書店出版社，2006，260。
〔註22〕孔齊，浙西風俗〔M〕，北京：中國社會科學出版社，1956，54。

南至江南，人死焚其屍」。〔註23〕讀到此處人們下意識都會想爲何元初火葬會如此的盛行呢？當我們從其喪葬的其他方面的表現可以看到其中的一個原因是與當時市民中流行的偶像教派即佛教有密切的關聯。瞭解佛教後發現，佛教是崇尚火葬而元初市民中信佛教者居於多數，因而在佛教的教義下，火葬爲一種文化和風尚。而這也應該是馬可‧波羅他對這個問題的觀點，因爲他在記載火葬的時候又多次的與偶像教即佛教聯繫起來。這是從文化角度分析的一個原因，也是最主要的一個原因。另外從經濟的角度來看，火葬比較土葬更省錢省力，這對於經濟實力相對較弱的市民階層來說是更具有吸引力的。當然那時候的人們不會像我們這些現代人那樣更多的是考慮火葬的科學性，他們不會想到火葬相對於土葬不會污染環境，也不會傳播疾病，甚至少佔據土地資源等現在我們考慮的複雜問題。但是，他們的行動先進於他們的思想，這也是他們所沒有想到的。同時他們的祭祀習俗是受他們文化心理的影響的。羅斯寧就認爲「在元雜劇的鬼魂戲就是元市民的祭祀習俗，體現了元人的偶像崇拜、鬼魂崇拜及儒道佛思想的影響」。〔註24〕

元初市民生活中的某些風俗是普遍存在的，有些風俗又是非常有特色，只在特定的民族與地區存在的，這是《馬可‧波羅遊記》所反映出來的，而且某些風俗在今天仍會有所反映。首先，第一個比較不變的風習是出生記錄生肖，卜卦凶吉，這在當代也是存在的。在馬可‧波羅的記載中，「兒童誕生，其親立即記錄其生庚日時，然後由星者筆錄其生肖。兒童既長，經營商業，或出外旅行，或舉行婚姻，須持此紙向星者卜其凶吉。」〔註25〕在今天看來這一種現象或許可以稱之爲迷信的產物，但它也是我們傳統文化中的一個組成成分，甚至還部分的留存到了今天的社會生活中。在今天人們人仍沿用著生肖這一文化概念，甚至在這基礎上更進一步的發明和發展了星座這一概念及相關的產物。第二個比較普遍的現象是，人死焚燒其屍體，並有一系列的送葬步驟。馬可‧波羅就曾有記載道，「人死焚燒其屍，設有死者，其親友服大喪，衣麻，攜數種樂器行於屍後，在偶像前作喪歌，及至焚屍之所，取紙制之馬匹、金錦等物，共焚燒之。這在前面的篇幅中有提到過，這裏則著重的突出它在當今的城市中已經逐漸的消失，但在農村中仍能看到它的影

〔註23〕馮承均，馬可‧波羅行紀〔M〕，上海：上海書店出版社，2006，324。
〔註24〕羅斯寧，元雜劇的鬼魂戲和元代的祭祀習俗〔J〕，中山大學學報，2003，（3）。
〔註25〕馮承均，馬可‧波羅行紀〔M〕，上海：上海書店出版社，2006，338。

子」。〔註 26〕

五、元初市民的工作狀況

　　元初的市民階層是根據職業進行嚴格的劃分的，具有等級的區別。總的來講，元初市民的職業主要有：儒、釋、道、醫、巫、工、匠、走解、優伶、坐賈行商、貧乞、軍、站、茶坊、酒肆、賣藥、賣卦、唱詞貨郎、造鹽戶、淘金戶等。〔註 27〕就是這些從事著不同的非農業的人們構成了這龐大的元初的市民階層。這些職業看似好像雜亂無章，但事實上它比我們今天的市民管理得更加的嚴格和規範。因爲這些城市市民都必須根據他們從的職業分開登記，以確定他們的封建義務的。一般情況下城市中的富有商人被列爲上戶，城市中的一般商販則爲中戶，而城市的貧民被列爲貧戶。他們的等級一旦被確定下來就有一定的穩定性，是不能輕易的被更改的，也即是說他們謀生的事業是不能隨意根據自己的意願而改變的。

　　元初這些市民階層是在政治統一經濟恢復的基礎上發展起來的。另一方面，也正是由於他們在各行各業的貢獻促進了經濟的繁榮、城市的發展以及文化的進步，這是元初市民階層在其位置上對歷史所做出的貢獻。

　　從馬可·波羅的字裏行間，我們能感受得到他對於城市市民職業的重視，甚至出現了非常能體現他的文化立場與觀察角度的一個名詞：就業機會。這與我們古代的歷史記載者有很大區別，可以說馬可·波羅關注了那個時代本應是朝廷統治者關注的問題。

　　通過對馬《馬可·波羅遊記》的研讀以及對其他史料記載的參考，對元初市民生活的研究得出了以下幾個成果：第一，元初市民生活的生活、娛樂設施是有基本保障的並較之前代有所發展的，但在出行、職業等方面仍受到客觀條件以及官方的較大的限制的。第二，市民生活的宗教氛圍比較濃厚，這與當時的民族情況、統治政策以及文化思想有密切的關係，並深刻影響到人們日常生活習慣與習俗。第三，元初普通的市民階層生活條件還是比較困難的。但由於研究資料的有限，很多方面沒有進行研究，而研究了的方面也存在不夠深入等的問題。因此，在未來，這個問題還有待進一步闡明。

〔註 26〕 馮承均，馬可·波羅行紀〔M〕，上海：上海書店出版社，2006，332。
〔註 27〕 史衛民，元代社會生活史〔M〕，北京：中國科學社會科學出版社，1996，33。

第四章　從《馬可‧波羅遊記》看元初的商業狀況

　　《馬可‧波羅遊記》是一本元朝初期，由威尼斯著名商人和冒險家馬可‧波羅口述的其東遊的沿途見聞。重點記錄了關於中國元朝初期的各地風土人情，對研究中國元朝歷史有著重要的歷史價值。其中書本描述的元初的商業狀況，為我們展現了元朝初期商品經濟的繁華景象。在這本書中，主要就遊記所提及的商稅、貨幣、商品流通、商人地位等幾個商業方面來探索元初商業發展情況，反映了元初商業的繁榮、經濟開放的特點。

一、元初的貨幣流通

　　《馬可‧波羅遊記》中多次提及元初的貨幣問題，包括貨幣的種類，鑄幣政策、及流通狀況。

　　關於貨幣中紙幣的製作，書中有記載著，「大汗發行的一種紙幣通行於全國上下，大汗令人將桑樹——它的葉可以用來養蠶——的皮剝下來，取出外皮與樹之間的一層薄薄的內皮，然後將內皮浸在水內，隨後再把它放在石臼中搗碎，弄成漿糊製成紙，實際上就像用棉花製的紙一樣，不過是黑的。這種紙幣的製造，它的形狀與工序和製造真正的純金或純銀幣一樣，十分鄭重的。」這種紙幣做工在當時的朝代算是較精細先進了。「無論是誰，如果收到的紙幣因為長期使用而損壞了，都可拿到造幣廠，只需要支付百分之三的費用，就可以換取新幣，如果誰想要用金銀來製造東西，如製造酒杯、腰

帶或其它物品時，也同樣可以持幣前往幣廠，換取金銀條。」〔註1〕

就像書中提到的那樣，元初的統治者十分重視紙幣的製作，這種鄭重對待從側面反映了元初對商品經濟流通的重視。從另一個角度來看，也可見在元初，輕商的思想至少不會很嚴重。統治者對商業的態度較爲寬鬆。

《中國古代史》「忽必烈即位後，改蒙古汗國時沿襲金朝制度發行的地區性交鈔的政策爲由政府統一發行紙鈔。先是發行以絲爲本的中統元寶交鈔」〔註2〕後來發行以銀爲本的『中統元寶鈔』。成爲了全國通用的法定貨幣，元朝紙鈔是世界上最早使用的純紙鈔。」元初的紙幣發行政策的變化，其實是順應元初社會經濟的發展而變化的。與其說是統治者的推動，不如說是元初商品經濟的推動，迫切地要求貨幣要跟上商品流通的腳步，進行改革。

元初的疆域遼闊，中央要求要在全國推行這種紙幣，使這種紙幣在大範圍內流通，所以說，元朝首次在全國範圍內通行紙鈔，如此大規模地推行紙鈔，在中國歷史上非常罕見的。

但是，也並不是疆域內所有地區都是這樣使用這種紙幣的。例如貝殼，甚至像鹽這種日常調味料也能拿來做貨幣，眞是覺得不可思議。

《馬可·波羅遊記》中，就有記載：「這裏的人民不用紙幣，就是大汗的紙幣也不用，他們用鹽作爲通行貨幣。」〔註3〕同時，也有記載著，「建都省，這些商人還同樣在上面所說的西藏省的許多山地區和其它區域進行貿易。鹽幣在那裏也是一樣通用的。商人們從那裏獲得的利潤非常大，因爲這些土著人的食物中要用鹽，並認爲鹽是必需品。而城市的居民僅將鹽餅破損的小塊用在食物中，至於整個鹽餅則當做貨幣流通。」〔註4〕

「哈剌章省及省會押赤境內，貨幣是用海中的白貝殼充當，這種貝殼也可製成項鏈。八十個貝殼可以兌換一個銀幣。這裏有許多鹽井，居民所用的鹽都來自這裏。鹽稅是大汗的大宗收入。」〔註5〕

可見，元初時期，雖然中央要求統一貨幣，但是部分地區還是會使用不同的貨幣。這是由於疆域過於遼闊，統治者顧及不了的原因。但是，從另一個角度看出，人民無論是使用通用的紙幣，抑或是當地的貨幣，都是在用於

〔註1〕 馬可·波羅，馬可·波羅遊記〔M〕，北京：中國文史出版社，2006，138。
〔註2〕 詹宇慶，中國古代史〔M〕，北京：高等教育出版社，1997，224。
〔註3〕 馬可·波羅，馬可·波羅遊記〔M〕，北京：中國文史出版社，2006，163。
〔註4〕 馬可·波羅，馬可·波羅遊記〔M〕，北京：中國文史出版社，2006，165。
〔註5〕 馬可·波羅，馬可·波羅遊記〔M〕，北京：中國文史出版社，2006，187。

商品交易的，市場上流通的，並影響持久的。這種特殊的現象可見得商品經濟已經幾乎取代了過去的物物交換的原始貿易形式。

但是，元初的貨幣對元初的商業所起的影響並不是一致受到好評的。《關於元代紙鈔的幾個問題》一書中，對元代紙鈔就評價不高。作者認為「元朝印行紙鈔的根源在於封建統治者的需要和社會生產的不發展，元代印行紙鈔沒有準備金，元代印行紙鈔對於社會經濟的發展和人民生活都起了不良影響。」〔註6〕

黃君默在其《元代之錢幣》一書中也列舉了一些元代鑄錢。他認為〔註7〕這些錢幣數量稀少，非但不能普遍流通於民間，而且也失去了貨幣效用。

但是，無論如何，元初的紙幣流通在商品經濟的發展中起了不可忽視的作用。中央的大一統政策，使紙幣具有了至高的信用位置，對穩定商業市場和促進商品流通有著重大的意義。

二、元初的商稅政策

《馬可‧波羅遊記》一書中多次提及大汗的稅收來自鹽稅：

> 這裏有許多鹽井，居民所用的鹽都來自這裏。鹽稅是大汗的大宗收入。〔註8〕

> 製鹽的人因此獲得了巨大的利潤，而大汗從鹽上也收入了大大量的稅款。〔註9〕

> 大汗從這種鹽務所收入的稅款，其數量之多，幾乎令人無法置信。
> 〔註10〕

> 大汗收取的大宗稅收中，主要是對商人的珍貴商品所徵的稅款。
> 〔註11〕

> 大汗的收入：第一是鹽稅，鹽是這裏出產最多的東西，大汗每年可收得八十個金托曼的稅，每一托曼為八萬薩克，每一薩克足足等於

〔註6〕 郭庠林，關於元代紙鈔的幾個問題〔J〕，學術月刊，1983，（6）：45。
〔註7〕 黃君默，元代之錢幣〔M〕，上海：新生命書局出版，1934。
〔註8〕 馬可‧波羅，馬可‧波羅遊記〔M〕，北京：中國文史出版社，2006，167。
〔註9〕 馬可‧波羅，馬可‧波羅遊記〔M〕，北京：中國文史出版社，2006，183。
〔註10〕 馬可‧波羅，馬可‧波羅遊記〔M〕，北京：中國文史出版社，2006，192。
〔註11〕 馬可‧波羅，馬可‧波羅遊記〔M〕，北京：中國文史出版社，2006，193。

一個金佛羅林，最後總數達達六百四十萬德克。〔註12〕
等諸如此類的描述有很多。由此可以得知，元初的鹽業很發達，商人獲利很
多，大汗才能從中獲得巨大的稅收。

從陳高華的《元代商稅初探》對元代「漢地」賦稅制度的來源與商稅的
種類、內容、收入，以及統治者爲保證商稅足額所採取的政策進行了論述，
我們可以進一步瞭解到元初的商稅情況。「元朝徵收商稅的機構，成爲稅務，
亦稱稅使司。大都因商業繁榮、商稅收入數多，設有稅課（後改宣課）提舉
司……稅課提舉司下轄若干稅務。元代文獻《元典章》兩處記錄了全國的稅
務數目，一約 170 所，一約 200 所。顯然，稅務的設置在不同時期有所增減，」
〔註 13〕也就是說元初的商業稅收是有專門機構管理的，從這裏可以反映出元
初的商稅管理是有計劃有條理的，也就是統治者是給了足夠的重視的。由此
也可知元初的重商思想。

《續文獻通考》中也對元初的商業政策有所描述。「元代商稅分正課和船
料兩種。正課包括市肆門攤稅和對田宅、女婢、牲畜交易所徵的稅。稅率按
至元七年（1270 年）的以三十稅一，平定江南後爲二十稅一。爲了鼓勵商人
到蒙古地區貿易，至元二十年上都商稅六十分取一，二十二年又再減。後來，
對到上都做買賣的人，「置而不徵」，實際上可以免稅。船料亦稱「船鈔」，又
是對商船徵收的稅，以載重爲率，一千料以上每年納鈔 6 錠，以下依次遞減。」
〔註 14〕這裏反映了元初商稅較之歷代王朝是較輕的。只是後來，由於商業的
發展，以及元朝後期苛斂雜稅增多，商稅徵收額不斷提高。

三、元初的商品流通

《馬可・波羅遊記》中用了很大篇幅談元初的商品貿易流通。可以從國
內商品流通和對外貿易兩個方面論述元初商品流通的特點─開放、繁榮。

首先書中描述了繁榮的國內商品流通狀況：

「淮安城大批的商品在此集散，通過黃河運到各地銷售。這裏還產食鹽，
不僅可供本城之用，而且還可輸往其它各地。」〔註15〕

〔註12〕馬可・波羅，馬可・波羅遊記〔M〕，北京：中國文史出版社，2006，213。
〔註13〕陳高華，元代商稅初探〔J〕，中國社會科學院研究生院學報，1997，（1）：31。
〔註14〕王圻，續文獻通考〔M〕，北京：中國文史出版社，2001。
〔註15〕馬可・波羅，馬可・波羅遊記〔M〕，北京：中國文史出版社，2006，190。

「蘇州和吳州城蘇州是一個壯麗的大城，周圍有二十英里，出產大量的生絲，這裏的居民不僅將它用來織造綢緞，供自己消費從而使所有人都穿上綢緞，而且還將之運往外地市場出售。他們中間有些人因此而成爲了富商。城中居民之多，確實令人驚歎。不過，居民都十分膽小，他們只是從事工商業，並在這個方面表現出巨大的才能。」〔註16〕

「這裏綢緞製造業很發達，產品由一條經過許多市鎮和城堡的河道大批地運往各地銷售。人民完全以商業爲生。」〔註17〕

「臨清有一條既深且寬的河流經這座城市，所以運輸大宗的商品，如絲、藥材和其它有價值的物品，十分便利。」〔註18〕

「濟寧府城的南端有一條很深的大河經過，居民將它分成兩個支流（運河），一支向東流，流經契丹省，一支向西流，經過蠻子省。河中航行的船舶，數量之多，幾乎令人不敢相信。這條河正好供兩省區航運，河中的船舶往來如織，僅看這些運載著價值連城的商品的船舶的噸位與數量，就會令人驚訝不已。」〔註19〕書中這些內容反映出了元初商業的 3 個特點：

第一，元初的人民熱衷於商業，對商業事業有著濃厚的興趣：書中馬可‧波羅多處描述著元初中國商人敢於冒險，從事商業貿易事業。反映出元初商人追求財富的心態，以及元初商業氛圍較爲寬鬆。

第二，元初便利的交通條件爲元初商業的發展提供了優勢：元朝則在隋朝的基礎上，對京杭大運河有了進一步的修建和拓展——元代開鑿的重點段一是山東境內泗水至衛河段，一是大都至通州段。至元十八年（1281）開濟州河，從任城（濟寧市）至須城（東平縣）安山，長 75 公里；至元二十六年（1289）開會通河，從安山西南開渠，由壽張西北至臨清，長 125 公里；至元二十九年（1292）開通惠河，引京西昌平諸水入大都城，東出至通州入白河，長 25 公里；至元三十年（1293）元代大運河全線通航，漕船可由杭州直達大都，成爲今京杭運河的前身。元朝的這些交通以水路爲主，這就爲元初的貿易交通運輸提供了便捷的條件。

第三，元初時期，相比於北方，南方的商業貿易比北方的要繁榮：書中提到最多的商業都市就是蘇州、泉州等位於南方的沿海城市。這些城市與印

〔註16〕馬可‧波羅，馬可‧波羅遊記〔M〕，北京：中國文史出版社，2006，198。
〔註17〕馬可‧波羅，馬可‧波羅遊記〔M〕，北京：中國文史出版社，2006，183。
〔註18〕馬可‧波羅，馬可‧波羅遊記〔M〕，北京：中國文史出版社，2006，185。
〔註19〕馬可‧波羅，馬可‧波羅遊記〔M〕，北京：中國文史出版社，2006，186。

度的貿易來往甚密。在絲綢業方面尤其發達。

書中也涉及到元初與外國進行貿易的信息：

「離城二十五英里的東北方就是大海，這裏有一個極好的港灣，是從印度輸運商品的船隻的停泊之所。」〔註20〕

「侯官城有許多商船來自印度，裝載著各種珍珠寶石，一旦售出，即可獲得巨大的利潤。這條河離刺桐港不遠，河水直接流入海中，因此印度來的船舶可以直接到達這個城市。」〔註21〕

「刺桐城的沿海有一個港口，船舶往來如織，裝載著各種商品，駛往蠻子省的各地出售。這裏的胡椒出口量非常大，但其中運往亞歷山大港以供應西方各地所需的數量卻微乎其微，恐怕還不到百分之一。」〔註22〕

「此處的商人必須付出自己投資總數的百分之十作為稅款，所以大汗從這裏獲得了巨大的收入。此外商人們租船裝貨，對於精細貨物必須付出該貨物的總價的百分之三十作為運費……據估算，他們的費用連同關稅和運費在內，總共占到貨物價值的一半以上，然而就是剩餘的這一半中，他們也有很大的利潤，所以他們往往運載更多的商品回來交易。」〔註23〕

「凡是世界各地最稀奇最有價值的東西也都集中在這個城裏，尤其是印度的商品，如寶石、珍珠、藥材和香料。契丹各省和帝國其他地方，凡有值錢的東西也都運到這裏，以滿足京都經商而住在附近的商人的需要。這裏出售的商品的數量比其它任何地方都要多，因為僅馬車和驢馬運載生絲到這裏的，每天就不下千次。」〔註24〕印度在書中多次提到，可以看出印度是元初我國建立貿易關係較為緊密的海外國家。元初的商人很樂意進行海外貿易，不僅因為海外貿易獲利大，也由於自身國家國力強盛，其他國家的商人都會恭敬相待。聶德寧的《元代泉州港海外貿易商品初探》主要研究了元代海外貿易的商品種類，從此可以瞭解到這個時期的海外貿易情況：「在元朝時期經由泉州港運銷海外的陶瓷種類繁多，粗碗、瓦翁、青處器烏瓶、瓷瓶、青色燒珠、瓷壺瓶等等。」〔註25〕可見元初的瓷器也成為元代商業貿易中的重要

〔註20〕馬可·波羅，馬可·波羅遊記〔M〕，北京：中國文史出版社，2006，212。
〔註21〕馬可·波羅，馬可·波羅遊記〔M〕，北京：中國文史出版社，2006，216。
〔註22〕馬可·波羅，馬可·波羅遊記〔M〕，北京：中國文史出版社，2006，217。
〔註23〕馬可·波羅，馬可·波羅遊記〔M〕，北京：中國文史出版社，2006，217。
〔註24〕馬可·波羅，馬可·波羅遊記〔M〕，北京：中國文史出版社，2006，134。
〔註25〕聶德寧，元代泉州港海外貿易商品初探〔J〕，南洋問題研究，2000，（3）：23。

商品。瓷器在書中有提及，但是描述的語言不多。

　　在元代的海外貿易中，中國出口的物資頗多，深受外商歡迎。其時，中國商人與外商交易，一般都是平等的。元代的海外貿易，對加強元朝與海外各國經濟文化的交流，促進元朝自身經濟的發展，增進我國和亞非歐諸洲各國人民的友誼起到了不可低估的作用。

四、元初的商人特點

　　《馬可‧波羅遊記》中也可以探索出元初商人的影子。從全書中可以看出元初的商人具有以下的特點：

　　元初的商人身份多樣化。大到大官僚、皇室貴族、大地主、小至小商販。像書中出現的阿合馬，朝廷重臣，個人壟斷了巨大的商業事業。皇室裏的公主，王子也擁有自己的商業事業，諸如高利貸，作坊等。而大地主的主要是跟官府勾結，除了農業事業，也從事一些商業投資以便積纍更多財富，可以說是他們的副業。

　　元初商人在社會的地位較之歷來朝代較高。主要表現在以下幾個方面：一是元初的商人財產受到國家的保護。元朝開國初期，由於「盜賊充斥，商賈不能行」，政府則採取種種安全措施在商旅往來的水陸交通要道上「遣兵防衛」；二是積極鼓勵通商，政府鼓勵商人到上都經商，幾次「減上都商稅」，並對往上都、和林等地經商的商人，給予「置而不徵」的免稅待遇；三是免除西域商賈雜泛差役；四是許多貴族和寺院僧侶經商有免稅特權。

　　由於政府對商人採取了一系列的優惠政策和高額利潤的誘惑，吸引了蒙古貴族、大小官吏、色目商人和寺院僧侶紛紛從事商業活動。這些人倚仗政治上的權勢，憑藉雄厚的經濟實力，排擠民間商人，豪奪民利。這些人是經營商業的特權階層，也是元代社會擁有鉅額財富的大商人。

　　陳賢春的《試論元代商人的社會地位與歷史作用》一文，探索了元代商人的地位和作用，也有肯定了元代商人在元朝的較高的社會地位。

　　隨著經濟地位的提高，商人的政治勢力也日益顯露頭角。特別是蒙古貴族不善於經商和理財，因此對那些「能知城子的體例、道理之故」的商人特別信任和重用，許多人被吸收到蒙古國和元朝政府中擔任重要職務，阿合馬、盧世榮、桑哥更是青雲直上，由一個普通商人升為元朝的宰相。元朝不僅中央重臣以商人充任，地方官吏亦大批引用商人。據有關資料的不完全統計，

元代回回商人在各朝中書省任職的累計有三十四人，在各朝行中書省任職的累計六十二人。除政府重用提拔外，商人還通過多種途徑提高自己的政治地位。一是通過向政府進獻錢粟而得官。元朝政府把賣官的收入作爲解決財政困難的一條重要途徑，專門設立機構，公開賣官。這樣，元代地主和商人只要有錢買官，都可以當個或大或小的官。二是交結貴族、官吏而謀取官職。「商賈賊役，皆行賄」。據統計，獻妻女姊妹給阿合馬而謀取官職的有一百三十三人，送財物而得官的有五百八十一人。」〔註26〕元代商人之所以能獲得如此高的社會地位，這與他們在社會經濟發展中所起的作用是分不開的。

色目商人的活動在元代經濟領域中佔有重要地位。元代的色目商人如按類型劃分，可分爲兩類：（1）斡脫商人；（2）一般商人。據《大元聖政國朝典章》記載，在杭州，每個市場對面都有兩個官署，由元廷委任的法官在此處斷商人與本坊其他居民的獄訟。書中是這樣描述的：「那根腳千戶、百戶內有渾家大小人口每，千戶、百戶內也教依舊體例當差發者，仰收繫科差……答失蠻、迭裏威失戶〔註27〕，若在回回寺內住坐並無事產合行開除，外據有營運事產戶數，依回回戶例收差。」〔註28〕據此可知，一般的色目商人（回回、畏吾兒戶）應服差役。答失蠻與迭裏威失在是否服役問題上分爲兩類，一是專在「回回寺」從事宗教活動且無資產的人，他們可免差役；二是「有營運事產」，即從事商業活動的教徒，他們與普通回回戶一樣須當差服役。修曉波的《元朝對色目商人的管理》也探討了元政府對一般色目商人的管理措施，從中能夠瞭解到一般色目商人在元代的地位和作用以及元政府運用何種方式對其進行管理：「色目商人和元朝統治者在根本利益上是一致的。元朝統治者爲了穩固自己的統治地位，對色目商人實施一些管束和懲罰措施，雖然是必要的，但因觸犯其中部分商人的利益，同時也會危及元朝統治集團本身，所以元朝政府的這些措施最終未能奏效，色目商人也始終活躍在元代政治舞臺上」。〔註29〕

〔註26〕陳賢春，試論元代商人的社會地位與歷史作用〔J〕，湖北大學學，1993，（3）：50。

〔註27〕迭裏威失先，波斯語 Darwish 一詞音譯，原意爲「清貧，窮人」，伊斯蘭教蘇菲派中高級修道士多以此自稱。

〔註28〕大元聖政國朝典章〔M〕，卷1，戶部卷3。

〔註29〕修曉波，元朝對色目商人的管理〔J〕，中國社會科學院研究生院學報，2001，（5）：43。

五、元初商業狀況的影響與意義分析

　　由元初的紙幣發行狀況來看，元初的商業受到統治者的高度重視。這與以往統治者重農抑商的政策有著質的不同。而恰恰是統治者這種重視工商業的發展導致了元初的商業經濟有了比較快的發展，進而在明朝中期能快速地產生資本主義萌芽。因為在元初就已經開始了經濟上的資本積纍。寬鬆的商稅政策大大地提高了人們的經商積極性，這也使中國人在思想上有了比較大的改變。經商的冒險創新精神衝擊著傳統刻板的封建觀念思想，在人們封閉的頭腦中打開了一個口，而這個口能讓開放創新的觀念較早地進入。色目商人在元初的商業中扮演著重要的角色。而這個色目商人算是元初政治制度的一種特殊產物。但是恰恰是這種產物使得元初的商業和政治上都獨具特色。因為在明朝之後幾乎就沒怎麼聽到色目商人這個詞了。它是特別的也是重要的。就猶如羅馬那樣，交通在元初的商業上起著重要作用。發達的交通促使國內的商品運輸更加快捷方便。國內物資流通快速且方便。同時更是加大了南北方人民的交流，南北方文化上也進一步了融合。不論如何，元初的商業狀況被放在整個中國歷史舞臺上，是扮演著重要的角色，有著重大的意義。它是在宋朝較發達經濟基礎上的進一步發展，也是中國資本積纍，促進明朝中葉資本主義萌芽的重要一環。

　　《馬可‧波羅遊記》作為一本記錄元朝初期各地風土人情的歷史性名著，對研究中國元朝歷史有著重要的史料價值。書中描述的元初的商業狀況，雖然部分描寫過於誇張，但是可以借助其他資料，大體上描述的商業情況都符合實情。遊記所提及的商稅、貨幣、商品流通、商人地位等幾個商業方面反映了元初商業的繁榮、經濟開放的特點。這可以從元初疆域遼闊，統治者實行經濟重商政策探索到造成這種寬鬆和諧商業氣氛的原因。

第五章　《馬可‧波羅遊記》對商人的描寫及經濟思想

　　《馬可‧波羅遊記》被稱為「世界第一奇書」，而且馬可‧波羅是第一個敘述的東方歷史的西方人，這本書涉及的內容非常廣泛。本文將從《馬可‧波羅遊記》對商人的描寫及其反映出來的元朝以及東亞地區的經濟思想，進行一定的闡述。經濟是社會發展的基礎，研究經濟思想對現代的社會發展影響深遠。

　　《馬可‧波羅遊記》這一本遊記，描述了 13 世紀，馬可‧波羅、尼可羅‧波羅和馬飛阿‧波羅東遊中國及亞洲的見聞，本書主要記載沿途的地形、氣候、居民、風俗習慣、宗教信仰、商賈貿易等。本書由曾名為《東方見聞錄》，而馬可‧波羅又是作為第一個遊歷中國及亞洲其他各國而將其系統地敘述下來的人，《馬可‧波羅遊記》所研究的大家也很多，但大多是從文化的傳播、馬可‧波羅是否到過中國的真偽、中西交通等方面進行研究。歷代研究中，對《馬可‧波羅遊記》商人的描寫及經濟思想的研究極少，本文將從這一個方面來進行闡述，以求教於大方之家。

一、《馬可‧波羅遊記》對商人的描寫

　　《馬可‧波羅遊記》這本書描述的中國以及亞洲其他國家的方方面面內容很多，範圍極其廣泛，因而，每一個方面所佔的篇幅都較少。《馬可‧波羅遊記》對商人的描寫這一部分的內容，相對於軍事、風俗習慣等，內容更少。主要表現在以下幾個方面。

1、商人的普遍存在

在《馬可‧波羅遊記》中，無論是中國，還是歐洲的其他國家，在馬可‧波羅看來商人都是比較多的，甚至於居民都是從事手工業和商業。在《馬可‧波羅遊記》第一卷中，寫到「海濱有一座城市叫萊亞蘇斯，是一個商業貿易非常繁榮的港口，它是威尼斯、熱那亞和其它許多地方商人的雲集之地他。他們在此地主要是進行各種香料、藥材、絲綢和其它商品的交易」〔註1〕在描寫忽里模子城市，即波斯灣的霍爾木茲島上的霍爾木茲城時，寫到「離岸不遠有一座島，島上有一座城市叫忽里模子。它的港口是印度各地經營香料、藥材、寶石、珍珠、金線織物、象牙和其它許多商品的商人雲集之所。他們將這些商品賣給其他商人，由這些人再運銷世界各地。所以，該城的商業聞名遐邇。」〔註2〕

在描寫接近甘州的西涼王國，即甘肅武威地區時，有寫到「當地的居民從事商業和製造業，並出產穀物，十分富裕」。〔註3〕在接下來描寫王罕族的王公統治的天德省這一部分時，也敘述到「在這個省區中騎行七日，向東方的契丹國走去，要經過許多偶像崇拜者、回教徒和聶斯托利派的基督教徒所居住的市鎮。他們以商業和製造業維持生活，織造嵌有精細金線並飾以珍珠的布匹以及各種樣式與顏色的綢緞，這和歐洲的織法大體相當。同時還出產各種羊毛織物。」〔註4〕

《馬可‧波羅遊記》的第二卷主要是描寫馬可‧波羅到中國的場景，這一場中國之行使得馬可‧波羅與忽必烈大汗的關係得到很大的友好發展。因此，在馬可‧波羅供職的過程中也受到忽必烈大汗的重視，經常被派往其它藩屬執行任務。在第二卷中，也著重描寫了馬可‧波羅在中國的見聞，特別是西南地區的所見所聞。在這種情況下，對商人的描寫也是比較多的。在描寫汗八里城（即北京城）及其人口與商業時寫到：「汗八里城內和相鄰城門的十二個近郊的居民的人數之多以及房屋的鱗次櫛比，是世人想像不到的。近

〔註1〕 馬可‧波羅著，梁生智譯，馬可‧波羅遊記〔M〕，北京：中國文史出版社，1998，23～24。
〔註2〕 馬可‧波羅著，梁生智譯，馬可‧波羅遊記〔M〕，北京：中國文史出版社，1998，43～44。
〔註3〕 馬可‧波羅著，梁生智譯，馬可‧波羅遊記〔M〕，北京：中國文史出版社，1998，88。
〔註4〕 馬可‧波羅著，梁生智譯，馬可‧波羅遊記〔M〕，北京：中國文史出版社，1998，91。

郊比城內的人口還要多，商人們和來京辦事的人都住在近郊。在大汗坐朝的幾個月間，這些人各懷所求從四面八方蜂擁而至」。〔註5〕「無數商人和其他旅客為京都吸引」〔註6〕。由此可見，元朝的人口數量之多，如此龐大的人口數量，相對應的商人的數量也要很多。

第二卷在描寫涿州城時也寫到：「這裏的居民大都以商業和手工業衛生，他們製造金絲織物和一種最精美的薄綢。這裏有許多大旅館供體面的旅客食宿」。〔註7〕在敘述大同府，即山西太原時，有描寫到：「離開大同府，向西走七日，經過一個十分美麗的區域，這裏有許多城市和要塞，商業和製造業十分發達。這裏的商人遍佈全國各地，獲得巨大的利潤。穿過這個區域後，到達一個很重要的大城市，名叫平陽府，城內同樣有許多商人和手工藝人，絲的產量也很豐富」。〔註8〕由此可見，商人和手工業者是比較多。也對元朝以後晉商的形成起到了非常重要的作用。

這一卷中，在敘述壯麗的喀拉摩拉河時，也寫到：「這條河一直向東流入大海，河的兩岸有許多城市與城堡，裏面住著大批的商人，從事廣泛的貿易」。〔註9〕「這樣向西走二十日，到達一個地方叫阿八里蠻子，意思是指『蠻子境內的白城』。這裏地面平坦，人口眾多，居民以商業和手工業為生，還出產大量的薑。」〔註10〕在敘述太平府及其它城鎮時，也寫到：「沿同一方向再走三日，就到達了衢州鎮，如仍舊朝東南走，還會遇見許多人煙稠密的市鎮，那裏的居民同樣是以商業和農業為生」。〔註11〕另外，在描寫中國沿海城市福州王國及其首府福州時，則這樣寫到：「這裏物產豐富，人民生活富足，野外的

〔註5〕 馬可‧波羅著，梁生智譯，馬可‧波羅遊記〔M〕，北京：中國文史出版社，1998，132。

〔註6〕 馬可‧波羅著，梁生智譯，馬可‧波羅遊記〔M〕，北京：中國文史出版社，1998，134。

〔註7〕 馬可‧波羅著，梁生智譯，馬可‧波羅遊記〔M〕，北京：中國文史出版社，1998，153。

〔註8〕 馬可‧波羅著，梁生智譯，馬可‧波羅遊記〔M〕，北京：中國文史出版社，1998，154。

〔註9〕 馬可‧波羅著，梁生智譯，馬可‧波羅遊記〔M〕，北京：中國文史出版社，1998，156。

〔註10〕 馬可‧波羅著，梁生智譯，馬可‧波羅遊記〔M〕，北京：中國文史出版社，1998，159。

〔註11〕 馬可‧波羅著，梁生智譯，馬可‧波羅遊記〔M〕，北京：中國文史出版社，1998，214。

狩獵活動也很頻繁。尤其是鳥雀，種類特別多。此地的居民都是大汗的臣民，從事商業和手工業。」〔註12〕

第三卷主要是描寫日本群島、南印度和印度洋的海岸和島嶼。這這一卷中，對商人的描寫也算比較多，僅次於第二卷。在這一卷中，描寫拉爾王國時，馬可‧波羅稱讚「布那明人是世界上最優秀、最可敬的商人」。〔註13〕順著馬可‧波羅的蹤迹，來到了馬達加斯加島，他對這裏商人的描述則是「人民以商業和製造業為主，並出售大量的象牙」。〔註14〕由此見見，亞洲東部的很多人民都以經商為生。

第四卷對商人的描寫較少。第四卷主要是馬可‧波羅與其父親、叔父返回威尼斯的所見所聞。

由《馬可‧波羅遊記》對商人普遍性的描寫，我們可以得知：在13世紀的世界亞洲的經濟發展還是較為平衡的。在這一時期的各國的古代農作物基本上都能達到一個自給自足，且略有盈餘，以致於能夠有農產品進行交換的出現。商人群體的壯大，在一定程度上也提高了商人的社會地位。

2、商人與貨幣的使用

商人進行商品交換，不可避免地需要使用到從商品中分離出來的一般等價物，也就是我們所說的貨幣。在這一時期，有些較為落後的地區仍然使用貝殼等來進行商品交換，更多地方使用的是銀幣、金幣，紙幣的流通更加加速了經濟的發展。在這一部分，我們來看看，《馬可‧波羅遊記》裏對商人的描寫及貨幣的使用。

在《馬可‧波羅遊記》第二卷中，詳細介紹了造紙技術及紙幣的流通。文中寫到「汗八里城，有一個大漢的造幣廠，大汗用下列的程序生產貨幣，真可以說是具有煉金士的神秘手段。大汗令人將桑樹——它的葉可用於養蠶——的皮剝下來，取出外皮與樹之間薄薄的內皮，然後將內皮浸在水內，隨後再把它放入石臼中搗碎，弄成漿糊製成紙，實際上就像用棉花製的紙一樣，不過是黑的。待使用時，就把它截成大小不一的薄片兒，近似正方形，但要

〔註12〕馬可‧波羅著，梁生智譯，馬可‧波羅遊記〔M〕，北京：中國文史出版社，1998，215。

〔註13〕馬可‧波羅著，梁生智譯，馬可‧波羅遊記〔M〕，北京：中國文史出版社，1998，256。

〔註14〕馬可‧波羅著，梁生智譯，馬可‧波羅遊記〔M〕，北京：中國文史出版社，1998，266。

略長一點。最小的薄片兒當作半個圖洛使用，略大一點的當作一個威尼斯銀幣，其它的當作二個、五個和十個銀幣，還有的作為一個、二個、三個以至十個金幣。這種紙幣的製造，它的形狀與工序和製造真正的純金或純銀一樣，是十分鄭重的。因為，有許多特別任命的官員，不僅在每張紙幣上簽名，還要蓋章。當他們全體依次辦過這些手續後，紙幣取得了通用貨幣的權力，所有製造偽幣的行為，都要受到嚴厲的懲罰」。〔註15〕由這段文字可以得出，忽必烈大汗在經濟方面所作出的重大貢獻，也為我們還原了一部分紙幣製造過程的歷史，對於經濟史的研究意義深遠。

　　馬可‧波羅談論到「這種紙幣大批製造後，便流行在大汗所屬的國土各處，沒有人敢生命危險，拒絕支付使用。所有百姓都毫不遲疑地認可了這種紙幣，他可以用它購買任何物品，如珍珠、寶石、金銀等。總之，用這種紙幣可以買到任何物品」。〔註16〕由此，我們可以得知，紙幣可以買到任何物品，說明得到了廣泛的應用，在市場得以流通。在一定程度上，貨幣的流通反映了市場的運轉情況。

　　那麼，紙幣是由紙製造的，怎麼去確定紙幣的購買力呢？在《馬可‧波羅遊記》中，也講到「每年總有好幾次，龐大的駱駝商隊載運剛才所說的各種物品和金絲織物，來到大汗都城。於是，大汗召集十二個有經驗和精明的人，令他們小心選擇貨物並確定購買的價格。大汗就在這個公平的價格上再加上一個合理的利潤額，並用這種紙幣來付賬。商人對於這種貨幣，不能拒收，因為大家都能看到它能起到貨幣支付的作用，即使他們是別國的人，這種紙幣不能通用，他們也可將它換成他們自己市場的其它商品。」〔註17〕由大汗組織人來確定物品的價格，充分發揮了政府調控的作用，而市場調控的作用較為薄弱。

　　跟隨馬可‧波羅的腳步，來看看建都省，即今雲南省得麗江附近，「他們所用的貨幣，其製法如下：將金子熔成小條，不經過任何鑄造，就按重量使用。這是他們較貴重的貨幣」。〔註18〕由此，我們可以看出在西南地區，經濟

〔註15〕馬可‧波羅著，梁生智譯，馬可‧波羅遊記〔M〕，北京：中國文史出版社，1998，138～139。

〔註16〕馬可‧波羅著，梁生智譯，馬可‧波羅遊記〔M〕，北京：中國文史出版社，1998，139。

〔註17〕馬可‧波羅著，梁生智譯，馬可‧波羅遊記〔M〕，北京：中國文史出版社，1998，139。

〔註18〕馬可‧波羅著，梁生智譯，馬可‧波羅遊記〔M〕，北京：中國文史出版社，

也較黃河流域地區落後，紙幣還沒能廣泛使用。商人進行商品交換時，需要攜帶很厚重的金銀幣。

除了金銀幣和紙幣，還有很原始的一般等價物——貝殼的流通。馬可‧波羅在敘述哈剌章省及省會押赤時，寫到「至於貨幣，是用海中的白貝殼充當，這種貝殼也可製成項鏈。八十個貝殼可兌換一個銀幣。」〔註 19〕繼續向西走，便到達哈剌章省的一個主要城市，「因為黃金儲量很大，所以一個金幣只能兌換六個銀幣。居民也同樣用貝殼作為貨幣，不過這不是由本地出產的，而是由印度輸入的」。〔註 20〕由這些敘述，我們可以知道：元朝時，中國的經濟發展不平衡，商人的多寡也由當地的經濟所決定。

3、商人的海陸貿易

我們素來知道有陸上絲綢之路和海上絲綢之路，在 13 世紀前後，商品經濟得到一定的發展，造船技術得到提高，陸路和水路成為商人的主要貿易途徑。這一部分，來看看商人在陸路和海路的貿易情況。

馬可‧波羅在敘述肅州及其運至世界各處的大黃，即甘肅酒泉時，寫到「該省境內的山區中盛產最優質的大黃。由各地商人運到世界各處出售。當商人經過這裏時，只能雇用習慣當地水土的牲畜。因為此處山中長著一種有毒植物，牲畜一旦誤食，馬上會引起脫蹄的悲慘下場。但是當地牲畜懂得這種植物的危險，能夠避免誤食。肅州的居民以水果和家畜為食，不經營商業，這個地方很適宜養生，當地人的皮膚呈暗褐色。」〔註 21〕馬可‧波羅在描寫伊稷那城（即內蒙古額濟納旗）及家畜鳥雀的種類及其北方的荒原時，提到「離開甘州城，向北行十二日，到達一個名叫伊稷那的城市，它位於沙漠荒原（戈壁）的入口處，在唐古多省境內。居民是偶像崇拜者，他們有駱駝和各種家畜。商旅到達此城後，必須準備四十天的糧食，因為當他們再向北前行時，必須穿過一個荒原，除了在夏季，山中和某些河谷有少數居民外，平時了無人迹」。〔註 22〕。

1998，165。

〔註 19〕馬可‧波羅著，梁生智譯，馬可‧波羅遊記〔M〕，北京：中國文史出版社，1998，167。

〔註 20〕馬可‧波羅著，梁生智譯，馬可‧波羅遊記〔M〕，北京：中國文史出版社，1998，168。

〔註 21〕馬可‧波羅著，梁生智譯，馬可‧波羅遊記〔M〕，北京：中國文史出版社，1998，71～72。

〔註 22〕馬可‧波羅著，梁生智譯，馬可‧波羅遊記〔M〕，北京：中國文史出版社，

　　由馬可‧波羅對甘肅和內蒙古的描述，可以得知這兩個地區都是陸上絲綢之路的必經之路。不僅是在元朝統治範圍內，商人的足跡可謂是踏遍各地。馬可‧波羅在描寫波斯王國內的八個小國的名稱和驢馬的飼養時，寫到「商人們從這一王國到那一個王國，必須經過廣闊的荒原和水草匱乏的沙漠，即使有清泉或水源的地方，也相距甚遠，因此每天的行程都很長。所以商人們喜歡使用驢子，因為驢子在經過上述地帶的時候十分迅速，而且所需的飼料又很少。」〔註23〕商人要穿越沙漠地帶，而且還得靠駱駝、驢等來載運物品，也是一件不容易的事。

　　除了陸路貿易外，還有水路的貿易途徑。《馬可‧波羅遊記》中，寫到巴格達時，這樣敘述「巴格達（古稱巴比倫）是一座宏偉的大城，是所有薩拉森人的哈里發（穆罕默德的繼承人）──類似基督教的教皇──駐蹕之地。城中有一條大河穿過，商人往印度洋輸入或輸出的商品都走這條水路。不過由於這條河蜿蜒曲折，所以航程長達十七天」。〔註24〕馬可‧波羅在描寫契丹時也寫到「離開都城走十英里，來到一條叫白利桑乾河（永定河）的河旁，河上的船隻載運著大批的商品穿梭往來，十分繁忙。」〔註25〕「離開襄陽府，向東南走十五日就到達了九江城。該城雖然不大，確實一個商業重鎮。因它緊靠江（長江），所以船舶往來數量眾多。」〔註26〕馬可‧波羅還描寫到刺桐港，即福建泉州時，也敘述到「刺桐是世界上最大的港口之一，大批商人雲集於此，貨物堆積如山，買賣的盛況令人難以想像。此處的每個商人必須付出自己投資總數的百分之十作為稅款，所以大汗從這裏獲得了巨大的收入。此外商人們租船裝貨，對於精細貨物必須付該貨物總價的百分之三十作為運費，胡椒等付百分之四十四，而檀香木、藥材以及一般商品則需付百分之四十。據估算，他們的費用連同關稅和運費在內，總共占到貨物價值的一半以上，然而就是剩餘的這一半中，他們也有很大的利潤，所以他們往往運載更

　　　　　1998，73。
〔註23〕馬可‧波羅著，梁生智譯，馬可‧波羅遊記〔M〕，北京：中國文史出版社，
　　　　　1998，39。
〔註24〕馬可‧波羅著，梁生智譯，馬可‧波羅遊記〔M〕，北京：中國文史出版社，
　　　　　1998，29。
〔註25〕馬可‧波羅著，梁生智譯，馬可‧波羅遊記〔M〕，北京：中國文史出版社，
　　　　　1998，151。
〔註26〕馬可‧波羅著，梁生智譯，馬可‧波羅遊記〔M〕，北京：中國文史出版社，
　　　　　1998，195。

多的商品回來交易。」〔註27〕

由馬可・波羅所敘述的這一段見聞，可以得知，不僅僅是海上交通發達，河運也很發達。發達的交通減輕了商人舟車的勞累，也方便貨物的大量運輸。因為關稅和運費的苛刻，所以商人們會運載更多的貨物，也更加加速了商品的交流。

4、商人的生活

對於商人的生活，這一方面描寫得相對來說較少。

商人在經過荒無人煙的沙漠時，「常常有野驢和其它野獸出沒」。〔註28〕這意味著商人在環境較為惡劣的環境下，還得與自然界的動物鬥智鬥勇，這也成為他們的一部分。

在描寫元朝汗八里城時，還寫到「每個城郊在距城牆約一英里的地方都建有旅館或招待駱駝商隊的大旅店，可提供各地往來商人的居住之所，並且不同的人都住在不同的指定住所，而這些住所又是相互隔開的。例如一種住所指定給倫巴人，另一種指定給德意志人，第三種指定給法蘭西人。」〔註29〕由材料可知，商人有了一定的住所，生活條件也較為妥當。

由上述的論述，對商人的生活及貿易狀況都有所瞭解。總的來說，13 世紀商人的境遇是比較好的，這是商品經濟發展到一定程度的需要。

二、對商人的描寫所反映的經濟思想

在第一部分，《馬可・波羅遊記》對商人的描寫已盡數之。那麼，這些描寫又反映了怎樣的經濟思想呢？下面來探討一下。

1、13 世紀的經濟思想不僅受自然經濟的影響，還受到商品經濟的影響

由上文我們所提到的《馬可・波羅遊記》對商人的描寫中，多處寫到「當地的居民，很多都以商業和手工業為生」。手工業的製造原料就直接來源於所耕種的農作物，出現了產品剩餘之後，就要進行一定的商品交換，於是商品

〔註27〕馬可・波羅著，梁生智譯，馬可・波羅遊記〔M〕，北京：中國文史出版社，1998，217～218。

〔註28〕馬可・波羅著，梁生智譯，馬可・波羅遊記〔M〕，北京：中國文史出版社，1998，73。

〔註29〕馬可・波羅著，梁生智譯，馬可・波羅遊記〔M〕，北京：中國文史出版社，1998，118。

經濟就應運而生。由於中國古代經濟思想形成於以自然經濟爲基礎的封建社會，所以中國古代經濟思想中有相當多的內容是適應於自然經濟的。〔註 30〕儘管在這裏石教授所講述的是中國古代經濟，但放在新航路開闢之前的世界經濟體系中也不爲過。因爲商品經濟受到自然經濟的影響還是較爲深遠的。

2、13 世紀的經濟受到國家政策的影響，即國家對市場的調控作用的影響

由上文，可以得知，在大汗國內，商品的價格是由大汗派遣十二個精明的人來制定的。這足以看出：國家對商品經濟的調控作用。歷史以鐵一般的事實證明，國家調控與社會經濟發展的要求適應與否，對社會經濟的狀況產生直接的影響。因然，社會經濟的繁榮與衰敗，並不完全是由國家調控活動所造成的，其他還有多種因素在起作用，但國家調控毫無疑問地是諸多因素中的一項重要因素，甚至是在一定條件下的決定因素。〔註 31〕國家調控在一定程度上是有利於經濟的發展的，能夠基本穩定市場的秩序。

3、對外貿易得到一定的發展，拓寬了經濟思想的領域

在上文對於商人陸上交通以及海上交通這一部分，有提到海上貿易之路得到一定的發展，造船業也有很大的發展。我國位於太平洋的東面，海岸線總長超過 3.2 萬公里。《馬可‧波羅遊記》裏所敘述到的很多東亞國家都是沿海的，海上貿易非常發達。用我國舉例而言，我國古代就有關貿管理的法制，漢代的「符傳」是當時貿易許可證的憑證。這種許可證制度，確定了中國兩千年之間貿易對外管理的體制。到宋、元時也制定了「市舶條法」和「市舶則法」。〔註 32〕中國沿海大國，對外貿易的發展在宋元時期達到蓬勃的發展，到南宋、元代，南方沿海的對外交往活動則蓬勃興旺地加以發展。〔註 33〕

4、商品經濟的發展催生了貨幣的進一步發展

我們在上文可以看到忽必烈大汗對紙幣的嚴格要求，以及紙幣流通、使用。一直以來，貨幣都是經濟學最富爭議對的領域之一。在公元前 5 世紀～

〔註 30〕 石世奇，中國古代經濟思想在當代市場經濟中的作用〔J〕，北京：北京大學學報，1999，（2）：53。
〔註 31〕 周明生，從中國古代經濟史看國家調控必須順應社會發展的內在要求〔J〕，學海，1995，（4）：23。
〔註 32〕 梁鳳榮，中國古代經濟法制之研究〔D〕，鄭州大學，2001：4。
〔註 33〕 朱亞非，論宋元時期山東半島對外交往〔D〕，山東師範大學，2008，7。

公元 14 世紀，被認為是貨幣自然觀，這種觀點以自然經濟和簡單商品交換關係為基礎，認為人們可以根據貨幣的自然屬性特徵或區別去消除和減少相互之間對稀缺資源的爭奪與衝突。常常把貨幣起價值尺度和流通手段。〔註 34〕元朝確立了紙本位制，〔註 35〕為商品貨物的流通奠定了基礎。因為商人不再需要運載貨物的同時，也不再運載大量的金銀幣，大大減輕了商人的負擔，促進了商品流通。元王朝實行統一貨幣制度，無疑有利於促進各地商業往來和商品經濟的發展。〔註 36〕

《馬可‧波羅遊記》對商人的描寫以及所反映的經濟思想，對於我們今天的經濟發展具有重大的意義。重商主義的推行更是 13 世紀以後商品經濟發展的結果。

三、《馬可‧波羅遊記》對商人的描寫的意義與作用分析

從經濟角度來看，經濟是社會生活的物質基礎，《馬可‧波羅遊記》中商人的描寫以及反映的經濟思想都能很好地反映經濟思想，能讓我們更好地瞭解經濟發展規律。其中，《馬可‧波羅遊記》中紙幣的流通對於今天經濟的發展意義深遠。並且，21 世紀是一個經濟全球化的世紀，研究經濟思想對現代的全球經濟化影響深遠。特別是 2008 年又一輪金融危機的侵襲，使得更多的經濟學家、史學家企圖從歷史的淵源尋找歷史經驗。《馬可‧波羅遊記》對我們今天的經濟發展有很大的作用。

綜上所述，從史學價值角度來看，《馬可‧波羅遊記》所記載的內容廣泛，對商人的描寫可以為我們研究 13 世紀的社會風貌、商人的地位、商人的生活提供了豐富的史料。

〔註34〕王璐，經濟思想史中的貨幣理論及其爭論〔J〕，經濟評論，2007，（5）：2。

〔註35〕喬曉金，元代貨幣制度新探〔D〕，內蒙古金融研究，2002：4。

〔註36〕李育安，紙幣在中國元代的流通和發展的特點〔J〕，鄭州：鄭州大學學報，1991，（02）：25。

第六章 從《馬可‧波羅遊記》
看元初的城市

　　城市，是反映一個國家或民族社會經濟及文化發展的重要方面。通過對元代城市建築和治安的研究，更加深入的瞭解元代城市制度。《馬可‧波羅遊記》中有大量關於記載元代城市的珍貴史料，其與我國史料記載互爲補充，爲瞭解當時元代城市制度提供了很好的見證。

　　城市的發展，是一個朝代繁榮強盛的表現。當元代蒙古人定居中原，對都城進行大規模的建設後，元代城市迅速崛起，是中國城市發展的一個重要時期。而當蒙漢合居成爲時代特徵，元代城市又爲中國城市發展的一個特殊時期。近年來，隨著考古工作的進展，對元代城市，特別是對大都和上都的考察，不斷走進深入，也取得日新月異的成果。除了考古文獻外，國內對元代城市的研究並不多，所以當《馬可‧波羅遊記》譯本來到中國時，掀起了國內對元朝城市的研究。其實在元代的時候，有許多外國人來到過中國，而且也留下了一些關於元代城市，特別是上都、大都的文獻資料。但《馬可‧波羅遊記》中記述了他在 1275 年隨父親和叔父到上都觀見忽必烈的所見，其所載同中國文獻史料和近年來考古調查的資料都可印證，較眞可信，具有較高的史料價值。現與國內其他關於元代城市的資料相結合，對元代城市制度進行研究，能夠進一步瞭解元代的城市的興起、城市內的基本設備和治安。

一、蒙古民族的游牧生活

　　蒙古民族一直過著游牧的生活，沒有固定的住所。根據《馬可‧波羅遊記》的有關記載反映，「每當冬天的時候，他們就遷移到一個比較溫暖的平原

上，以便爲他們的牲畜找一個水草充足的牧場。一到夏天他們又回到山中涼爽的地方，那裏此時水足草豐，同時牲畜又可避免馬蠅和其它吸血害蟲的侵擾」。〔註1〕蒙古民族的就是這樣不斷的跋涉，只爲了找一個水草充足，適合飼養牲畜的牧場。這就代表在趕著牲畜移動的同時，還要帶著他們的家屬、房子一起移動，以便生活。他們的小屋是用木杆和氈子搭成的，小屋呈圓形，並且可以任意折疊，卷成一捆，當成包裹。當他們遷移時，就把這個包裹放在四輪車上，帶著同行。〔註2〕蒙古民族就一直過著這種不定居的生活，所以根本不可能像中原人一樣，進行農耕生活。那他們依靠什麼爲生呢？馬可·波羅可以解答這個問題，韃靼人完全以肉、乳爲食品，一切飲食都來自他們狩獵的動物。他們喝馬乳，吃土撥鼠、馬肉、駱駝肉，甚至狗肉。〔註3〕

除了這些生活習慣外，蒙古民族還保留有野蠻的軍事活動。就是對佔領的城市就行「屠城」，以保州爲例，城被攻陷後，蒙古軍盡驅居民出城，先下令殺老者，後二日，令再下，無老幼協殺」；「屍積數十萬，磔首於城，殆與城等」。〔註4〕有許多大小城市，房屋盡毀，因而變成廢墟。

二、蒙古人的都城定居

但一直習慣於游牧的民族，爲什麼會定居下來，建起了草原都城呢？

隨著蒙古疆域的不斷擴張，爲了對國土疆域進行有效的統治，元統治者終於重視城市對國家的重要，並開始建造新城。蒙古國時期，以哈剌和林爲都城。1235年春，窩闊台合汗從中原漢地徵調各色匠人，主持這項工程的是燕京工匠大總管漢人劉敏。次年，開始在鄂爾渾河河畔興建城郭宮闕的萬安宮落成，窩闊台在這裏大宴諸王。《元史·太宗本紀》載「七年己未春，城和林，做萬安宮」。「八年丙申春正月，諸王各治具來會宴」。〔註5〕哈剌和林城規模較小，沒有皇城，只有宮城。《馬可·波羅遊記》中所提及到「哈剌和林城周長三英里，是韃靼人在遙遠時代最早定居的地方。在城牆附近有一個規模宏大的堡壘，裏面有一座豪華的巨宅，是當地統治者的住宅。」〔註6〕的這

〔註1〕馬可·波羅，馬可·波羅遊記〔M〕，北京：中國文史出版社，1998，80。
〔註2〕馬可·波羅，馬可·波羅遊記〔M〕，北京：中國文史出版社，1998，81。
〔註3〕馬可·波羅，馬可·波羅遊記〔M〕，北京：中國文史出版社，1998，82。
〔註4〕史衛民，都市中的游牧民——元代城市生活長卷〔M〕，湖南：湖南人民出版社，2000，2。
〔註5〕宋濂，元史〔M〕，北京：中華書局，1976，34。
〔註6〕馬可·波羅，馬可·波羅遊記〔M〕，北京：中國文史出版社，1998，74。

些內容都可以證明。忽必烈即位後，認識到以哈剌和林爲都城已無法適應新統治形式的需要，確定以大都和上都作爲首都，但是哈剌和林還是漠北的重要城市，後來成爲嶺北行省的治所。

忽必烈即位後，以大都爲首都，上都爲陪都。城市對於游牧民族來說，是一個陌生的概念。在決定要修建新城時，元代統治者就委任漢人進行建設，上都城是漢人劉秉忠進行設計的，與漢人董文炳、謝仲溫共同修建的。《元史‧劉秉忠傳》載：「初，帝命劉秉忠相地於桓州東灤水北，建城郭於龍岡。三年而畢，名曰開平。繼升爲上都，而以燕爲中都。四年，又命秉忠築中都城，始建宗廟、宮室。八年，奏建國號曰大元，以中都爲大都。」〔註7〕

但爲什麼還要修建大都呢？這其中有兩個原因，第一，謀士郝經以「燕都東控遼碣，西連三晉，背負關嶺，瞰臨河朔，南面以蒞天下」爲由，勸忽必烈定都燕京。〔註8〕第二，據《馬可‧波羅遊記》載，大汗根據占星者的預測，認爲上都城將來要發生叛亂，於是他決定在河的對岸另建一座新都。〔註9〕

選擇新都城址並進行整體規劃的除了太保劉秉忠，還有行右三部事趙秉溫。趙秉溫受學於劉秉忠，至元初奉命「與太保劉公（劉秉忠）同相宅，公因圖上山川形勢、城郭經緯與夫祖、社、朝、市之位，經營製作之方。帝命有司稽圖赴功。」〔註10〕具體負責施工的是張柔、張弘略父子及行工部尚書段天祐等人。《元史‧世祖本紀》載：「至元三年十二月丁亥，詔安肅公張柔、行工部尚書段天祐等同行工部事，修築宮城。至元八年忽必烈納劉秉忠之議，改國號爲大元，次年改中都。」〔註11〕

三、都城的結構設計規劃

在營造的指導思想上，主張與當時張揚的政治形勢相協調，宮室城邑一定要宏大壯麗，雄視天下。在風格上，整個城市與宮廷的設計與陳設，既遵循了中國傳統的禮法制度，但又保留有蒙古的特色風俗，促使元朝都城在國際上大放異彩。

〔註7〕 宋濂，元史〔M〕，北京：中華書局，1976，3693。
〔註8〕 王新龍，大元王朝第4冊〔M〕，北京：中國戲劇出版社，2009，10。
〔註9〕 馬可‧波羅，馬可‧波羅遊記〔M〕，北京：中國文史出版社，1998，116。
〔註10〕黃建軍、于希賢，周禮‧考工記與元大都規劃〔J〕，文博，2001，（3）：43。
〔註11〕宋濂，元史〔M〕，北京：中華書局，1976，113。

蒙古人入駐中原，雖然對作爲首都的大都和陪都的上都進行了大規模的建設，都城的規劃結構與中國傳統城市的規劃結構是一脈相承，嚴格遵守了中國傳統禮法制度。中國古代都城在平面布局上都有十分明顯的特點。

（一）都城形狀方塊歸整

根據《馬可·波羅遊記》所說的，大都「新都整體呈正方形」，〔註12〕但馬可·波羅的認識是有誤的。因爲實際考察大都全城呈長方形，大都城的城牆周長爲28600米、東城牆長7590米、西城牆長7600米、南城牆長6680米、北城牆長6730米，面積約50平方公里。〔註13〕上都城每面牆總長爲2200米，全城基本爲正方形，佔地面積不到5平方公里。〔註14〕

都城四周都有城牆，因爲在中國古代，對於都城的規模都有十方嚴格的規定和限制。「匠人營國，方九里」。用城牆來限制都城的形狀和大小。城牆可以說是都城的標誌。而元代對於城牆的修築，有其自成一體的標準。總的來說，城牆底闊上窄。《馬可·波羅遊記》還指出，城牆底寬十步，愈向上則愈窄，到牆頂，寬不過三步。〔註15〕馬可·波羅說明了城牆底寬和頂寬的比例，與考古工作者實測的比例很接近。元朝對於城牆的底寬、高和頂寬的技術標準要求爲3：2：1。據實測大都城牆底寬24米、高16米、頂寬8米。〔註16〕現存上都城牆遺址下寬10米、高約5米、頂寬2米。〔註17〕而都城城牆的建築材料，全部都是用土壘築城的。《馬可·波羅遊記》說哈刺和林城「沒有石頭，所以只能用堅固的土壘圍繞著作爲城牆」。〔註18〕對於大都，說「有一土牆圍繞全城」。〔註19〕

（二）都城內部整齊劃一，形成對稱為二的格局

元大都全城的中軸線，南起麗正門，穿過皇城的靈星門，宮城的崇天門、

〔註12〕馬可·波羅，馬可·波羅遊記〔M〕，北京：中國文史出版社，1998，117。
〔註13〕中國科學院考古研究所北京市文物管理處元大隊考古隊，元大都的勘查和發掘〔J〕，考古，1972，（1）：20。
〔註14〕賈洲傑，元上都〔J〕，內蒙古大學學報：人文、社會科學版，1977，（3）：56。
〔註15〕馬可·波羅，馬可·波羅遊記〔M〕，北京：中國文史出版社，1998，116。
〔註16〕中國科學院考古研究所北京市文物管理處元大隊考古隊，元大都的勘查和發掘〔J〕，考古，1972，（1）：21。
〔註17〕賈洲傑，元上都〔J〕，內蒙古大學學報：人文、社會科學版，1977，（3）：56。
〔註18〕馬可·波羅，馬可·波羅遊記〔M〕，北京：中國文史出版社，1998，47。
〔註19〕馬可·波羅，馬可·波羅遊記〔M〕，北京：中國文史出版社，1998，116。

厚載門，經萬寧橋，直達大天壽萬寧寺的中心閣，這也就是明清北京城的中軸線。都城內房屋的建設，包括住宅、庭院和花院都在一塊四方形的土地上，這些土地都彼此在一條直線上。而且相向的城門是對稱的。都城整體的城區布局，「像一塊棋盤那樣」。〔註 20〕元大都的勘查工作證明，大都城內街道分佈的基本形式是：在南北向的主幹大道的東西兩側，等距離地平列著許多東西向的胡同。〔註 21〕現在北京城內的不少街道、胡同，仍保留了當年元大都街道的形制。

（三）宮殿建築高臺化，體現皇宮的至高無上

馬可‧波羅指出，「大汗的宮殿房屋只有一層，但屋頂甚高，房基約高出地面十指距，周圍有一圈大理石的平臺，宮殿的四邊各有一大段大理石鋪成的臺階。」〔註 22〕而所有想走近皇宮的人，都必須從平地拾石階而上，才能登上大理石平臺。上都遺址發現宮城內有多座 2～3 米高的 T 字或凸字形的臺基。〔註 23〕元代宮殿築有這樣高高的臺基，殿前還有上下階級。在中國古代都城，這樣的設計既能防潮，又能在很大可能上體現王權的至高無上。

（四）中國傳統都城一般由外城、皇城、宮城三部分組成

大都和上都也不例外。宮殿在宮城內，為皇帝生活的場所。宮城為全國最高的行政中心，被外城和皇城雙重包圍。大都的皇城在都城的南部的中央，宮城在皇城的東部。上都的皇城在都城的東南面，宮城坐落在皇城的中央偏東。

宮殿為皇帝的生活住處，設計當然要宏偉華麗。大明殿是大汗處理事務的地方，大而寬敞，建築得十分考究。《馬可‧波羅遊記》指出，大明殿非常寬敞，能容納一大群人在這裏宴會。屋頂裝飾得五顏六色，窗戶安裝著水晶般透明的玻璃。而且在大殿的後面有一排宏大的建築群，是大汗皇后和妃子的宮室，裏面還收藏著皇帝的私產和他的金銀珠寶。〔註 24〕而上都的所有殿堂和房間都鍍了金，裝飾得富麗堂皇。〔註 25〕

〔註 20〕馬可‧波羅，馬可‧波羅遊記〔M〕，北京：中國文史出版社，1998，116。
〔註 21〕中國科學院考古研究所北京市文物管理處元大隊考古隊，元大都的勘查和發掘〔J〕，考古，1972，（1）：21。
〔註 22〕馬可‧波羅，馬可‧波羅遊記〔M〕，北京：中國文史出版社，1998，114。
〔註 23〕賈洲傑，元上都〔J〕，內蒙古大學學報：人文、社會科學版，1977，（3）：60。
〔註 24〕馬可‧波羅，馬可‧波羅遊記〔M〕，北京：中國文史出版社，1998，114。
〔註 25〕馬可‧波羅，馬可‧波羅遊記〔M〕，北京：中國文史出版社，1998，92。

如上所述，元朝都城的這些特點也爲中國傳統城市規劃的特點。但蒙古人在中原也保留有其本俗的習慣，如捺鉢制度。

（五）捺鉢制度

如果說元王朝代表的主文化是蒙古文化，那麼主要是體現在元代統治者沿襲下來的捺鉢制度上。定居城市後，元皇帝依然保持著先人在游牧生活中養成的習慣，居處無常，四時轉徙，一邊巡視，一邊行遊樂行獵之趣。按照《馬可·波羅遊記》所指出的，每年三月，大汗離開都城，率領他的家眷，醫生、占星學家、鷹師和其他官吏前往海濱，在一個叫卡察摩都的地方紥營。而這個地方的帳篷和幕屋必須容納前來的一萬多人，而且每一間廳堂或房子的結構都一樣，都是用三根雕花鍍金的柱子撐著，用獅皮包著銀鼠皮和黑貂皮的帳幕張在外面，以便更好的擋風遮雨。遊樂三個月後，則按原路返回京都。每到夏天，就會到上都的竹宮避暑三個月。〔註26〕把帳篷紥在城市附近，在一定程度上保持了蒙古人的舊俗。但正是這種游牧文化——捺鉢制度的保留，與漢族城市生活的結合，更加鮮明的體現了元代城市蒙漢雜糅的時代特色。在城市裏，蒙古人還保留著許多具有其本土特色的風俗習慣，但隨著漢化程度的加深，這些風俗習慣都與漢文化融爲一體。

四、城市的基本設備

元代無論是對都城的大規模修建，還是對歷代遺留的城市進行重建。其對於城市內部的基本設備，如城門、街道、橋梁一般都比較齊全完備，方便利民。

（一）城　門

城內外所有的人們都是穿過城門進出的。《馬可·波羅遊記》提到，「大都有十二座大門，每邊三座。」〔註27〕但事實證明大都的北城牆只開兩門，不開正北之門。《元史·地理志》載：「（京城）城方六十里，十一門：正南曰麗正，南之右曰順承，南之左曰文明；北之東曰安貞，北之西曰健德；正東曰崇仁，東之右曰齊化，東之左曰光熙；正西曰和義，西之右曰肅清，西之左曰平則。」〔註28〕這與《周禮·考工記·匠人營國》所記城牆四面各開三

〔註26〕馬可·波羅，馬可·波羅遊記〔M〕，北京：中國文史出版社，1998，130。
〔註27〕馬可·波羅，馬可·波羅遊記〔M〕，北京：中國文史出版社，1998，117。
〔註28〕宋濂，元史〔M〕，北京：中華書局，1976，1347。

門，共十二門，有明顯的差異。

元大都如此「創新」之處，究竟爲何？推究其原因，就應與設計者劉秉忠脫不了關係。根據《劉伯溫製造八臂哪吒城故事》傳說，「大都周遭十一門，草苫土築哪吒城。讖言若以磚石裹，長似天王衣甲兵」。〔註29〕劉伯溫把大都想像成傳說中三頭六臂的哪吒，南面的三個門象徵三頭，東西六門象徵六臂，北面的兩個城門，就代表了兩足。所以大都的北城牆只有兩門。

大都和上都的城門的數量是很可觀的。大都城共有 11 個城門，皇城有 15 門，宮城有 6 門。上都城有 7 個城門，皇城有 6 門，宮城有 3 門。而且所有的城門外都築有方形或馬蹄形的甕城。

（二）街　道

街道，是城市內部最基本的交通。中國傳統街道作「九經九緯，經途九軌」，大多數城市的主要街道是縱橫豎直，互相交錯的。對於大都城的街道，《馬可·波羅遊記》裏有相關的記載，「城中的全部設計以直線爲主，所以各條街道都沿著一條直線，直達城牆根。」〔註30〕杭州城的街道也是筆直的，街面寬四十步。街道都很寬闊，所有運載物品的車輛都可以方便地往來其間。〔註31〕似乎所有的城市都一樣。但都城的主要街道，受皇城、宮城的影響的，不能不有所變動，在縱橫之間又有曲折，有些街道作「丁字形」甚至還有「斜街」，必須拐角才能前行，上都和大都都存在這種情況。

城市街道的路面，鋪砌的材料多爲石塊或磚塊。馬可·波羅指出，杭州城內的「一切街道都是用石頭和磚塊鋪成的」〔註32〕。但爲了方便騎馬的人士，所以有些道路沒有鋪石頭，還是泥土。有些地方的磚塊鋪得要比地面高，大都城御苑內的草場磚石小徑就「比操場地面高出三英尺」，這樣做「使得污泥雨水不至於積成水坑，而只是向兩旁流」。〔註33〕水向兩邊流，以便滋潤植物。而且這些用石頭和磚塊鋪砌的大街，「每邊十步寬，中間鋪有沙子，並築有拱形的陰溝」，〔註34〕方便雨水排到附近的運河裏。

〔註29〕于希賢，周易象數與元大都規劃布局〔J〕，故宮博物院院刊，1999，（2）：21。
〔註30〕馬可·波羅，馬可·波羅遊記〔M〕，北京：中國文史出版社，1998，117。
〔註31〕馬可·波羅，馬可·波羅遊記〔M〕，北京：中國文史出版社，1998，201。
〔註32〕馬可·波羅，馬可·波羅遊記〔M〕，北京：中國文史出版社，1998，206。
〔註33〕馬可·波羅，馬可·波羅遊記〔M〕，北京：中國文史出版社，1998，113。
〔註34〕馬可·波羅，馬可·波羅遊記〔M〕，北京：中國文史出版社，1998，206。

（三）橋　梁

城內除了有陸上交通外，還有各種水上交通，可以到達城市各處。古代城市大多都依河而建或有河流穿過城市，所以橋梁往往是城市中必不可少的水上建築。像地處北方、河流較少的大都城內，有記載的橋梁有 100 餘座。江淮以及江南地區，城市內河道往往成縱橫交錯，橋梁更多。按照馬可・波羅的記載，杭州城中各種大小橋梁的數目達到一萬二千座。〔註 35〕而且橋梁都很寬闊，按照《馬可・波羅遊記》裏說永定河上的盧溝橋「寬八步，即使十個騎馬的人在橋上並肩而行，也不會感覺狹窄不便」。〔註 36〕

橋梁的樣式，有平形、拱形兩種。而橋梁的材質，多為石橋或石木合成。如盧溝橋的「橋拱和橋墩都由弧形的石頭組成，橋兩側的短牆是用大理石和石柱建成」。〔註 37〕而成都市內的橋梁則別出一格，是一座石木合成，而且橋上還設有店鋪的平形橋。「從橋的一端到另一端，兩邊各有一排大理石橋柱，支撐著橋頂，橋頂是木質的，裝飾著紅色的圖案，上面還鋪有瓦片。整個橋面上有許多別致的小屋和鋪子，買賣眾多的商品」。〔註 38〕拱橋就如馬可・波羅所見一樣，「橋拱都建得很高，豎著桅杆的船可以在橋拱下順利地通行，而且橋頂到街道的斜坡造得十分合適」。〔註 39〕這些橋都設計得十分精巧，不難體現中國古代橋梁建築的高水平。

五、城市的治安

元代統治者為了有效的對城市進行統治，頒佈了一系列的禁令，以維護城市秩序和加強城市治安。

對城市頒佈禁令，最主要的措施是實行宵禁制度，限制城市居民的夜間活動。元朝沿襲了前代的宵禁制度，「其夜禁之法，一更三點，鐘聲絕，禁人行；五更三點，鐘聲動，聽人行；有公事急速及喪病產育之類不在此限。違者笞二十七下，有官者笞一下」。〔註 40〕按照《馬可・波羅遊記》裏所記述的，

〔註 35〕馬可・波羅，馬可・波羅遊記〔M〕，北京：中國文史出版社，1998，201。
〔註 36〕馬可・波羅，馬可・波羅遊記〔M〕，北京：中國文史出版社，1998，151。
〔註 37〕馬可・波羅，馬可・波羅遊記〔M〕，北京：中國文史出版社，1998，151。
〔註 38〕馬可・波羅，馬可・波羅遊記〔M〕，北京：中國文史出版社，1998，159。
〔註 39〕馬可・波羅，馬可・波羅遊記〔M〕，北京：中國文史出版社，1998，201。
〔註 40〕史衛民，都市中的游牧民——元代城市生活長卷〔M〕，湖南：湖南人民出版社，2000，78。

在大都城裏「夜間有三、四十人一對的巡邏隊，連續不斷的巡查街道，並且檢查是否有人在宵禁的時間裏，仍離家外出。如果外出被他們發現，就立即被捉去監禁。待天明后會由專職官吏審理犯禁著。如果被證明是行動疏忽，則要按情節輕重，處以或輕或重的杖足刑」。〔註41〕「不過遇上緊急情況，如孕婦分娩，有人生病等非外出請人不可的事情，便可以例外，但外出的人必須提燈而行」。〔註42〕在杭州城裏也是一樣。

但統一的宵禁時間又是什麼時候呢？鐘鼓樓就是為解決這個問題而應運而生的。元代的宵禁時間，是第三次鐘聲之後，所以規定「在第三聲鐘響後，任何人都不得在街上行走」。〔註43〕鐘聲的報時必須以官府所掌鐘鼓樓的報時為準，禁止各寺院等擅自鳴鐘報時。〔註44〕

在宵禁的時間裏，除了不許外出外，還不許點燈。按照《馬可‧波羅遊記》裏所記述的，在杭州里「還有些守衛巡邏街道，檢查是否有人在規定的宵禁時間之後，還點著燈。一經發現，他們就在這戶人家的大門上作一個記號，第二天清晨也把主人帶到官署審問，他如不能說出正當的理由，便要受到懲罰。」〔註45〕

由此看來，元代為了嚴格地執行宵禁制度，除了制定相關刑法，還以城市軍隊巡邏為主。巡邏衛隊除了檢查是否有人外出和點燈外，如上面所述，還要保障城市居民的人身及財產安全。如《馬可‧波羅遊記》所說的，守衛如在夜間發現有人突然患病，便將其送入醫院治療。如遇到火災，巡邏士兵擊木梆示警，附近守衛的士兵都會聞聲前來救火，把商人財產轉移到安全地帶。居民夜間遇到火災，也不得隨便跑出家，只能由守衛士兵幫助搬運。杭州市中心及附近地區，常駐有步兵和騎兵以防止發生騷動或叛亂。夜間的警戒，每隔一點六公里設一土墩，墩上豎一木架，上安響板，一旦有警，守衛士兵敲響響板，聲音傳得很遠。〔註46〕不論是火警或是發生叛亂，這聲音都能使橋上及附近士兵立即前來。晚上不許城市居民外出或點燈的這種宵禁制

〔註41〕 馬可‧波羅，馬可‧波羅遊記〔M〕，北京：中國文史出版社，1998，119。
〔註42〕 馬可‧波羅，馬可‧波羅遊記〔M〕，北京：中國文史出版社，1998，118。
〔註43〕 馬可‧波羅，馬可‧波羅遊記〔M〕，北京：中國文史出版社，1998，118。
〔註44〕 史衛民，都市中的游牧民——元代城市生活長卷〔M〕，湖南：湖南人民出版社，2000，78。
〔註45〕 馬可‧波羅，馬可‧波羅遊記〔M〕，北京：中國文史出版社，1998，208。
〔註46〕 馬可‧波羅，馬可‧波羅遊記〔M〕，北京：中國文史出版社，1998，209。

度，肯定會造成城市居民的不便，影響其夜生活。

　　通觀全文，可以得出以下結論：蒙古人定居中原，在沿襲中國傳統城市規劃制度的基礎上，修建都城。不斷完善城市內的城門、街道、橋梁等生活設備，爲民眾提供便利。以及嚴格執行城市治安措施——宵禁制度，保衛城市安全。關於元代城市的這些情況，在《馬可‧波羅遊記》中都有所體現，說明其是研究元代城市制度必不可少的文獻材料。但畢竟馬可‧波羅是個外國人，他的城市形象是具有西方觀念的，而且他對中國的風俗文化並不瞭解，對元代的城市的描述只停留在表層。若想對元代城市制度進行深入的瞭解，還得結合中國古籍和現實的考古發掘材料。

第七章 從《馬可・波羅遊記》
看元初上都的娛樂

　　《馬可・波羅遊記》是一部關於亞洲的遊記，記錄了中亞、西亞、東南亞等地區的許多國家的人文、地理等各方面的情況，而重點是對中國元朝的描述。通過書中的描寫，我們可以看到元朝的強大與昌盛，同時可以感受到元朝娛樂的多樣性。對元史和蒙古史具有重要意義，爲中外史學界所關注。本文綜合《馬可・波羅遊記》中對娛樂的描述以及元代親臨過上都並參與生活的詩人的零散記載，較完整地考述了元上都蒙古宮廷的生活，娛樂活動，從一個側面反映出游牧民族的文化和生活。

　　元朝是由蒙古族建立起來的龐大王朝，它是中國歷史上第一個在全國範圍內建立起來的，以少數民族統治者爲主的政權。蒙古族以其強大的武力，不僅征服了中原及長江以南地區，還將其控制範圍擴張至整個西亞地區。成爲中國有史以來疆域最大的王朝。元朝的建立結束了唐末以來（五代十國宋遼金夏）國內分裂割據和幾個政權並立的政治局面，奠定了元、明、清六百多年國家長期統一的政治局面；促進了國內各族人民之間經濟文化的交流和邊疆地區的開發，進一步促進了我國統一的多民族國家的鞏固和發展；爲科學技術的發展創造了良好條件；元朝的統一，還加強了中外文化交流和中西交通的發展；從蒙古族的歷史發展角度看，統一的過程就是蒙古族從奴隸社會向封建社會轉變的過程。漢族人民大量遷居到邊疆地區，帶去了先進生產技術，開發了邊疆經濟。邊疆各族大量遷入中原和江南，同漢族雜居，加強了民族融合。遼金時期入居黃河流域的契丹人和女真人，與漢族相融合，在

元朝已被視爲「漢人」。唐朝以來不少信仰伊斯蘭教的波斯人、阿拉伯人在我國一些地方定居。元朝時更有大量的波斯人和阿拉伯人遷入中國。他們與漢、蒙、畏兀兒等民族長期雜居、通婚，開始形成一個新的民族——回族。元朝時，西藏正式成爲元朝的行政區。

政治經濟的空前繁榮，軍事力量的強大，政局的穩定，民族空前的大融合，促進元朝文化的多元化發展，人們生活安定，娛樂活動豐富、千奇百趣。

（一）天壽節

所謂天壽節，又稱萬壽節，聖節本命日等，即皇帝誕辰，從忽必烈開始，各地都要在皇帝誕辰是舉行盛大的慶典。

天壽節的主要活動是爲皇帝祝壽。「聖節拈香，前期一月，內外文武百官躬詣寺觀，企建祝延聖壽萬安道場，至期滿散。」〔註1〕宮內亦準備過節用的服裝用品等，「官家明日慶生辰，準備龍衣熨帖新。奉御進呈先取旨，隨珠錯落間奇珍。」〔註2〕天壽節當天，朝臣詣闕稱賀，各地官員等「望闕」舉行慶祝活動。有人記道：「元自世祖以來，」凡遇天壽聖節，天下郡縣立山棚，百戲迎引，大開宴賀。至庚申帝（元順帝）當誕日，禁天下屠宰，不宴賀，慮其多殺以煩民也。」〔註3〕馬可‧波羅所記：「在陛下萬壽日這天，所有的基督教徒、佛教徒、撒拉遜人和各色人等，都分別虔誠地禱告他們的上帝和偶像，祈求保祐皇帝萬壽無疆，民富國強。一年一度的皇帝陛下的萬壽日，就是在這樣海內歡騰、普天同慶中度過的。〔註4〕」

（二）遊皇城

遊皇城是元代蒙古宮廷祭祀的一種儀式。馬可‧波羅在其《馬可‧波羅遊記》中曾說過祭祀是韃靼人祈禱風調雨順、五穀豐登、國泰民安的對神的敬畏。遊皇城是元代蒙古宮廷祭祀習俗。始於至元七年（1270），其年世祖忽必烈採納國師八思巴之建議，在京城大明殿御座上置一白傘蓋，頂部用素緞，上書梵書，意爲「鎮伏邪魔護安國刹」。定於每年夏曆二月十五日，在大明殿舉行白傘蓋佛事，以各色儀仗引導白傘蓋周遊皇城內外，謂與眾生驅除不祥，導引福祉，作爲宮廷盛典，稱爲遊皇城，亦稱白傘蓋佛事。事先由宣政院會

〔註1〕 《元典章》卷28，《禮部一　朝賀》，中國廣播電視臺出版社，1998，96。
〔註2〕 柯九思，《宮詞十一五首》，《草堂雅集》卷1，中華書局，1994，32。
〔註3〕 葉子奇，《草木子》卷3下，《雜誌篇》，中華書局，2006，57。
〔註4〕 《馬可‧波羅遊記》，中國文史出版社，1998，100～101。

同中書省奏請聖旨，後移文至樞密院，準備各色儀仗隊。其中包括傘鼓手 120 人，殿後軍甲馬 50 人，擡監壇關羽神轎軍及雜用 500 人。宣政院所轄官寺 360 所，準備佛像、壇面、幢蟠、寶蓋、車鼓、頭旗 360 壇，每壇由 26 人擡舉，錢鼓僧 12 人。由大都路提供各色金門大社 120 隊；儀鳳司雲和署提供有 7 種樂器的 400 人樂隊，漢、回回、河西三色細樂，每色各 3 隊，共 324 人；教坊司興和署提供藝妓雜扮戲隊 150 人，祥和署提供雜把戲隊 150 人。屆時，恭請傘蓋於御座，各儀仗隊、佛壇、樂隊、戲隊相隨，首尾排列達 30 餘里，鼓樂齊鳴，邊行邊演出各種歌舞、戲曲、雜耍節目，百戲紛呈。皇帝、后妃、公主等在特別搭製的彩樓上觀賞，士女、百姓可沿途觀看。遊畢，送傘蓋回宮，仍恭置御座上，帝師率眾生做佛事。

其後，皇帝巡行上都，於夏曆 6 月望日又同樣舉行一次，其規模與程度簡於大都，但又有其特點。《灤京雜詠》：「百戲遊城又及時，西方佛子閱宏規，彩雲隱隱旌旗過，翠閣深深玉笛吹。」注云：「每年六月望日，帝師以百戲入內，從西華人，然後登城設宴，謂之遊皇城也。」《輦下曲》：「爐香夾道湧祥風，梵輦遊城女樂從，望拜彩樓呼萬歲，柘黃袍在半天中。」「華纓孔帽諸番隊，前導伶官戲竹高，白傘威夔避馳道，帝師輦下進葡萄。」〔註5〕

（三）詐馬宴

詐馬宴亦稱質孫宴，是古代蒙古族最為隆重的宮廷宴會，是融宴飲、歌舞、遊戲和競技於一體的娛樂活動。《馬可‧波羅》中記載，在白色節當日，貴族百官進宮朝覲大汗，並在宮殿裏享受宴席。「宴散後，由樂師和梨園子弟表演節目。」〔註6〕在其它重大節日，大汗也會舉行大朝宴，這就是蒙古民族的詐馬宴。

在元代官修史書或私人文集中，不但出現大量有關詐馬宴活動的記載，而且還確切的記錄了「詐馬宴」「質孫宴」等不同的名稱。《元史》中記：「質孫漢言一色服也，內庭大宴則服之。冬夏之服不同，然無定制。凡勳戚大臣近侍，賜則服之。下至樂工、衛士皆有其服，總謂之質孫云。」〔註7〕周伯琦還區分道，這種定為「國家之制」的內廷大宴要「服所賜濟遜珠翠金寶衣冠腰帶……其佩服日一易……名之曰濟遜宴……俗呼曰詐馬筵。」〔註8〕質孫宴

〔註5〕 張昱，《張光弼　輦下曲》，東方出版社，2001，27。

〔註6〕 《馬可‧波羅遊記》，中國文史出版社，1998，120。

〔註7〕 《元史》卷，上海人民出版社，1976，78。

〔註8〕 周伯琦，《近光集　詐馬行》，陝西人民出版社，1994，71。

是個特定的概念，其主要特徵有：第一，是大汗御臨的內廷大宴。第二，與宴君臣必須服同色質孫。第三，宴會期間，質孫要每日更換一種顏色。第四，宴會具有議政、宴飲、娛樂、競技等豐富內涵。詐馬宴的場所帶有濃鬱的草原民族格調，多在大汗的宮帳或特製的氈殿中進行。這類氈帳規模宏大，有的「深廣可容數千人」，面積達「二千三百四十三尺」，白氈內外再覆以織金錦鍛，帳內梁柱以金箔貼裹，梁柱銜接處用金釘釘之，殿外用千百條彩繩牽引，固定於地面。氈帳氣勢宏偉金碧輝煌，所以被稱爲阿拉坦斡耳朵或錫刺斡耳朵（均意爲金帳）。〔註9〕元帝國復員遼闊，物產豐富，爲最高統治集團窮奢極侈，肆意享樂提供了物質前提；忽必烈家族地位的鞏固和政局相對穩定，使各項法典制度趨於完善；統一政權的確立，各民族之間日益頻繁的經濟、文化交流，爲蒙古傳統文化注入新的形式……所以到元代，質孫宴廣爲中外所知，每年舉行質孫宴日益制度化、程序化，成爲「國家之制」。它的形式隨著物質、精神文化背景的變遷而變得恢宏繁褥、絢麗多彩。蒙古族文化與中原各民族文化乃至與中亞、西方文化的有機結合也隨處可見。詐馬宴這一帶有特定文化內涵和時代特徵的「俗稱」也廣泛傳播開來。可以說，進入元代，伴隨著蒙古貴族集團統治達到鼎盛，質孫宴也發展到它最輝煌的歷史階段。

詐馬宴是適應蒙古汗國及其最高統治集團需求，薈萃草原民間文化和其他各族文化而形成的產物。因而，它的興衰必然與古代蒙古最高統治集團的政治命運聯繫在一起。蒙元帝國日趨興盛，它也進入輝煌的發展時期，成爲古代蒙古族宮廷文化之集大成者。元帝國滅亡，詐馬宴隨即蕭條。如同當年惠宗「氈車盡載天魔去，唯有鴛銜御花園」一樣，伴隨著末帝林丹汗的「西狩」，詐馬宴的宮廷御宴形式和專爲帝王貴族服務的封建獨裁內容，最終從草原上消失；而那些融彙了蒙古族人民和各民族智慧的物質、精神文化精華，依然回歸到民間，作爲珍貴的文化遺產，爲蒙古民族所繼承。

（四）歌舞百戲

蒙古人喜愛音樂歌舞，尤其是在舉行重大宴會和慶典時都少不了奏樂、舞蹈。根據《馬可・波羅遊記》：「宴會期間，由樂師和梨園子弟表演節目。」〔註10〕「當他們舉行盛大宴會時，他們全都拍手，並隨著樂器的聲音跳舞」。

〔註9〕 彭大雅，《黑韃事略》，中國書店，1997，110。
〔註10〕 《馬可・波羅遊記》，中國文史出版社，1998，120。

軍隊出征時，亦有藝人隨行。如成吉思汗時封木華黎爲國王，「國王出師，亦有女樂隨行，率十七八美女，極慧黠，多以十四弦等彈大官樂等曲，拍手爲節低，其舞甚異。」〔註11〕

　　按照當時人的記載，蒙古人的樂曲有大曲、小曲之分，大曲包括哈巴兒圖、口溫、也葛倘兀、畏兀兒、閔古里、起土苦里、跋四土魯海、舍舍弼、搖落四、閃談搖落四、阿耶兒虎、桑哥兒苦不丁、答剌、阿廝蘭扯弼、苦只把失等樂曲，小曲包括哈兒火失哈赤、阿林捺、曲律買、者歸、洞洞伯、把擔葛失、削浪沙、馬哈、相公、仙鶴、阿丁水花等樂曲。〔註12〕忽必烈即位後，從中亞進貢來一種樂器，「以竹爲簧，有聲而無律」，後經漢人樂工改進，製成了大型樂器「興隆笙」。「興隆笙，在大明殿下。其制，植眾管於柔韋，以象大匏土鼓，二韋橐，按其管，則簧鳴。笙首爲二孔雀，笙鳴機動，則應而舞。凡燕會之日，此笙一鳴，眾樂皆作；笙止，樂亦止」；「每奏，工三人，一人鼓風囊，一人按律，一人運動其機，則孔雀飛舞應節」。〔註13〕「十六天魔舞」是元代後期在佛教密宗影響下編排的宮廷舞蹈，「其俗有十六摩天舞，蓋以珠纓盛飾美人十六人，爲佛菩薩相而舞」。〔註14〕「西方舞女即天人，玉手曇花滿把青。舞唱天魔供奉曲，君王常在月宮聽」。〔註15〕

　　戲曲的編排和演出，在元代文化活動中佔有重要的地位。元代戲曲分爲雜劇、戲文（又稱南戲）和流行各地的傳統小戲（通稱爲院本）三種體裁。元代雜劇的成就最大，雜劇作家約有 200 人左右，創作劇目 600 餘種，現存一百五六十種。山西洪洞縣趙誠鎮廣勝寺明應王殿有一幅描繪元代戲曲演出的畫壁，橫書「大行散樂忠都秀在此作場」，散樂是民間雜劇團的通稱，忠都秀即爲主要演員的藝名。這幅壁畫，眞實地反映了元代戲曲演出的畫面。

（五）圍　獵

　　圍獵是蒙古人每年都要舉行的大型活動。圍獵不單是爲了獵取野獸，更重要的是通過狩獵鍛鍊人們吃苦耐勞的意志，並精熟騎射的本領。大型的圍獵活動，由蒙古大汗、皇帝或宗王組織。在一般情況下，蒙古貴族都要帶領

〔註11〕《出使蒙古記》，中央編譯出版社，2001，114～115。
〔註12〕陶宗儀，《樂曲》，《南村輟耕錄》卷 28，，北京大學出版社，1995，72。
〔註13〕《元史》卷 71，《禮樂志五》，上海人民出版社，1976，91。
〔註14〕葉子奇，《草木子》卷 3 下，《雜誌篇》，中華書局，2006，56。
〔註15〕張昱，《筆下曲》，東方出版社，2001，79。

部屬參與。《馬可·波羅遊記》中記錄了有關大汗圍獵的事情:「大汗平時住在都城,在每年 3 月離開此地,向東北前進,一直走到距海僅兩天路程的地方。有一萬名鷹師同行,他們攜帶著許多兀鷹,以便沿河捕獲獵物。當大汗前往海濱時,會有許多富於樂趣的事情伴著狩獵活動而出現,這可真說是世界上其他遊戲所無法比擬的。」〔註 16〕「經過長時間的搏鬥,白隼最終將白鶴制服,大汗此時則躺在亭中愜意地觀賞著這種遊戲,連陪伴他的官員以及前後左右騎馬的人也都看得出興高采烈。」〔註 17〕「冬春之交,天子或親幸近郊,縱鷹隼搏擊,以為遊豫之度,謂之放飛。」〔註 18〕春季「打圍」的地點大多在大都東南柳林。夏季皇帝到上都避暑,在上都附近開闢了北涼亭、東涼亭、西涼亭等專用獵場。

圍獵是有嚴格的程序的,首先,要派出人馬偵察野獸的行蹤。然後,參加圍獵的隊伍分頭出發,形成對野獸的包圍圈,並不斷縮小包圍圈,把野獸趕進圍場。當人馬全集中在圍場周圍時,皇帝先帶一部分侍從進入圍場射獵,隨即來到圍場中央的高地,觀看其他射獵。貴族、官員以至普通士兵,依次入場射獵。獵物除了獻給皇帝外,在各級宗王、貴族和士兵中公平分配,參加圍獵的人都會分到一分獵物。在舉行吻塵、獻禮等儀式後,圍獵宣告結束,接著就是必不可少的宴飲。〔註 19〕這種大型射獵給當時的人們留下了深刻的印象,有不少詩人寫詩稱頌圍獵的勝景,如「離宮秋草仗頻移,天子長揚羽獵時」;〔註 20〕「鷹房曉奏駕鵝過,清曉鑾輿出禁廷。三百海青千騎馬,用時隨扈向涼徑」;〔註 21〕就是描述元朝皇上都圍獵的景象。

(六)陳奇獸

在《馬可·波羅遊記》中,我們可以看到這樣一句話:「這個時候又一頭獅子被帶到大汗面前,獅子非常馴服,可以叫它躺在大汗的腳下。」〔註 22〕這就是陳奇獸的其中一個表現。一般來說舉行詐馬宴之前,首先要觀賞奇獸。《灤京雜詠》:「錦衣行處狡貌習,詐馬宴前虎豹良,特救雲和罷絃管,君王

〔註 16〕 《馬可·波羅遊記》,中國文史出版社,1998,122~123。
〔註 17〕 《馬可·波羅》,中國文史出版社,1998,124。
〔註 18〕 《元史》卷 101,《兵志四》,上海人民出版社,1976,134~135。
〔註 19〕 《史集》第 2 卷,商務印書館,2011,71~72。
〔註 20〕 《石田文集》卷 4,吉林出版集團,2005,29。
〔註 21〕 宋本,《元詩選 上京雜詩》,中華書局,1987,49。
〔註 22〕 《馬可·波羅遊記》,中國文史出版社,1998,120。

有意聽堯綱。」注云：「詐馬筵開，盛陳奇獸」。陶宗儀《輟耕錄》對「陳奇獸」作了具體描述：元帝每年六月駕幸上都，擇吉日舉行詐馬宴，人馬盛飾，觀賞奇獸。屆時，啓從人員將各國、各地、各部進獻的珍奇野獸置於萬歲山，先將虎、豹、熊、象等猛獸一一放出，然後再將獸中之王獅子放出，諸獸見之，畏懼俯伏，不敢仰視。再以雞鴨野味飼之，諸獸食態各異，獅子甚爲威武。觀賞之中，顯示朝廷華貴及皇帝的威風。賞畢，舉行大宴。

（七）大汗歡度歲月的方法

馬可‧波羅曾在其遊記中這樣描述過大汗四季的生活：「大汗回京後，就召開盛大的朝會，持續三天。所有隨行人員，一律可以入宴娛樂。這三天的娛樂，眞讓人羨慕不已。隨後他就離開皇宮，前往以前造建的都城，就是上都。大汗在那裏有宏大的花園和竹建的皇宮，還養白隼。」〔註23〕「爲了避暑，他會在這個十分清涼的地方度過這整個夏季。他居住的時間是每年的五月到八月底，然而再返回大都，待到第二年，以便舉行新年大典。」〔註24〕「去海濱的遊獵大旅行，是在三、四五月間。每年大汗就是這樣度過的：在京都住六個月，遊獵三個月，到竹宮避暑三個月。他就這樣，窮奢極欲地度過他的歲月，至於他隨時想起的小旅遊就更不用說」。〔註25〕

（八）民間郊遊活動

《馬可‧波羅遊記》中關於民間的郊遊活動有：「湖中有大量的供遊覽的遊船或畫舫，這些船長約十五至二十步，可坐十人，十五人或二十人。船底寬闊平坦，所以航行時不至於左右搖擺。所以喜歡泛舟行樂的人，或是攜帶自己的家眷，或是呼朋喚友，雇一條畫舫，蕩漾水面。這些船艙內油彩豔麗，並繪有無數的圖案，船的各處也同樣飾以圖案，船身兩側都有圓形窗戶，可隨意開關，使遊客坐在桌前，便能飽覽全湖的風光。這樣在水上的樂趣，的確勝過陸地上的任何遊樂。這裏的居民在工作或交易之餘，除了想和自己的妻子或情人在畫舫中、街車上休閒享樂之外，別無所思。」〔註26〕「人們喜歡遊花園，人們一到園中就被那些管理花園的人引到陰涼的洞穴去休息，這是管理人員專門爲有遊人設立的。男人們帶著婦女在這裡遊玩終日，直至晚

〔註23〕《馬可‧波羅遊記》，中國文史出版社，1998，126。
〔註24〕《馬可‧波羅遊記》，中國文史出版社，1998，126～127。
〔註25〕《馬可‧波羅遊記》，中國文史出版社，1998，127。
〔註26〕《馬可‧波羅遊記》，中國文史出版社，1998，197～198。

上次乘馬車回去。」〔註27〕還有每年夏曆三月上旬的巳日，上都士女做好「繡圈」，至郊外，放入水中，謂之「修禊」，以此攘災祈福，故《灤京雜詠》有「水邊三月麗人多」之句此外，每年夏曆七月半，城中居民出南門外祭奠，婦女悉穿金紗，謂之「賽金紗」。這些民間的宗教活動和習俗，也是一種郊遊娛樂。

元上都的文娛體育活動是豐富多彩的，但元朝皇帝們每次巡幸上都的耗費也是十分驚人的。皇帝離大都至上都，幾個月後，又離上都返大都，都要舉行隆重的迎送儀式，舉行各種名目的宴饗，席上美味佳釀並陳，被後人稱為「蒙古八珍」。皇帝乘象擎率后妃、公主、文武大臣北上，人民要為其修築寬闊、平整的輦道，每一站都有舒適豪華的「行在」，還有龐大的息從軍隊、樂隊、戲隊、僧人、珍奇異獸等隨行，一路上歌舞、打獵，沿途供應之繁重可想而知。權貴們在上都又醉生夢死，過著驕奢淫逸的生活，以至民窮財盡，國庫空虛，民不聊生，揭竿起義。儘管元朝武力強大，也不能維持長久，渙渙大朝，百年而亡。元朝宮廷創造的絢麗歌舞，也被當作「亡國之音」。但蒙古族真正的傳統文化，並未泯滅，仍然一代代相傳至今，成為中華民族優秀傳統文化的一個重要組成部分。

〔註27〕《馬可‧波羅遊記》，中國文史出版社，1998，198。

第八章 從《馬可·波羅遊記》看元初的政治

　　《馬可·波羅遊記》對 13 世紀元朝初期的經濟、文化、交通、商業、娛樂、軍事、政治等方面都做了生動、細緻的描寫。元代蒙古族在政治、經濟、文化發展的基礎上，在繼承唐宋的過程中，在漢化與加強本民族思想意識下發展了獨具特色的政治制度，所以研究《馬可·波羅遊記》能為我們瞭解當時元初的政治狀況提供了第一手史料。

　　《馬可·波羅遊記》是中世紀旅行家馬可·波羅所著，他於 1275 年從故鄉意大利威尼斯出發，隨父親、叔父來中國，先後旅居 17 年。他將旅居和途中往返 7 年中的見聞寫成回憶錄，遂引起了世界各國文史學者的高度重視和關注。我們研究《馬可·波羅遊記》目的就在於更好的理解元初所實行的政治制度，並改正該書的缺憾與錯誤，使之具有更高的史學價值。

　　馬可·波羅的這本書是一部關於亞洲的遊記，它記錄了中亞，西亞，東南亞等地區的許多國家的情況，而其重點部分則是關於中國的敘述，馬可·波羅在中國停留的時間最長，他的足迹所至，遍及西北、華北、西南和華東等地區。他在《遊記》中以大量的篇章，熱情洋溢的語言，記述了中國無窮無盡的財富，巨大的商業城市，極好的交通設施，以及華麗的宮殿建築。以敘述中國為主的《遊記》第二卷共 82 章，在全書中分量很大。下面就將馬可·波羅筆下描述的元朝政治制度與中國史書做校正與探討，從而尋找其重要的意義。

一、元代政治制度的特點

元代蒙古族政治制度與漢族政治制度乃至同時期金、西夏等民族的政治制度相比較有其特點。

首先從元代蒙古族政治制度的總體發展可分為三個階段。第一階段，元朝的前身，成吉思汗至蒙哥即汗位的大蒙古國時期。這個時期是蒙古族政治制度的建立和發展階段。因國政重在軍旅之事，所以政治制度的建設表現得非常簡要。主要體現在蒙古族舊制的廣泛運用上。第二階段，世祖忽必烈創立元朝至元順帝之前。這一階段是蒙古族政治制度的發展、完善和繁榮的時期。這是元朝政治、經濟、文化的繁榮和鼎盛時期，也是其政治制度繁榮鼎盛的階段。元世祖忽必烈根據實際統治的需要，在大力推行漢法的同時，「遵祖宗之法」在很大程度上保留了蒙古族的舊制，奠定了元朝的政治制度的基礎。第三階段，元朝後期，元代政治制度最終形成乃至走向衰弱的時期。而《馬可・波羅遊記》正是描述元代政治制度的第二階段，即元朝政治制度的繁榮和鼎盛時期。在馬可・波羅的眼中，元代的中國是一個幅員遼闊，人口眾多，國力強大的國家。最高統治者忽必烈仁慈、精明而顯得威嚴，整個國家有一套完整的政治制度和運作系統。中央主管軍事和行政的兩大官僚系統分別對大汗負責。而地方分設十二大行政區域，由大汗派官員進行管理。城市的布局和治安措施非常嚴密，郵政體制與漕運管理保持朝廷與各地間的緊密聯繫。馬可・波羅在遊記中對行省制、驛站制和漕運制做了詳細的介紹，下面就結合《馬可・波羅遊記》具體分析行省制、驛站制和漕運制。

二、行省制

《馬可・波羅遊記》明確指出當時元朝共有十二個行中書省，所以從側面看出在元初就實行了行省制度。「北逾陰山、西極流沙、東盡遼左、南越海表」〔註1〕這是對當時的元朝所管轄的疆域的描述。可見元代疆域廣袤，元朝統治者為了更好的統治全國，就建立了一套以行省為核心的地方行政制度。元代行省是行中書省的簡稱，其淵源可追溯到魏晉和金代行尚書省。行省制度在中國地方行政史上佔有重要地位，而「行省」一詞源於金代。不過，它算不上嚴格意義上的行省。

〔註1〕 宋濂，元史（卷五九）・地理志二〔M〕，上海：中華書局，1976，38。

據記載，在金章宗時北方草原民族不斷南侵，南宋北伐，烽火狼煙不絕。為應付戰爭局面，開始在軍事戰略地區、重點防禦地區，或交通樞紐地區設置行省，行六部，代理中央對地方實行的統治。本來它是一個中央派出機構，而並非固定的地方行政單位。主要是執掌籌集糧食，維持地方治安和組織軍隊。戰爭結束便撤銷。之後由於金蒙開戰，行省逐漸由臨時機構轉變為常設機構，並且由原來只在邊境地區和戰略要地設置轉變為遍及全國各地。在職能方面上也增加了行政、軍事、監察等方面。〔註2〕

行省的出現誠然與戰爭的實際需要有著密切關係，但是奠定了元朝的行省制度的基礎。元世祖忽必烈時期，定省、臺、部、院官，罷各行省所設丞相，以平章政事為行省的最高長官。而大約在世祖末成宗初，隨著江浙、湖廣、江西、陝西、四川、甘肅、遼陽、河南等行省的改置和增設，行省逐漸演化為常設的、固定的地方最高官府。元代正式設立的行省有十一個。其中征東行省屬於半獨立機構，作用與性質不同於中央直接管轄的其他十個行省。而且元朝設置這十個行省的目的和作用各有側重，並不完全一樣，就像是江浙、湖廣、江西這三省，主要是以鎮壓新征服區和搜刮財產為基本宗旨的，而駐有許多蒙古兵的陝西、四川、雲南、河南四省則是以軍事控制為目的，再者，嶺北行省和遼陽、甘肅行省是以防範蒙古部落為重點，所以元朝設置十個行省主要是為了進行政治上和軍事上的控制，而且行省主要是中央收權，同時地方也留有部分權力。

元代的行省制度在中國地方行政史上是具有創造性的一項制度。行省制度一直延續到現在。中國史上的行政區劃制度無論是郡縣的兩級制還是州、郡、縣的三級制，毫無疑問都存在缺點，即中央機構與地方一級行政機構中間存在的空檔過大，進而導致某些地方權力過大，不利於中央的管轄。

元代行省制度的設立，真正做到了全國範圍內的行政體系成為一個整體。元朝不再以自然的地理阻礙為邊界劃分行省的管轄範圍，從而不僅做到中央加強對地方的管理，而且也能夠讓各個行省互相牽制，互相監督。

三、驛站制

元朝統治時期，驛站遍設在其管轄的範圍，東起高麗、東北至奴爾幹、

〔註2〕 李星建，元代政治制度中的「漢治」和「國俗」〔J〕，內蒙古：內蒙古古民族大學學報，2008，（06）：75。

北達吉利吉思、西到伊利汗國和欽察汗國、西南至西藏、南至越南、緬甸，全有驛站相通，形成了以大都爲中心的四通八達的驛路交通網。《馬可·波羅遊記》中記載了這一段話：「從汗八里城有許多道路通往各省。每條路上，或者說，每一條大路上，按照市鎮的位置，每隔大約二十五里或三十英里，就有一座宅院，院內設有旅館招待客人，這就是驛站或遞信站。這些漂亮的建築物內有有好些陳設華麗的房間，房間都有綢緞作窗簾和門簾，以供達官貴人使用。即便是王侯在這些驛站上住宿，也不失體面，因爲無論需要什麼東西都可以從鄰近的市鎮和要塞那裡取得，朝廷對於某些驛站還有經常的供給。」〔註3〕在這段話中，我們就得到了很多重要的信息，元朝的驛站規模之大，分佈地區之廣，而且與政治、經濟聯繫密切。據《元史·地理志》和《經典大典·站赤》記載，全國共設驛站 1519 處，加上西域、西藏等邊遠地區的驛站，則超過 1600 處，所以不難看出元朝驛站制度對元朝的政治、經濟發展產生了重大的作用。

驛站的起源與軍事活動密切相關，因而傳遞軍事情報成爲歷代驛傳的主要職能之一。元朝中央政府爲了能夠及時知道邊遠地區的情報，還專門設立了傳遞軍情急務的驛站，禁止一般使臣的經過，這是元代驛站的一個特點。

在忽必烈在位其間，忽必烈就著手在大都和上都之間設立驛站。而在南下滅宋的過程中，爲了配合軍事活動，蒙古軍隊一邊與宋軍交戰，一邊設立驛站傳遞軍情。後在蒙古政權建立後，面對廣袤的疆土，爲了穩固自己的統治，加強中央與地方的聯繫，毫無疑問，地方的情報就顯得格外的重要，因此在大蒙古國時期，「國家設都和林，中外之事由驛站以達。」〔註4〕在元朝統一全國時，「凡在屬國，星羅棋佈，脈絡相通，朝令夕至，聲聞畢達。」〔註5〕《馬可·波羅遊記》中記載了：「在每個驛站之間，每隔三英里的地方就有一個小村落，大約由四十戶人家組成，其中住著步行信差，也同樣爲大汗服務。他們身纏腰帶，並掛上在幾個小鈴，以便在較遠的地方就能被人聽到。他們僅僅走三英里路。這就是說從一個信差站到另一個，鈴聲就作爲他走近的信號，新的信差聽到鈴聲就準備接上他的包袱就立即出發。這樣一站一站的傳遞，非常迅速，在兩天兩夜之內，大汗就能接到遠處的消息。如按

〔註3〕 馬可·波羅，馬可·波羅遊記〔M〕，北京：中國文史出版社，1998，205。
〔註4〕 蘇天爵，滋溪文稿〔M〕，上海：中華書局，1997，89。
〔註5〕 解縉，永樂大典〔M〕，北京：中國書局，2000，128。

普通的方法傳遞，則在十天之內也不能接到。當果子成熟的季節，早晨在大都採的果子，到了第二天晚上就可送到上都大汗的面前了，雖然兩地的距離通常要走十天。」〔註6〕這一段話正證明了「凡在屬國，星羅棋佈，脈絡相通，朝令夕至，聲聞畢達」這一說法。每年使臣絡繹於驛路，或專遞王命，或呈遞公文，或催繳錢糧貢物。所以驛站是元朝實施統治的有效手段。

元朝政府在邊遠地區也設立了驛站，這是與管理、移民等措施相輔而行的。忽必烈登上大汗位後，就立刻進行了戶口的清查，設立驛站，元朝在西藏設大站28處，小站7處。元朝政府十分重視西藏的驛站建設，多次賑濟貧困站戶。可以說，元朝在西藏設立驛站，是管理西藏的有效手段。此外，為了加強對屬國的控制，元朝先後在朝鮮、越南、緬甸境內設立了驛站，還開闢了兩條國際性的驛路。

元朝定都大都，全國的政治、軍事中心雖在北方，但是隨著唐宋以來我經濟重心南移，元朝的經濟重心在南方。因此南方糧食和其他物資的北運就成為了元朝的重要的難題，這種情況下，驛站的存在就與交通運輸的聯繫日益密切。就驛站數量而言，元朝與唐、明兩朝相差不大，但是在驛站的規模，元朝就遠勝唐、明兩朝。從《馬可‧波羅遊記》記載：「全國有驛馬30萬匹，而每一個地方則有400匹馬使用，但是400匹馬並不是全部在驛站服役，只有200匹馬放在站上供差一個月，其餘200匹馬在這個時候就放在草場上飼養。每到月初，這些馬又到驛站上服役，原來服役的馬則放回牧場，得以休養，所有的馬就這樣輪流使用。」〔註7〕而元朝驛站是集交通與運輸與一體的，它的規模也與服役的站戶分不開。元朝傳統文書的專門機構是急遞鋪，驛站除了傳遞少量的公文外，其主要的任務就是迎送使臣，運輸貨物。

由此可見，四通八達的驛道交通網的建立，使人們的活動範圍空前擴大，接觸往來異常頻繁，特別是中西經濟文化交流空前繁榮，在一定程度上促進了元代商業貿易的發展，增進了各地區、各民族之間的經濟文化交流。在元朝建立後，京城大都的商業貿易日趨繁榮，每天經過水、陸驛路到達大都的貨船、貨車絡繹不絕，不少外國商人僑居大都經商。馬可‧波羅曾形容說：「所有希罕來自印度的東西，全運到汗八里（大都），還有汗八里周圍有二千多城，距離不同，人民都來自這些城市買貨物和他們自己所需要的東西。」〔註8〕所

〔註6〕 馬可‧波羅，馬可‧波羅遊記〔M〕，北京：中國文史出版社，1998，115。
〔註7〕 馬可‧波羅，馬可‧波羅遊記〔M〕，北京：中國文史出版社，1998，225。
〔註8〕 馬可‧波羅，馬可‧波羅遊記〔M〕，北京：中國文史出版社，1998，123。

以驛站的設立，改善了交通條件，促進了京城貿易的發展，江南商賈紛至京城牟利，「權勢之人，或富商大賈，造三四百料或五百料船，與此河航行，以致阻滯往來的船隻。」〔註9〕足以證明，驛站制度使來往商人更多。

四、漕運制

漕運是封建王朝通過水路向都城或其他指定地點大規模輸送糧草的一種經濟活動。圍繞這種經濟活動所形成的一整套制度、設施又一起構成了一個龐大而複雜的漕運系統。漕運和漕運系統構成了封建王朝的生命支持與動力供應系統，共同維持著王朝的生命延續。從漕運目的看，有供都城消費的「京師之運」，供戰爭只需的「兵營之運」，供賑災的「賑災之運」，其中以「京師之運」最爲普遍，爲漕運的根本目的。在《馬可‧波羅遊記》中，他對瓜州在元朝漕運系統中的地位給予了明確的說明。「朝廷中必須之穀，乃至此地用船由川湖運輸，不由大海。」可見馬可‧波羅對元朝的漕運制度大爲讚歎，認爲「大汗的這一切事物的管理方面，比起其他皇帝、君主或普通人更爲出類拔萃。」〔註10〕

元朝漕運分爲河運與海運兩路。元初時，江南的糧食及其他貨物的北運是以大運河爲主要的漕路。但是由於當時大運河全線並沒有完成，元朝政府就在沿岸設立旱站，以旱站陸運作爲漕運的輔助。

大運河漕運量不足，促使元政府另闢海上運輸路線。至1282年，元朝首次開闢了從長江口的劉家港直航大沽的海運漕糧的海路。這是元代的一大創舉。由於海運載量大，節省運費，所以很快海運就成了南糧北運的另一條重要運道。河運和海運的比重主要要以大運河通航條件的變化而定。元初陸運、河運並舉，以河運爲主；大運河開通後，河、海並舉；元末以海運爲主。海運其實爲海、河聯運。因爲漕糧的進港與出港都需河運完成。一般而言，江西、湖廣、江西的粟米有賴於河運；江浙，浙東瀕海一帶，依賴海運。海漕運量高峰是達350萬石以上。元代南糧北運數量每年約300400萬石之間，最高年份達500萬石以上。〔註11〕

元代的漕運制度已經是相當完備了，漕運分爲兩組，即短運和長運。短

〔註9〕 陳幫瞻，元史記事本末卷〔M〕，上海：中華書局，1979，256。
〔註10〕 馬可‧波羅，馬可‧波羅遊記〔M〕，北京：中國文史出版社，1998，301。
〔註11〕 宋濂，元史‧食貨志一〔M〕，上海：上海古籍出版社，1986，198。

運又分南段和北段。南段由昌城駐軍運至瓜州，北段由漢軍與新附軍由瓜州運至淮安。長運是招募民船由瓜州起運，過淮安至運河北段，再由官船接至大都。在漕政管理上，設江淮都漕司和京畿都漕司分段管理，江淮都漕司負責江南至瓜州漕運事宜，京畿都漕司負責接收漕糧的運道。二司關鍵地段又設行司、分司，以求上下鏈接。海運興起後，又設漕運萬戶府管理海運事務。

從《馬可‧波羅遊記》可知道，元代漕運比宋代了有了較大的進步，特別是管理機構的設置更爲細化，職責更加明確，明代的運河管理機構多是在此基礎上完善，可以說元代是運河管理機構走向完善的過度時期。元代的漕運雖然對後世影響不大，但是能夠是元代的南北經濟、政治中心的聯繫更加有序和有效。

五、元代政治制度的影響

元代政治制度的特點可以概括爲蒙漢雜糅，經略廣袤。元代蒙古族統治者、蒙古人在很短時間內建立起空前規模的大帝國的同時，一個嚴峻問題也就出現了。以它舊有的政治制度和組織方式難以將這樣規模的帝國維繫起來。在保留蒙古族舊制同時，蒙古人不得不採用漢人先進的制度文化。由於最初的蒙古人與漢文化和中原地區的漢人很少進行交流和接觸，因而，他們借用漢人的制度文化這一過程是通過金朝女眞人來完成的。元代蒙古人的政治制度就體現了蒙漢雜糅的特點。在蒙古人的政治制度中有他們本民族的舊的制度的痕迹，但是也有經過漢化後的金制的痕迹。有元一代的重要中央機構，雖然其中也有元代新設的制度，但是很大程度上在金朝都可以找到原型，就像是元朝的行省制。

由於生產力水平不及中原地區和南宋故地，但是同時又不願拋棄蒙古族的舊傳統。所以蒙古人不得不尊重其管轄的廣大領域內存在生產方式的多樣性爲前提，力求改變蒙古人入住中原初期以對土地和人口的的搶奪爲主的做法。

在元朝的政治制度中，值得一提的是，元朝時期西藏正式納入中國的版圖。元代的西藏成爲吐蕃，是一個單獨的行政區，由中央的宣政院直接管轄，沒有設立行省。宣政院以下，吐蕃地區共劃分爲三道。三道宣慰司以下分別設立萬戶所、千戶所、元帥府等統治機構，從宣慰司到萬戶各級官員，皆由宣政院或帝師推薦，皇帝予以任命，從而對吐蕃實行了有效的統治。

　　總的來說，元朝的政治制度鞏固了其統治，元朝還是中國歷史最重要的民族大融合時期，通過元朝的政治制度，漢民族外遷、邊疆地區各民族內移中原與江南、契丹和女眞眞正融入了中國民族。其中元朝的行省制，是自秦以來郡縣制的一大發展，是中國行政管理制度的一次巨大革命，對後來的政治制度的影響是深遠的。行省制從此成爲了我國的地方行政機構，保留至今。而驛站制和漕運制的設立使中國成爲了首屈一指的經濟強國，而陸路的海上絲綢之路空前繁榮，無疑是元朝經濟發展的動力。驛站制度和漕運制的存在與交通運輸的聯繫日益密切，促使了四通八達的驛道交通網的建立，使人們的活動範圍空前擴大，接觸往來異常頻繁，特別是中西經濟文化交流空前繁榮，在一定程度上促進了元代商業貿易的發展，增進了各地區、各民族之間的經濟文化交流。在元朝建立後，京城大都的商業貿易日趨繁榮，每天經過水、陸驛路到達大都的貨船、貨車絡繹不絕，不少外國商人僑居大都經商。

第九章　從《馬可‧波羅遊記》看元初的社會救濟

　　元朝是中國歷史上最強大的朝代之一，同時也是幅員最遼廣、統治人民最多的朝代。而如何去鞏固這麼一個國家的辦法中，社會救濟制度起了重要作用。元代可謂是中國歷代封建王朝社會救濟制度的大集成之時代。《馬可‧波羅遊記》則較眞實地記載了元初的社會狀況，是研究元初社會的重要資料。本文從《馬可‧波羅遊記》出發，淺談元初社會救濟狀況。

　　社會救濟是指國家和社會爲保證每個公民享有基本生活權利，而對貧困者提供物質幫助。中國的社會救濟自漢朝時便存在，不斷發展，取得巨大的成就，尤其在宋朝時達到了鼎盛，而到元代則可謂是大集成之時代。元世祖時期社會保障和社會救助制度體系幾乎是對中國歷代封建社會相關的社會保障和社會救助制度的承襲和完善。〔註1〕

　　對歷史的研究最基本的方法就是搜集和考訂當時的材料，即考據。而《馬可‧波羅遊記》則是當年的人對元代社會狀況的一個眞實的記錄。《馬可‧波羅遊記》在東西方世界都有相當高的地位。《馬可‧波羅遊記》是西方認識中國歷程中里程碑性的著作，它是第一部全面、深入介紹中國的遊記。〔註2〕本文將通過《馬可‧波羅遊記》中對元初社會救濟的記錄淺談元初社會救濟狀況，以求證於大家。

〔註1〕　申友良、蕭月娥，元世祖忽必烈時期社會保障與社會救助制度研究〔J〕，甘肅社會科學，2012，（2）：166。

〔註2〕　張西平，《馬可‧波羅遊記》與中國文化的西傳〔N〕，國際視野，2011，（4）：59。

一、《馬可・波羅遊記》對元初社會救濟狀況的描寫

《馬可・波羅遊記》（The Travels of Marco Polo），是 1298 年威尼斯著名商人和冒險家馬可・波羅口述的其東遊的沿途見聞。該書共分四卷，第一卷記載了馬可・波羅諸人東遊沿途見聞，直至上都止。第二卷記載了蒙古大汗忽必烈及其宮殿，都城，朝廷，政府，節慶，遊獵等事；然後記錄自大都南行至杭州，福州，泉州及東地沿岸及諸海諸洲等事；第三卷記載日本、越南、東印度、南印度、印度洋沿岸及諸島嶼、非洲東部；第四卷記君臨亞洲之成吉思汗後裔諸韃靼宗王的戰爭和亞洲北部。每卷分章，每章敘述一地的情況或一件史事，共有 229 章。書中記述的國家，城市的地名達 100 多個，而這些地方的情況，綜合起來，有山川地形，物產，氣候，商賈貿易，居民，宗教信仰，風俗習慣等，至及國家的瑣聞佚事，朝章國故等也時時夾見其中。

《馬可・波羅遊記》對中國文化的西傳作出了重大的貢獻，也是後人對 13 世紀的東方世界、元朝初期的研究提供了寶貴的資料。

作為一篇記錄馬可・波羅見聞的遊記，其大量記載了馬可・波羅最為讚歎的元朝的大量社會狀況，其中有關社會救濟狀況就專門用兩個章節來記錄，可見元初社會救濟制度不僅受朝廷重視，還得到了馬可・波羅的高度讚揚。而這兩個章節分別是「帝國各省饑荒和牲畜死亡的救濟」以及「大汗對貧民的慷慨布施」。

在「帝國各省饑荒和牲畜死亡的救濟」中，馬可・波羅這樣記載道：「如果出現了這些災禍，他（大汗）不但免除當年應納的賦稅，而且，從他的皇家倉庫裏，拿出足夠的穀物進行賑濟，提供人民的口糧和種子。」〔註3〕這裏提及的正是元初社會救濟中的賑濟措施，這樣能使人民在災後有一定的生存資料，還能進行自救活動。《馬可・波羅遊記》還有如下記載：「如果遇上這種荒年，他（大汗）賣出穀物的價格，僅等於市場價格的 3/4；與此同時，如果任何地區的牲畜大量死亡，大汗就把從別省徵收來的什一稅，作為損失者的補償。」〔註4〕這裏提及的其實就是元朝廷在災後實現調粟的政策，通過從別的富裕的省份調遣糧食到災荒的省份，使災後的人民能渡過難關。書中還

〔註3〕 馬可・波羅著，大陸橋翻譯社譯，《馬可・波羅遊記》〔M〕，北京：遠方出版
社，2003，（3）：131。
〔註4〕 馬可・波羅著，大陸橋翻譯社譯，《馬可・波羅遊記》〔M〕，北京：遠方出版
社，2003，（3）：131。

提及到：「大汗還有一個不容忽視的特點，就是，凡是馬群、羊群或其他家畜群，如果遭到雷擊，不論它們是屬於一人或多人的財產，也不論這些畜群數目的多寡，他在三年之內，豁免這類牲畜的什一稅。如果一艘貨船遭到雷擊，也同樣免收該船和遇難船上貨物的關稅。」〔註5〕這裏提及到的救濟十分有趣，不僅僅是體貼到遭受雷擊的人的問題，還體現到一種迷信的思想，因爲文中記載大汗之所以免了遭受雷擊的畜群或者貨物等的賦稅，是因爲「大汗認爲這種事故有不祥的預兆。他說，上帝對貨物的主人已經表示了譴責，他不願意讓帶著神遣標誌的財產，進入他的皇家倉庫。」〔註6〕

在「大汗對貧民的慷慨布施」中，則有這樣的記載：「只要他（大汗）一得到報告說，有哪個體面的家庭，因遭遇不幸，而由富裕陷入貧困，或有誰因孱弱衰老，無法謀生，或不能獲得食物，他便施捨給他們每年必須的消費品。大汗陛下的這部分經費，有一批官吏專職管理，並在宮中負責辦理這種事務。那些接受救濟的人，按照慣例，在規定的期限內，來到這些官吏面前，出示一種證書，上面載明前一年度領到的救濟品的數量，於是他們在本年度又可以領到和上一年度相等的物品。」〔註7〕這裏提及的正是元代救濟體系中的收養制度。官府設立有專門的官方收養機構，對失去生存能力而又無人收養的鰥寡孤獨廢疾者給予救助。同樣，文中也有這樣的記載：「大汗陛下又同樣爲貧民提供衣服。」〔註8〕這裡提及的就是元朝的賑貸之制。

二、《馬可‧波羅遊記》中的記載與元初眞實情況的對比

中國古代的社會救濟制度在元朝得到重視和完善。元代可謂是中國封建時代的社會救濟制度的大集成時代。馬可‧波羅作爲那個時代的記錄者，較眞實易懂地記錄了元初有關社會救濟的情況。但因身份等的原因，馬可‧波羅的記錄與元初的眞實情況始終有疏漏之處和出入之處。以下將簡略提及：

〔註5〕　馬可‧波羅著，大陸橋翻譯社譯，《馬可‧波羅遊記》〔M〕，北京：遠方出版社，2003，（3）：131。

〔註6〕　馬可‧波羅著，大陸橋翻譯社譯，《馬可‧波羅遊記》〔M〕，北京：遠方出版社，2003，（3）：131。

〔註7〕　馬可‧波羅著，大陸橋翻譯社譯，《馬可‧波羅遊記》〔M〕，北京：遠方出版社，2003，（3）：133。

〔註8〕　馬可‧波羅著，大陸橋翻譯社譯，《馬可‧波羅遊記》〔M〕，北京：遠方出版社，2003，（3）：133。

（一）馬可・波羅所提及的制度的簡介

1、賑恤制度

元代的賑恤分爲兩種：一種爲蠲免，即免除一定的差稅，有恩免之制和災免之制兩種；另一種是賑貸，即給以米粟鈔薪等物質救助。〔註9〕馬可・波羅對這兩種情況都有介紹。他在「帝國各省饑荒和牲畜死亡的救濟」中，「如果出現了這些災禍，他（大汗）不但免除當年應納的賦稅……」〔註10〕這裏便是蠲免之制。而下文中提到的：「從他的皇家倉庫裏，拿出足夠的穀物進行賑濟，提供人民的口糧和種子」〔註11〕以及「如果遇上這種荒年，他（大汗）賣出穀物的價格，僅等於市場價格的 3/4……」〔註12〕就是賑貸的制度。元朝政府利用這種賑恤之制來穩定社會，鞏固統治。

2、對鰥寡孤獨賑貸之制

在《馬可・波羅遊記》中，有關「大汗對貧民的慷慨布施」就是提及到對鰥寡孤獨賑貸之制。但馬可・波羅的記載並不完整。在遊記中提及到對於貧民們，可以在規定時期裏，到官吏處憑借一份證件領取一定的救濟物品。這裏就是提到的養濟院。

鰥寡孤獨賑貸之制是元朝社會救濟的一項重要內容。該制度是對那些老弱病殘等因各類原因無法獨自養活自己的人爲主要救濟對象，政府爲他們設立養濟院，給這類人施放一定的衣物糧食等，甚至在其身後爲他們置辦身後事。這種制度在元初便有實現了，元世祖忽必烈在中統元年「首詔天下，鰥寡孤獨廢疾不能自存之人，天民之無告者也，命所在官司，以糧贍之。」〔註13〕從中我們也可以看出，在社會救濟方面，我國很早就實現制度化，法律化，這比中古歐洲在有關社會救濟方面先進一大步，這也是我們中國人值得自豪和銘記的地方。

〔註9〕 李莎，元代官方對弱勢群體的救助體系〔J〕，中州學刊，2007，（6）：155～159。

〔註10〕 馬可・波羅著，大陸橋翻譯社譯，《馬可・波羅遊記》〔M〕，北京：遠方出版社，2003，（3）：131。

〔註11〕 馬可・波羅著，大陸橋翻譯社譯，《馬可・波羅遊記》〔M〕，北京：遠方出版社，2003，（3）：131。

〔註12〕 馬可・波羅著，大陸橋翻譯社譯，《馬可・波羅遊記》〔M〕，北京：遠方出版社，2003，（3）：131。

〔註13〕 宋濂，元史〔M〕，卷96，北京：中華書局，1976，2474。

（二）馬可‧波羅無提及的制度

1、對蒙古子女的收養

蒙古族在元代雖說是統治民族，但其實只是少部分能成爲統治階級，大部分的蒙古族人依舊生活困難。蒙古本土地區氣候惡劣，特別是冬天，暴風雪頻發，草原上寸草不生，牲畜會大量死亡，這給牧民們造成很大的損害，加上蒙古本土的牧民大多是不會種植農業生產，飢餓、貧困使他們經常逃亡到中原地區，蒙古子女們被販賣爲奴爲婢的情況十分嚴重。「朔漠大風雪，羊馬駝畜盡死，人民流散，以子女鬻人爲奴婢。」〔註14〕對此，元政府設立宗仁衛，由縣官負責贖買和收養貧苦的蒙古子女。

2、刑律優免制度

在中國古代封建王朝就有「三赦」之法，元代也繼承這點，對一些弱勢群體在刑律上實現一些優免制度。而這三赦的對象是老耄（年老而昏耄者）、幼疾（年少微弱及三疾者）和蠢愚（癡騃不曉者）三類人群。但是在殺人罪方面，老病就不成藉口了。即「諸以老病殺人者，不以老病免。」〔註15〕

3、存恤優撫

元朝可謂是馬上得天下，槍桿子下出的政權。所以軍人對元朝來說是十分重要的，爲了保持軍隊的戰鬥力，穩定軍心，元朝出臺了存恤優撫制度。這個制度可一分爲二。一是優撫，即對軍戶實行以下幾點優惠：減免租稅、減免徭役、給糧、給衣、給鈔、解決失業問題。二是存恤，即對於戰死軍人軍官，其子孫可以襲爵；對戰死軍人的親屬進行撫恤；對不幸落入敵軍手中而生死不明的軍人之親屬也進行撫恤；因公殉職的軍人也有撫恤。這項政策不但使軍人在戰場上無後顧之憂，而且也吸引了很多人參軍。

4、醫療救助制度

元朝會在一些地方設立惠民藥局，這機構初設於窩闊台太宗九年（1237年）是專門爲貧民提供醫療救助。這機構的設立突出表現了元代政府對貧民救濟的重視。

5、法律保護制度

自古以來，地位和文化素質普遍低下的婦女和弱小的兒童都容易受到傷

〔註14〕宋濂，元史〔M〕，北京：中華書局，1976，3302。
〔註15〕宋濂，元史〔M〕，北京：中華書局，1976，2678。

害，是社會上的弱勢群體。元朝為了保護這類人，專門設立了禁止典雇、買賣和傷害婦女兒童的法律條文，向他們提供法律保護。如「諸契奸義男婦，杖一百七，欺奸不成，杖八十七，婦並不坐。」〔註16〕元朝還十分重視生育，注重對孕婦的保護，例如在元朝法律裏就有這樣的記載：「職官毆妻墮胎者，笞三十七，解職，期年後降先品一等，注邊遠一任，妻離之。」〔註17〕，除此之外，元朝還禁止墮胎，殺嬰。

6、賦役免除制度

元代的賦稅複雜又繁重，但對弱勢群體，如老人及其家庭、殘疾人等都有一定的優惠制度。

（三）馬可・波羅所記載的情況與真實情況的出入之處

馬可・波羅雖然是親身經歷過元代，但因身份等原因，未能對元初社會救濟的真實情況進行完整的記錄，甚至還有一定的出入之處。

例如在《馬可・波羅遊記》中寫道有關如果家畜受到雷擊，大汗就免除它們的主人三年的稅，如果是貨船受到雷擊，那麼大汗就會免收該船和船上貨物的關稅。對於這類的記載，並沒有找到相關的元代資料對應。所以對此應存一定的懷疑之心。

還有一點值得提及的是，在馬可・波羅的書中，元代的大汗收的稅目稱之為什一稅，但真實情況並非如此。

什一稅，又稱十一奉獻，源起於舊約時代，由歐洲基督教會向居民徵收的一種主要用於神職人員薪俸和教堂日常經費以及賑濟的宗教捐稅，這種捐稅要求信徒要按照教會當局的規定或法律的要求，捐納本人收入的十分之一供宗教事業之用。由徵收什一稅而建立的制度亦稱什一稅制，簡稱什一稅。

而元代的賦稅制度並非是什一稅。元朝賦稅制度有南北之分，北方為稅糧、科差。稅糧分為丁稅和地稅兩種。丁稅每丁粟二石，地稅每畝粟三升。〔註18〕而南方則實現夏、秋二稅。元朝統治者沒有將北方賦役制度引入新征服的南宋故地，而沿用南宋舊制，以減輕改朝換代在江南社會及其經濟發展過程中所引起的震動或干擾。〔註19〕

〔註16〕 宋濂，元史〔M〕，北京：中華書局，1976，2659。
〔註17〕 宋濂，元史〔M〕，北京：中華書局，1976，2644。
〔註18〕 韓儒林，元朝史〔M〕，北京：人民出版社，1986，347。
〔註19〕 韓儒林，元朝史〔M〕，北京：人民出版社，1986，350。

以上便是《馬可‧波羅遊記》中的記載於真實情況有所不同之處。

三、馬可‧波羅得出以上認識的原因

馬可‧波羅作為一個外國人，他在中國一共度過了十七個春秋，並且一路的旅行令他見多識廣，他留下的《馬可‧波羅遊記》是後人研究元朝歷史、社會狀況的寶貴資料。遊記是對個人見識的記載，從馬可‧波羅的遊記中，我們不僅看到元朝的景色，還看到了馬可‧波羅本人對元朝的認識。值得好奇的是，馬可‧波羅親身生活在元代，但為何他的遊記所記載的社會救濟情況會與現實情況有所出入？為此，在查找了一定的資料之后，得出以下幾個原因：

1、馬可‧波羅在元朝的身份

在姚大力先生的《天馬『南牧』——元朝的社會和文化》中，對馬可‧波羅的身份有這麼一段猜測：「關於馬可‧波羅在華身份的一種較新穎、也較有趣的推想，認為他是為元朝政府或皇室成員做買賣、替為他提供資本的主人生息的『斡脫』。」〔註20〕這個說法有一定的道理。蒙古人世代一來都是以畜牧業為生，沒有發達的農業，手工業，而且畜牧業的生產出來的東西不多，不利於交換，這就造成在草原上商品流通量少，因此可以推測草原的商業也不發達。所以那個時代的蒙古人不是一個善商的民族。後來蒙古族越來越強大，征服四方，但他們獲得財物的途徑多數都是依靠掠奪、搜刮等暴力手段。當他們建立朝代時，他們需要通過經營來獲得更多的財物，並希望利用已有的財物來增值，但由於不善經營，所以他們都特別依仗從西域來的回回人等商人。作為一個官商，馬可‧波羅沒有機會接觸元朝政策的制定、頒佈、執行等，這也難怪他不太瞭解元朝的社會救濟制度了。

2、馬可‧波羅所在的階級

據馬可‧波羅說，他們一家都受到大汗的喜愛。「尼克羅同馬飛阿兩人到了大可汗朝廷時，大可汗很隆重地接待了他們，給他們舉辦了一個快樂熱鬧的歡迎會。」〔註21〕在「兄弟二人同馬可‧波羅來到皇宮朝見大可汗」一章

〔註20〕葛劍雄，天馬南牧——元朝的社會與文化〔M〕，長春：長春出版社，2005，215。

〔註21〕馬可‧波羅著，大陸橋翻譯社譯，《馬可‧波羅遊記》〔M〕，北京：遠方出版社，2003，（3）：4。

中，馬可‧波羅又寫道：「這幾個使者的到來，大可汗同朝廷中的人都非常高興。他們很受尊重，一切需要無不供給。他們留在大可汗朝廷，受的榮耀職銜，甚至超過了其他人。」〔註22〕由此可見馬可‧波羅一家在元朝可謂是上流社會中人，而馬可‧波羅在元朝接受的教育也是上流社會的教育。作為一名上流社會中人，對下層社會接觸不會很多，所以對於元代整體的社會狀況不太瞭解。當然，針對下層社會人們的社會救濟制度也不會瞭解多少。

3、馬可‧波羅的旅行

馬可‧波羅是一個旅行商人，整天東奔西跑。這對他的見識的增長十分有利，如果他不是這樣的一個商人，那麼《馬可‧波羅遊記》也不會出現了。但這樣的旅行卻不利於他對所在的地方的社會進行深入的瞭解，當然，他自己也覺得不需要。

這種種的原因所塑造的馬可‧波羅，不能深入地瞭解元初的社會救濟狀況。在他的遊記裏，記載不完整和與真實情況有所出入也是可以理解的。

四、元朝重視社會救濟的原因以及社會救濟制度對元朝的影響

從歷史地理學裏得知，元朝正處於歷史上兩個寒冷期之間短暫的溫暖期。很多人認為，溫暖期不是正適合人類生活嗎？其實不一定，在《論元初災害的成因機制及其社會組織的變動》中提到：「氣候的變暖必然導致氣候帶的北移和等降水線的北移、西移，導致氣候過渡帶的氣候變化更為激烈，加深了災害生成機制的複雜性。」「氣候的變暖使濕潤地區和半濕潤地區擴大，但也會使乾旱地區更乾旱和乾旱帶的北移，這導致我國北部旱災頻發和南部水災的增加。」〔註23〕

除了以上自然原因外，人為的原因也占很大部分。長期以來，人們不愛護自然，亂砍亂伐，導致沙漠化的擴大，河流改道，環境惡化，加上元朝時期中國人口持續的增長，要求更多的糧食等，這造成了許多人隨意開山毀林，增加耕地，水土流失進一步加強。

元朝便是這麼一個災害頻發的時代，因此政府為了安定人心，鞏固統治，

〔註22〕馬可‧波羅著，大陸橋翻譯社譯，《馬可‧波羅遊記》〔M〕，北京：遠方出版社，2003，（3）：9。

〔註23〕和付強，論元初災害的成因機制及其社會組織的變動〔J〕，西安文理學院學報：社會科學版，2005，8（6）：36。

十分注重救濟制度。

救濟制度的實行，對元朝產生了很多的影響。

1、有利於穩定人心，鞏固統治。

元朝是一個多民族的國家。在《馬可・波羅遊記》的記載裏可以看出元朝是一個幅員遼闊的國家，韃靼人的領土遍及馬可・波羅所走之路，到哪裏都是他們的屬國或直接領土。要統治這麼一個幅員遼闊、人口眾多、文化差異大的國家，可不爲一件難事，穩定人心成爲最基礎的一點。

2、有利於恢復戰後社會。

元朝統一中國之前，中國經歷了五代十國的分裂時期，戰亂頻繁，使社會、經濟受到了很大的破壞。人民流離失所、家破人亡。統一中國後的元朝政府，必須恢復戰後的社會，使人民安居樂業。這才能更好地維持統治，增加稅收。而救濟制度正適應了這麼一個要求。

當然，作爲一個封建王朝的救濟制度，其也存在多種問題。首先出發點不是以人爲本的思想，而是維持統治。其次，因政府監督力度不足，中央集權容易滋生腐敗，貪官污吏使救濟制度實行力度不足。

元朝在社會救濟方面可謂中國各封建朝代的大集成之時代，同時也是在研究元朝社會時值得重視的地方。《馬可・波羅遊記》是研究元初社會、經濟、政治等方面較眞實、重要的史料，在遊記裏我們看到了元初社會救濟方面的眞實情況，看到了元初政府對社會救濟的重視。連一個經常旅行的外國商人都能瞭解，可見元初社會救濟的廣泛和常見。

第十章 從《馬可‧波羅遊記》
看元初的思想

　　《馬可‧波羅遊記》是 1298 年威尼斯著名商人和冒險家馬可‧波羅口述的其東遊的沿途見聞。該書是世界歷史上第一個將地大物博的中國向歐洲人作出報導的著作，它記錄了中亞，西亞，東南亞等地區的許多國家的情況，而其重點部分則是關於中國的敘述，以大量的篇章，熱情洋溢的語言，記述了中國無窮無盡的財富，巨大的商業城市，極好的交通設施，以及華麗的宮殿建築。這些敘述在中古時代的地理學史、亞洲歷史、中西交通史和中意關係史諸方面，都有著重要的歷史價值，對後人研究元代思想具有不可估計的作用。本文從遊記出發看元初思想，挖掘元初的思想精髓。

　　馬可‧波羅，13 世紀來自意大利的世界著名的旅行家和商人。17 歲時跟隨父親和叔叔，途經中東，歷時四年多到達蒙古帝國。他在中國遊歷了 17 年，曾訪問當時中國的許多古城，到過西南部的雲南和東南地區。回到威尼斯之後，寫下著名的《馬可‧波羅遊記》記述了他在東方最富有的國家——中國的見聞，激起了歐洲人對東方的熱烈嚮往，對以後新航路的開闢產生了巨大的影響。遊記涵蓋了許許多多的方面，如風俗習慣、地理環境、政治、經濟、文化等等。本章僅就其記載的相關的元初思想，闡述個人的看法。

一、從《馬可‧波羅遊記》看元代的宗教思想

　　馬可‧波羅先是來到中國的帕米爾高原，經過高原，來到喀什噶爾（即喀什），在這個信奉回教的少數民族，馬可‧波羅覺得「該國的居民是一群污

穢而可憐的人，食品粗糙不堪，飲食質量尤其低下，居民除回教徒外，還有一些聶斯托利派的基督教徒，他們按照自己的法律生活，並有自己的教堂。」在「葉爾羌城和聖約翰教堂奇妙的石柱」一節中，馬可·波羅對基督教徒遭受親王的壓迫深表同情。元朝文化佛教博大精深，影響深刻，在馬可·波羅眼裏，他把元朝人崇拜的神，看做是耶穌在東方的另一種存在形式。基督教與佛教之間的思想與信仰存在明顯的異同和衝突，元朝的統治者爲了緩和階級矛盾，講究仁愛和忍耐。而基督教中信奉耶穌，講究行善，可升入天堂或者極樂世界，所以在宗教思想這方面，二者是有共同點的。宗教思想多多少少蘊含當代所折射的社會現狀和國家的統治思想。當時元代富麗繁華，社會安定，對外交往活躍，對異國同胞自然是保持仁愛之心，還要兼容異國的文化與習慣，這裏面反應到宗教上面來，就自然產生了仁愛與忍耐的信條。

佛教勸導人們修行，就是學習，而馬可·波羅信奉的基督教，主張一味的崇拜耶穌，而且馬可·波羅信奉的基督教倡導信教徒寬恕罪惡，但基督教有排斥其它宗教的思想，對於寬宏胸懷的佛教來說，馬可·波羅自是覺得佛教有其優點所在，對於佛教所在的國家也是產生了崇敬之情。

在《馬可·波羅遊記》中看，他覺得基督教和佛教有本質區別。遍看全世界各個宗教，除了佛教之外，沒有一個宗教的教主不是以超人的「神」格自居的。這對馬可·波羅看來，不愧是一個極大的震撼。這個神能夠呼風喚雨，點石成金；他主宰著人類的吉凶禍福，它操縱著萬物的生死榮辱。人類只有匍匐在他的面前，讚美與謳歌，把一切成就榮耀歸於萬能的神，信仰他的才能上天堂，反對他的只有墮入地獄，絕無抗辯申訴的餘地。而佛教的教主——釋迦牟尼，他來到人間的第一句話就說：「天上天下，唯我獨尊。」這裏要請讀者們注意的是：「唯我獨尊」的「我」字，並不是單指的釋迦牟尼本身，而是指的全體人類的每一個人。這句話的正確解釋應該是：人在宇宙中是頂天立地的，每一個人都是自己的主宰，決定著自己的命運，而不必聽命於任何人或任何超乎人的神。釋迦牟尼將他的覺悟、成就、及造詣，完全歸功於人自己的努力與才智。釋迦牟尼認爲一個人的吉凶禍福、成敗榮辱，決定在自己的行爲善惡與努力與否。沒有一個人可以提拔我上天堂，也沒有一個人可以把我推入地獄。讚美與謳歌不能離苦得樂，只有腳踏實地去修心養性，才能使自己的人格淨化昇華，使自己享受到心安理得的快樂。

佛教又主張「無緣大慈」與「同體大悲」，又把平等的意義推上更進一步

的境地。無緣大慈即是指佛教主張不但對跟自己有關係的人要慈愛，如自己的父母、親戚、朋友等；同時對跟自己沒有親戚、朋友關係的人也要慈愛，如跟我從不交往或素不相識的人，也一樣地關懷愛護。同體大悲：同體大悲就是一種人饑己饑、人溺己溺的精神，把宇宙間一切眾生看成人我一體，休戚與共、骨肉相連。佛教承認人性是善良的，只要放下屠刀，立地就可以成佛。佛更認為真正的「犯人」不是罪惡，而是無知，一切罪惡都是由於無知（佛教叫「無明」）所引生出來的。因此苦口婆心地、日夜不停地開導、啓發眾生，就變成了佛的責任了。佛關懷眾生，「如母憶子」，不但不忍心眾生身受地獄之苦，而且廣發「地獄未空，誓不成佛；眾生度盡，方證菩提。」的誓願。佛教講的道理，雖然最終的目的是「出世」的，但它和「入世」的精神並不牴觸。（所謂「出世」並不是脫離、逃避世間，而是改造這個世間，重建這個世界。）而佛經上雖然有所謂「西方極樂世界」、「東方琉璃世界」等淨土，勸人念佛往生彼國，但稍為瞭解佛法真諦的人都知道，這是諸佛菩薩為了度化眾生的一種權宜方便，佛教最後的目的是在於「化人間為莊嚴淨土，變地獄為極樂世界。」這才是佛教的真正宗旨，並不是要人人逃避這個世界而躲到西方淨土去享福。

　　世界上大部份的宗教，都只承認他們自己所信的宗教教義才是唯一的「真理」，而排斥他教教理為「邪說」。而佛教認為一切宗教，祗有教義深淺的區分，很少有好壞邪正的差別的。任何一種能夠存在世上千年以上的宗教，一定對世道人心有著或多或少的裨益的，否則這個宗教早就被人類的「智慧」所唾棄，以及被時間的浪濤所沖失了。問題只是在於某些宗教只能給人以短暫的、少數的快樂；而有些宗教則能予人以永恒的、多數的幸福。而佛教正是屬於少數的後者之一的。

　　在馬可‧波羅眼裏，在其他宗教裏，教主所說的話就是不可抗拒的「命令」，就是不容懷疑的「真理」。誰要是不服從或稍微表示懷疑，那麼必遭天譴神罰。在外教的經典裏明白地記載著：人類的始祖因為違背了上帝的命令，而永遠地被趕出了伊甸園；而且他們的子孫——也就是千千萬萬的人類，包括以前、現在和未來的，也因此而莫明其妙地跟著受苦了。而佛教卻是這樣主張：佛教認為一人做事，一人承當，父親殺人，兒子是下不了地獄的。（兒子也不能代替父親受罪。）

二、從《馬可‧波羅遊記》看元代的主流思想

在元代，歷來在封建社會中占支配地位的儒學依舊是統治思想。特別是在宋代形成的儒學的變種——理學（或稱道學），在元代發展的勢頭極盛。仁宗初年恢復科舉，「明經」、「經疑」和「經義」考試都規定用宋儒朱熹等人的注釋，「朱氏諸書，定爲國是，學者尊信，無敢疑二」〔註1〕，「專以周程朱子之說爲主，定爲國是，而曲學異說，悉罷黜之」〔註2〕。這就使程朱理學在中國歷史上第一次成爲官方學術，確立了在思想文化領域的統治地位，並一直延續到清代。在某種意義上說，元代定程朱理學爲一尊，與漢武帝的「罷黜百家，獨尊儒術」遙相呼應，其影響極爲深遠。元朝統治者倡導理學，顯然是爲了政治、文化統治的需要。忽必烈未即帝位之前，就宣揚「三綱五常」，說：「人道之端，孰大於此？失此，則無以立於世矣。」仁宗愛育黎拔力八達也曾對臣下說：「儒者可尚，以能維持三綱五常之道也。」〔註3〕同時，元代的理學家也用他們的哲學義理論證倫理綱常，以倡導和鞏固封建統治秩序。在元代文學藝術中，散文強調道文合一，即理學與文章合一，後期雜劇創作出現了大量宣揚忠孝節義的作品，這些現象都表現出理學對文學藝術的滲透浸染。

與統治政策的兼收並蓄相輔相成，元朝統治者在思想上也是兼收並用的，他們對各種思想幾乎一視同仁，都加以承認與提倡，「三教九流，莫不崇奉」〔註4〕。除了儒學以外，佛教和道教在元代也十分盛行。耶律楚材第一次明確提出「以儒治國」和「以佛治心」的儒釋分工理論，認爲二者交相呼應，相輔相成〔註5〕。程鉅夫也認爲：「儒釋之道，爲教雖異，而欲安土治民，崇善閉邪則同〔註6〕。」特別是金朝新起的道教——全眞教，原本就在文士中傳教修道，在金元之際的社會大動亂中，更有許多文人士大夫紛紛「竄名」全眞，全眞教幾乎成爲逸民遺老的逋逃藪，具有士人隱修會的性質。由於元代文人對社會現實極端不滿，在他們心中造就了濃重的厭世遁世情緒，因此全眞教援引儒學、「不獨居一教」的思想原則，和「以識心見性、除情去欲、忍

〔註1〕 虞集，《道園學古錄》，卷35，《跋濟寧李璋所刻九經四書》〔M〕，2005，（2）：45～47。
〔註2〕 蘇天爵，《滋溪文稿》，卷5，《伊洛淵源錄序》〔M〕，2002，（5）：26～28。
〔註3〕 《元史》，卷26，《仁宗本紀》〔M〕，2005，（3）：53～54。
〔註4〕 王惲，《秋澗集》，卷85，《立襲封衍聖公事狀》〔M〕，2004，（2）：78～79。
〔註5〕 《湛然居士集》，卷13，《寄萬松老人書》〔M〕，2007，（3）：69～70。
〔註6〕 《雪樓集》，卷9，《秦國文靖公神道碑》〔M〕，2005，（1）：80～83。

辱含垢、苦己利人為之宗」的修持方法〔註7〕，對文人一直有著強烈的吸引力。全真教思想對元代文學藝術創作也產生了巨大的影響，散曲中「歎世」、「遁世」之作觸目皆是，雜劇中神仙道化劇大量產生，這顯然與全真教思想的流行有關。同時，民間宗教在元代也相當活躍。

　　總之，國家空前統一，民族融合與民族矛盾共存並在，儒學尤其是理學佔據統治地位，各種思想兼收並蓄，所有這些構成了元代文學的歷史文化背景。元代文化是培育元代文學藝術奇花異蕊的肥田沃壤。

　　在元代，思想領域也呈現出活躍鬆動的態勢。元朝立國，程朱理學的統治地位得到確認。朝廷設立官學，以儒家的四書五經為教科書，「自京師至於偏州下邑，海陬徼塞，四方萬里之外，莫不有學」。作為儒學宗師的孔子，被封為「大成至聖文宣王」。然而，儒學聲勢的顯赫卻掩蓋不了影響力日益下降的趨向。因為，元朝統治集團的上層，來自不同的民族，他們在利用正統的儒家學說鞏固統治的同時，也尊崇各族固有的宗教信仰。因此，佛教、道教，乃至伊斯蘭教、基督教，在中原地區同樣得到發展。信仰的多元化，削弱了儒家思想在群眾中的影響。事實上，元朝的最高統治者懂得不同的學說、教派，各有不同的效用。仁宗嘗謂：「明心見性，佛教為深，修身治國、儒、道為切」，因而都予以優容。至於儒學本身，也在各種思想的碰撞中，在崇尚功利的社會心態影響下，分化為不同的流派，甚至分裂出像鄧牧那樣把儒家大同理念與道家無為主張結合起來，敢於抨擊皇帝專制和官吏貪暴的思想家。總之，「元有天下，其教化未必古若也」，程朱理學獨尊的局面發生了變化，思想領域呈現出各種觀點和流派爭雄鬥勝的特色。

　　在元代，儒家的獨尊地位和它的思想統治力量比較前代都受到了嚴重的削弱，造成思想界相對鬆動和活躍的局面。從表面上看，正統儒學仍在發展，程朱理學在南北地區不斷擴展其影響力；甚至在仁宗恢復科舉時，規定以朱熹、程頤等人的傳注為經學考試的依據，使程朱理學首次成為官學。但蒙古民族原有的粗獷豪放的性格，重視實利的習慣，並不是很快能夠在這種抑制性的思想學說中得到改造；因此，他們推行這種思想學說的態度也並不十分積極。而且，元代仕出多途，科舉在選拔官員方面的作用遠不如宋代重要，儒士即使是進士出身，也是官職卑微，因此這種「官學」於社會思想所起的作用頗為有限，這與明清時尊奉程朱理學的後果是有區別的。同時，官方雖

〔註7〕　徐琰，《廣寧通玄太古真人郝宗師道行碑》〔M〕，2006，（5）：39～42。

然利用儒學，但對其他宗教思想也取寬容態度，從整個元代的情況來看，統治者崇信佛、道，更有甚於儒教。所以汪元量《自笑》詩云：「釋氏掀天官府，道家隨世功名。俗子執鞭亦貴，書生無用分明。」即道出當時儒士的窘境。

三、從《《馬可‧波羅遊記》》看元代的禮教

儒學和禮教、名教的關係是學術思想和社會存在的差別。禮教作為社會存在，廣泛地影響著人們的生活，禮教還僅僅是社會存在中的基礎，名教則是社會存在的上層建築。儒學在傳統社會被名教和禮教用作意識形態和立法基礎。儒學幾乎成了名教和禮教的靈魂。儒學和名教、禮教相互依存。然而，儒學正常的社會存在遭到了異化。名教和禮教並不按照儒學的原則展開。二者之間有緊張的矛盾。20 世紀的文化批判和革命，徹底掃蕩了禮教和名教、儒學。在這場批判中，儒學承擔了名教的很多罪責。儒學的發展如果有未來的話，就必須站在自己的立場上，卸掉歷史的包袱，挖掘出儒學內部的現代內涵。

禮教的精髓仍然影響著我們的心靈。禮教是儒學的社會基礎。禮教的復興，就是儒學的復興。禮教的創新就是儒學的創新。失去禮教的儒學僅僅是一種知識體系。同時我們要知道，禮教是怎樣異化成名教的。我們把不合理、不正常、壓迫個體的、製造災難的皇帝掌握下的政權體系，稱為名教。禮教是一般意義上說的民眾心理。而名教卻是以名分綱常的絕對化為根本的、變質的禮教。這個區分，對於本文的批判來說，很有意義。

總的來說，禮教是保守的社會組織形式，名教更是落後的社會組織形式。它們都可能異化了人性。但是，我們要明白，所謂的個體與系統的親仁狀態總是以理想的方式存在於我們的頭腦當中。人類社會的意識分佈於每個人的頭腦當中，意識之間總是有矛盾的，人類內部總是矛盾的。這就導致了親仁無法完全的實現。宋儒程顥所要感悟的「萬物一體」之仁，只能是出於自己的主觀思維。但是，每個生下來的人，都首先是個野蠻人，其次才有對道德的體悟。人是有死亡的動物，這必然導致了，生存本性面臨死亡的衝突和掙扎。唯一的超越就是以德為性，或者是相信精神實體的不滅。這些都是困難的。所以，基督教的耶穌教導人們，「你們要進窄門，因為引到滅亡，那門是寬的，路是大的，進去的人也多；引到永生，那門是窄的，路是小的，找著的人也少。」在瞭解了人類社會，總是在矛盾之中以後，我們就不必苛求禮

教作爲系統的完美。甚至可以說，禮教——孔子所追慕的「以仁入道」的禮樂文明，異化成名教，倒退爲皇權政治，是歷史的必然。因爲除了父子世襲，無法保證社會的秩序。二程曾經說過，皇權世襲不是最好的，但是，不能算是最差的。因爲沒有了秩序，文明在內部無限的爭鬥中永遠地就消失了。我們要立足於「有」，而不是立足於「無」。名教在我們批判的同時，也是有合理性的。關鍵是看什麼時候。現在有了民主政治，所以，名教顯得落後了。但是，古代，相對於統治比現代中國還大的一個東方世界，離開了名教，也沒有更好的辦法。

　　禮教作爲系統，承擔了現代轉型所受的所有艱難的所有罪名。儒學完全可以批判禮教贏得歷史的尊重，贏得人們對它信仰的純潔。然而，孔子在開創儒學時候，就極其高明地把自己定位在了日用倫常之中。禮教沒有講明彼岸，卻可以有敬畏的道德；儒學沒有專門的團體，卻可以做到「舟車所至，人力所通，天之所覆，地之所載，日月所照，霜露所墜：凡有血氣者，莫不尊親，故曰配天」。儒學無愧爲「發育萬物，峻極於天」的大道。榮譽與譭謗，都在於儒學與禮教都在於日用倫常之中。理學也講超越，程顥講「渾然與物同體」。程頤則以公解「仁」。儒學是超越性與恒常性的統一。儒學的倫常性，加上它的差異性倫理，能夠做到「保和太和」，能夠有更強的包容性和現實性。儒學也就有了生命力。生命力在於對外來文化的吸收，可以應付另一種文明的挑戰。理學是對魏晉以來佛道思想的有力汲取和反應，從而確立了近古元明清三朝的巍然不倒。

　　元代社會一個重要的、與文學發展關係最爲密切的現象，是由於蒙古統治者的民族歧視政策和對科舉的輕忽，使得大批文化人失去了優越的社會地位和政治上的前途，從而也就擺脫了對政權的依附。他們作爲社會的普通成員而存在，通過向社會出賣自己的智力創造謀取生活資料，因而既加強了個人的獨立意識，也加強了同一般民眾尤其是市民階層的聯繫，他們的人生觀念、審美情趣，由此發生了與以往所謂「士人」明顯不同的變化。而即使是曾經步入仕途的文人，其中不少人也存在與統治集團離異的心理，並受到整個社會環境的影響，他們的思想情趣同樣發生了類似的變化。這對於元代文學的發展具有關鍵的作用。

第十一章　從《馬可・波羅遊記》
看元初的軍事制度

　　元初建立的帝國橫跨歐亞兩洲，帝國境內經濟發達，國內外貿易頻繁，而在這一時期馬可・波羅穿越地中海、黑海、中亞到達元朝境內。久居中國十七年後還鄉，在獄中完成了《馬可・波羅遊記》。從《遊記》中可知，元初的軍事規模之大與其軍事實力之強，而且蒙古族驍勇善戰，並且出發遠征或戰爭時，所有軍備器物自給自足。同時，亦可從中得知，維持如此龐大的軍事規模的基礎——徵兵制的採用、四通八達的馳道和驛站、對軍戶戶籍的嚴密控制、軍兵數額的充足以及國家財政的支持。

　　也許你瞭解《馬可・波羅遊記》中所記載元初的社會商業的繁榮狀況，並被之所深深的吸引。但是你瞭解其中所記載的元初軍事制度嗎？真實的元初的軍事制度是否與他所記載的如出一轍？同時，元初發展軍事力量的原因以及支撐如此龐大的軍事集團的基礎是什麼？元初軍事力量的強大對於鎮壓國內蒙漢民族之間的矛盾、疆域的擴大都起到了一定的作用，亦是因此，元朝的創建者忽必烈能夠前赴後繼地三次出征高麗。凡事都有兩面，元初軍事規模如此之大，對其財政的消耗、國內矛盾的激化都不可忽視。其實，現在對於《馬可・波羅遊記》中所記載的內容，很多人持懷疑態度，那麼與我國的文獻記載相比較而言，又是否一致？

一、元初的軍戶

　　蒙古軍事力量威震歐亞大陸，當時的人們提起蒙古軍隊，皆有談虎色變

之感。蒙古軍隊具有如此的威力，這與他們的軍事制度及蒙古人能征善戰是分不開的。

我國封建社會歷朝歷代的軍隊，大體不外是採取兩種方式組織起來的，一種是募兵，一種是徵兵。元代採取的是後一種徵兵的辦法，而且專門指定一部分人戶出軍，這些被指定出軍的人戶在國家戶籍上專列一類，稱爲軍戶。忽必烈在建國以後，爲了保持強大的國力，鞏固政權統治，特別注重軍事建設。他吸取以前的軍事經驗，改革了成吉思汗以來的軍政合一的制度，實行軍民分治。

忽必烈所確立的軍事制度，主要分爲宿衛軍和鎮戍軍兩大系統。

宿衛軍系統，平時的主要職責是守衛京師，戰時出征。「大汗的禁衛軍有一萬二千人的騎兵組成，他們被稱爲怯薛丹，意爲『服侍他們主人的騎士』。大汗並不是出於畏懼才讓這支衛隊不離左右，而純粹是爲了顯示他的威嚴。」「這支一萬二千人的部隊由四名軍官統率，每名軍官率領三千人。每三千人在皇宮連續值勤三晝夜，值勤期滿之後與另一隊換崗。直到四隊都輪值一遍以後，再從第一隊開始重新輪值。」〔註1〕

忽必烈所建立的宿衛軍有怯薛軍和侍衛親軍兩部分構成。怯薛軍是成吉思汗建立大蒙古國時期由稱爲那可兒（夥伴之意）的親兵組成的侍衛部隊，當時確立編制爲 10000 人，包括 1000 名宿衛、1000 名箭筒士和 8000 名散班。其成員都是從蒙古各千戶徵召的精銳之士和貴族子弟，主要職責是護衛大汗、宮廷服役和參預軍政事務的管理。他們平時分四班輪流護衛大汗營帳（與《遊記》中的記載相一致），戰時隨大汗出征，作爲軍隊中堅力量，專打硬戰，從而保證了大汗手中掌握一支可以左右戰局的強大武裝。

忽必烈即位以後，保留了成吉思汗以來的怯薛建制，但其原來掌管的軍政領導事務都移交給了新設的中書省和樞密院等機構，怯薛軍僅僅成了負責保障皇帝的安全、掌管宮城和皇室大帳防衛以及護駕出征、宮廷服役等。在忽必烈時期，怯薛軍常額保持在 10000 人以上，最多時達到 15000 人。隨著政權的日益鞏固，大汗出征的次數越來越少（如在《遊記》中提及忽必烈在即位以後，只從戎一次，那就是在 1286 年平定它的叔父乃顏的叛亂。），怯薛軍的主要職責就成了列值禁廷以充護衛侍從了。但他們憑藉皇帝近侍的身

〔註1〕 馬可·波羅口述，魯斯蒂謙諾筆錄，余前帆譯注，馬可·波羅遊記〔M〕，中國書籍出版社，2009，195。

份，也常常干預政治，並獲得優先選拔爲高級軍政官員的特權。爲了保證皇帝的安全，忽必烈規定，怯薛軍由皇帝或親信大臣直接節制，他人不得干預。

除怯薛軍之外，忽必烈又於中統元年（1260 年）建立了一支「武衛軍」，人數約 30000 餘人，四年之後改稱爲「侍衛親軍」，分爲左、右兩翼。至元八年（1271 年）又改編爲右、左、中三衛。衛設都指揮使爲最高長官，衛下的建制分千戶、百戶和十戶（牌）。這種侍衛親軍制度是忽必烈採用漢法而後實行的一種混合兵制。其中「衛」的名稱來自唐制，衛的長官「都指揮使」名稱來自宋制，而衛下的建制又出於蒙古舊制。侍衛親軍的主要職責是守衛京師。其士兵最初主要來自中原漢軍萬戶屬下的軍隊，後來蒙古和色目人不斷加進來，成分越來越複雜。隨著民族成分的增加，忽必烈又將侍衛親軍按民族分編爲漢人衛軍、色國衛軍和蒙古衛軍幾個部分，又將其內部分工逐步固定下來，即由漢人衛軍負責扈從皇帝幸行上都、屯田、工役造作等工作；由色國衛軍和蒙古衛軍負責出征作戰和保證全國的安全和穩定，並監督以漢軍爲主的地方鎮戍部隊。侍衛親軍歸中央樞密院直接統領，軍隊數額保持在 20 萬左右，逐漸取代了原來怯薛軍的軍事地位，成爲元朝軍隊的主力。

元代鎮守全國各地的鎮戍系統的軍隊成分較複雜，有蒙古軍、探馬赤軍、漢軍、新附軍之分。「探馬赤軍指漠南蒙古五部組成的軍隊。漢軍即在北方原金朝統治的地區簽發的漢人組成的軍隊。新附軍指投降元朝的南宋軍隊。與之相應，在國家戶籍上，也就有蒙古軍戶、探馬赤軍戶、漢軍戶與新附軍戶等不同名目。他們的待遇是各不相同的。」〔註2〕

早期蒙古軍主要是由草原各部落蒙古人所組成的部隊，後來成吉思汗把對外戰爭中招降和擄掠來的哈剌魯、畏兀兒、唐兀、阿速、欽察、康里、回回、阿兒渾族壯丁也編入蒙古軍籍。忽必烈建國後繼續沿用這一制度，統稱他們爲蒙古軍。蒙古軍是元代的主要部隊。

「探馬赤軍主要是由漠南蒙古五部組成的，實際上是蒙古軍的一個分支。」〔註3〕探馬赤軍是從兀魯兀、忙兀、箚剌亦兒、弘吉剌、亦乞烈思五個蒙古部落中挑選一部分士兵組成的精銳部隊，在野戰和攻打城堡時充當先鋒，「探馬」就是「先鋒」的意思。蒙古軍和探馬赤軍是同一種情況，《元史》言：「蒙古軍皆國人，探馬赤軍則諸部族也。」〔註4〕蒙古政權建立後「其民

〔註2〕　陳高華，論元代的軍戶，元史研究論稿〔J〕，中華書局，1991，127。
〔註3〕　參見楊志玖，元代的探馬赤軍，中華文史論叢，第六輯。
〔註4〕　〔明〕宋濂等撰，元史〔M〕，吉林人民出版社，1995，1553。

戶傳統，十人謂之排（牌）子頭，自十而百，百而千，千而萬，各有所長。」
由此可見，十進制組織也是軍隊的組織形式，其軍即民，兵民一體。但是，
戰爭一般並不需要全體動員，因此，常常採用部分簽發的辦法，如太宗窩闊
台元年（1229 年）下令：「每一牌子簽軍一名，限年二十以上、三十以下者充，
仍立千戶、百戶、牌子頭。」〔註5〕這是蒙古軍和探馬赤軍情況相同的一個方
面。另一方面，隨著元朝統治疆域的不斷擴大，蒙古政權的職能日益複雜化，
除了軍事征伐以外，還要建立通行全國境內的驛站和其他種種管理工作。「從
汗八里城有四通八達的道路通往各個行政區。每條路上，或者說每一條馳道
上，根據城鎮所處的位置，每隔二十五或三十英里，就設有一座招待旅客住
宿的驛站，稱做「站赤」或「急遞鋪」。」〔註6〕「在陛下的疆土內，承擔站
役的馬匹不下二十萬匹，而設施齊全的驛舍也保持有一萬幢。這的確是一套
絕妙的系統，運作效率非常高，實在難以用語言來形容。」〔註7〕因此，蒙古
政權便從蒙古人戶中抽調一些人專門承擔站役、為統治者放鷹打獵等等。這
些職業分工逐漸穩定下來。後來，專門出軍當兵的人戶就稱為蒙古軍戶、探
馬赤軍戶，而專門當站役的稱為蒙古站戶，等等。如《遊記》中「在各個急
遞鋪之間，每隔三英里就有一座小村莊，村裏大約住著四十家站戶，他們是
為陛下服差役的徒步急遞鋪卒。」〔註8〕而且維持如此龐大的驛站體系的開銷
相對來講是較小的，因為「驛站所使用的馬匹並不會給驛站增加任何直接的
開銷，因為附近的城市、城鎮和鄉村都必須為驛站提供和飼養馬匹。」〔註9〕
並且願意成為站戶的人家不在少數，只要你成為鋪卒，「所有鋪卒不但都免除
一切人頭稅，還可以從陛下那裏領取豐厚的俸祿。」〔註10〕

　　漢軍是以金朝降軍、北方漢族地主武裝、早期宋朝降軍和早期蒙古在中

〔註5〕　〔明〕宋濂等撰，元史〔M〕，吉林人民出版社，1995，1553。
〔註6〕　馬可·波羅口述，魯斯蒂謙諾筆錄，余前帆譯注，馬可·波羅遊記〔M〕，中
　　　　國書籍出版社，2009，224。
〔註7〕　馬可·波羅口述，魯斯蒂謙諾筆錄，余前帆譯注，馬可·波羅遊記〔M〕，中
　　　　國書籍出版社，2009，225。
〔註8〕　馬可·波羅口述，魯斯蒂謙諾筆錄，余前帆譯注，馬可·波羅遊記〔M〕，中
　　　　國書籍出版社，2009，226。
〔註9〕　馬可·波羅口述，魯斯蒂謙諾筆錄，余前帆譯注，馬可·波羅遊記〔M〕，中
　　　　國書籍出版社，2009，227。
〔註10〕　馬可·波羅口述，魯斯蒂謙諾筆錄，余前帆譯注，馬可·波羅遊記〔M〕，中
　　　　國書籍出版社，2009，227。

原地區徵發的士兵爲基礎，經過改編而成的軍隊。「元代實行戶等制，將全體居民按財產丁力的不同狀況分爲三等九甲。」〔註 11〕忽必烈很注重對漢軍的整頓和編制，在簽發漢軍時，一般都取中戶。爲什麼取中戶而不取上戶？一是元代的制度規定，士兵的鞍馬器仗都要自備，置辦這些裝備就要花費大量錢鈔，沒有一定的財產是負擔不起的。二是因爲簽充軍戶後可以豁免或減少其他封建義務（科差，稅糧、雜泛差役等），元朝制度規定中，上戶應負擔的封建義務要比中、下戶要多，如果簽發上戶當軍，封建國家的財政收入會受到影響，攤派雜泛差役會遇到困難。由此可見，按戶等簽發，取中戶，是漢軍軍戶的一個特點。漢軍軍戶一般從民戶中簽發，但有時爲了保證軍兵的數額，也從匠戶、鹽戶以及僧、道、儒中簽充。

　　新附軍與蒙古軍、探馬赤軍、漢軍不同。「堪以當軍者收繫當軍，依舊例月支錢糧」「不堪當軍者，官給牛具、糧食、屯田種養。」〔註 12〕由此可知，在元攻滅南宋後，那些繼續當軍的原南宋軍人，就稱爲新附軍。新附軍有家屬的，就稱爲新附軍戶。新附軍不是從民間簽發而來的，這是與蒙古軍、探馬赤軍、漢軍最大的不同。在蒙古各軍中，不太受重視。

　　元朝初期不單單只是在改進完善陸地上作戰的軍隊，也在不斷地提升作戰的武器裝備，增加新的兵種，如水軍的建設。忽必烈即位後，重視發展大規模建地設水軍，把原來僅僅善於陸地作戰的蒙古軍，發展爲要陸戰則陸戰，要水戰則水戰，水陸戰皆宜的強大武裝。在《遊記》中提及日本「他們的黃金資源取之不盡，但是國君並不讓黃金輸出」、「該國國君王宮金碧輝煌，蔚爲壯觀。」「如此遍地黃金的寶島必然令當朝大汗忽必烈欲征服和吞併之。爲了實現這個目標，大汗組建了一支龐大的艦隊，用來運送遠征大軍。他任命了兩位重要將領爲統帥，一位名叫阿剌罕，另一位名叫范文虎。大軍從泉州和杭州兩座港口揚帆起航，橫渡大海，安全抵達日本。」〔註 13〕由此可見，忽必烈時期水軍的建設、水軍兵員的訓練、航海技術、造船技術都得到了一定的發展。雖然在進攻日本上是失敗了，但是失敗的原因不能全歸咎於水軍軍事實力上，「這次戰爭發生在 1279 年。幾年之後，大汗才得知這次遠征不

〔註 11〕陳高華，元代戶等制略論〔J〕，中國史研究，1979，（1）。
〔註 12〕劉曉，宋元時代的通事與通事軍〔J〕，2008，（3）：84。
〔註 13〕馬可・波羅口述，魯斯蒂謙諾筆錄，余前帆譯注，馬可・波羅遊記〔M〕，中國書籍出版社，2009，391。

幸失敗的原因原來是由於兩位統帥之間的不和造成的，於是將其中一人斬首，另一人則被押送到荒蠻的舟山島。」〔註14〕而且在至元十六年（1279 年），宋元崖山海戰時，元軍以其巨大的衝擊力和機動靈活的水上戰法，大敗宋軍，這說明此時的元朝水軍已經不比宋朝的差了。而且忽必烈又曾出兵攻打安南等國，都出動了大量的艦隊，顯示了元朝水軍的威力。

二、元朝軍事制度的支持基礎

一個國家的維持軍隊規模的穩定與擴大，增強和提升自己的軍事實力，靠的不僅僅是一個方面的，而是各方面綜合因素的作用。元初軍事制度的穩定是由以下幾方面的因素來綜合作用的：（一）是元初的經濟實力的強大。「所有稀世珍貴之物都能在這座城市裏找到，尤其是印度的商品，如寶石、珍珠、藥材和香料。漢地各區和帝國其他地方，凡是值錢的東西都被運送到這裏，以滿足朝廷周邊大量居民的需要。這裏商品銷量之多超過其他任何地方，僅每天運送生絲到這裏的馬車和馱馬的數量就不下千匹。這裏還生產大量的金紗織物和各種絲綢。」〔註15〕汗八里城（即元大都）的商業之繁榮，貿易之頻繁，消費之巨大，想不推動元朝的經濟發展都不行。元朝經濟的發達為軍事制度的穩定提供了物質條件，使其正常運轉。

（二）是軍兵數額的充足。蒙古族全民皆兵，漢人採用簽發的形式，這都是能夠保證國家徵收足夠兵源的方式。保證軍兵數額充足的另一條件是當時的人口眾多，「一切偶像信徒以及薩拉森人都可以按照他們的習俗娶六個、八個或十個妻妾，這樣他們就生下一大堆子女。他們之中有些人甚至有三十幾個兒子，這些孩子將來可以隨父從軍。而我們這裏，每人只能有一個妻子，即使她不能生育，丈夫也只能跟她過一輩子，這樣就失去了繁衍後代的機會，因此我們的人口比他們少得多。」〔註16〕

（三）是元朝對軍戶戶籍的嚴密控制。元朝政府十分重視保持軍戶的穩定性，對其的基本政策是「軍籍已定，不宜動搖」，盡量使軍戶的數目不致削

〔註14〕 馬可·波羅口述，魯斯蒂謙諾筆錄，余前帆譯注，馬可·波羅遊記〔M〕，中國書籍出版社，2009，394。

〔註15〕 馬可·波羅口述，魯斯蒂謙諾筆錄，余前帆譯注，馬可·波羅遊記〔M〕，中國書籍出版社，2009，218。

〔註16〕 馬可·波羅口述，魯斯蒂謙諾筆錄，余前帆譯注，馬可·波羅遊記〔M〕，中國書籍出版社，2009，225。

減，從而保證了軍隊有足夠數量的兵士。

（四）是封建統治者的個人才能。忽必烈在吸收了成吉思汗以來的軍事經驗，改進舊的軍事制度，如實行軍民分治；增加軍種，多元化發展；加強軍備器仗的建設。

（五）是元朝的管理制度的完善。對於蒙古軍戶、探馬赤軍戶、漢軍戶，元朝政府設立奧魯進行管理。「奧魯蒙古語 auruq 的音譯，明代漢譯爲老小營，指征戍軍人的家屬所在地。蒙古人出征時，所攜帶的家口、輜重屯駐在距離前線不十分遙遠的地方，作爲兵站基地和給養補給地，稱爲奧魯（Aghuruq），《元朝秘史》譯「老小營」「家給」和「老營」。〔註 17〕其主要的職責是起發軍人服役和徵取出征軍人的盤纏。而新附軍則是由管軍官管理。

（六）是發達的交通馳道和驛站。四通八達的馳道和遍佈全國的驛站大大的方便了中央政府命令決策的下達，也便於下級把關於帝國各地區的情況迅速上報，特別是關於叛亂的情報。「這種傳遞方式速度非常快，兩天兩夜就能讓陛下收到遠方的消息。而如果按普通的方法遞送恐怕十天之內是收不到的。」〔註 18〕

（七）是士兵的費用。在很大程度上，士兵的費用很大一部分由軍戶自己供給，包括出征時的 18 匹馬匹。因此，元朝可以維持一支龐大的軍隊而政府不至於負擔過重。

（八）是蒙古族的民族特性──善戰。

元初穩定而強大的的軍事制度既使得統治者能夠把帝國的疆域不斷地擴大，「北逾陰山，西極流沙，東盡遼左，南越海表」，〔註 19〕又能夠有力地鎮壓了帝國內部各地的叛亂。但是，其內部存在著許多錯綜複雜而又不可調和的矛盾，注定著元朝的軍事制度的穩定性不可長久，同時其後期對於國家財政的消耗呈現愈加嚴重之勢，不可避免地其要走向衰微之路。

通過收集有關各方面的資料與自己的整理和思考，《馬可‧波羅遊記》的有關元初的軍事記載大體上與我國歷史相一致，初步瞭解了元初的軍事制度，元初採取徵兵制，專門指定一部分人戶出軍，而這些被指定出軍的人戶

〔註 17〕鈕希強，蒙元時期奧魯制度的發展與演變〔J〕，2009，（4）：327。
〔註 18〕馬可‧波羅口述，魯斯蒂謙諾筆錄，余前帆譯注，馬可‧波羅遊記〔M〕，中國書籍出版社，2009，226。
〔註 19〕詹子慶主編，中國古代史〔M〕，高等教育出版社，2009，214。

在國家戶籍上專列一類，稱爲軍戶。在忽必烈時期所確立的軍事制度，主要分爲宿衛軍和鎮戍軍兩大系統。宿衛軍有怯薛軍和侍衛親軍兩部分構成。鎮守全國各地的鎮戍系統的軍隊成分較複雜，有蒙古軍、探馬赤軍、漢軍、新附軍之分。由於元初的經濟實力的增強，軍民數額的穩定，以及對軍隊的有效管理，使得軍事制度在前期能夠發揮巨大的作用，疆域的擴大、國內政治的穩定、維持社會治安，其功不可沒。但是，對其財政的消耗、國內矛盾的激化的消極影響都不可忽視。

第十二章　從《馬可‧波羅遊記》看元初的親征

本章從馬可‧波羅的角度出發，研究了有關元初親征方面的問題。與同類研究相比，本文旨在突出研討在馬可‧波羅眼裏，元朝的征伐是怎樣的。以下，我們打算從成吉思汗到元世祖忽必烈、韃靼王之間的戰爭來討論元初的親征。最後，我們得出了《馬可‧波羅遊記》描寫的對元初親征的描寫存在許多漏洞結論，以此結束了全篇的討論。

《馬可‧波羅遊記》被譽爲世界一大奇書。它不僅第一次比較全面地向歐洲人介紹了他們神往已久的東方世界，而且自誕生迄今 700 多年來一直吸引著國內外眾多學者的目光。《遊記》中有關元初親征的描述，是當時歐洲人瞭解古代中國戰爭的不多途徑之一。本文以馬可‧波羅對元初的親征的過程爲視角，來解讀一個具有西方文化背景的歐洲人是如何看待東方的戰爭的。

一、成吉思汗的征伐

（一）成吉思汗成就韃靼人的第一汗

自從韃靼人遷居到新的地方後，約在一一八七年，他們選舉成吉思汗爲自己的君王〔馬可‧波羅在此敘述有誤，事實上成吉思汗是在 1206 年稱汗的。關於元朝起始的年代，有三種意見：1206 年（鐵木眞在漠北稱成吉思汗），1260 年（忽必烈即位大汗並建元「中統」），和 1271 年（正式建立國號「元」）〔註 1〕。

〔註 1〕 陳得芝，關於元朝的國號、年代與疆域問題〔J〕，北方民族大學學報（哲學社會科學版）：2009，（3）：5。

本文採用的元朝起始的年代是 1206 年〕。成吉思汗體格健壯，聰明機智，擅長辭令，更以勇敢而著稱，他的統治十分公正謙和。人民不僅把他當作君王，簡直視他為自己的主人。他的善良、偉大的品格遠播各地，所以所有的韃靼人無論住在多麼偏遠的地方，都願意服從他的命令。成吉思汗看到自己統治著這麼多勇敢的人民，便雄心勃勃地想要離開這個蠻荒之地。他命令他的人民準備好弓箭和他們所擅長的其它武器，率領他們攻城掠寨，佔領了許多城市和省區。成吉思汗憑藉他的公正與德行贏得了廣大人民的擁護。他所到之處，人民都十分歡悅，都以得到他的保護和恩惠而感到幸福。

就這樣，他奪取了九個省區。那時，每一個市鎮和省區或由人民自己管理，或受一個小君王的統治。這些小國間既然沒有聯合，便自然不能夠單獨抵抗這樣可怕的一支力量。想到這一點，我們對於成吉思汗的成功便用不著驚訝了。他在征服這些地方後，就委派官吏去治理。這些官吏都十分公正，所以居民的生命財產絲毫沒有受到損害〔註2〕。

成吉思汗看到自己的事業如此順利，便決意進一步向外擴張。他懷著這個目的，派遣使者到王罕那裏，要求娶他的女兒為妻，因為成吉思汗知道此事一定不會被允諾的。果然當王罕聽到這個請求後，勃然大怒，叫道：「成吉思汗是我的奴僕，竟然如此大膽，敢要求娶我的女兒為妻？你們滾罷，回去告訴他，如果他再執迷不悟，我要讓他受辱而死。」使者得到這個答覆後馬上離開了王廷，趕回他們主人那裏，將王罕命令他們說的話，一字不差地報告了成吉思汗。

（二）成吉思汗集合人民進攻王罕

成吉思汗被這個答覆激怒了，他馬上集合大軍，入侵王罕的疆土。在一個叫作天德（今綏遠、歸化附近）的大平原上安營紮寨，同時派遣使者告訴王罕，叫他準備作戰。王罕也同樣親自統率大軍進攻天德平原，在離敵營十英里的地方紮下營盤。這個時候，成吉思汗命令自己的占星家和巫師預測，兩軍在迫在眉睫的戰鬥中，誰會取勝。於是占星家和巫師採來一根綠色的蘆梗，把它從中剖為兩半，一半寫上他們主人的名字，另一半寫上王罕的名字〔註3〕。

〔註2〕 梁生智譯，馬可·波羅遊記〔M〕，北京：中國文史出版社，1998，76。

〔註3〕 江辛眉，伯希和《馬可·波羅遊記詮釋》簡介〔J〕，中國史研究，1959，（2）：12。

然後他們把蘆梗放在地上，相隔一定的距離，並對成吉思汗說：當他們念咒時，兩片蘆梗會因神的力量相互靠攏，一旦碰到一起，寫著誰的名字的那半站在上面，勝利就屬於誰。

於是，成吉思汗便集合全軍來觀看這個儀式，當占星家念動他們的經文時，大家看見兩片蘆梗開始移動並相互接近。最後，寫有成吉思汗名字的那半站在了另一半的上面。

（三）成吉思汗與王罕的戰爭

成吉思汗及韃靼人的隊伍看到這個結果後，都十分興奮，他們馬上向王罕的軍隊展開了進攻。他們勇不可當，一舉便攻破了王罕的戰線，全殲了敵軍，王罕也被殺死了。成吉思汗佔領了王罕的國土，並娶了他的女兒〔註4〕。從這次戰役以後，這個戰勝者在六年中相繼征服了許多王國和城市，後來在圍攻一個叫泰津的城堡時，膝部受了箭傷，並且因傷勢過重而死去了，遺體葬在阿爾泰山在。

二、忽必烈大汗的征伐

（一）忽必烈大汗彪炳的功業與偉大的權勢

大汗的御名為忽必烈汗，最後這個字在我們的語言中是指眾王之王。他的確配得上這個稱號，因為就所統治的人民的數目，幅員的遼闊，收入的巨大，他已超過了世界上過去和現在的一切君王；並且也從沒有一個君主具有他那樣的權威，獲得他所統治的人民的絕對的服從〔註5〕。

（二）皇叔乃顏的叛變

大家必須明白，忽必烈汗是韃靼人的第一個皇帝成吉思汗的正統和合法的後裔，是韃靼人共認的領袖。他是第六個大汗，在一二五六年開始了他的統治，他是憑藉著自己的勇武和謹慎的品德獲得統治權的。這和他的幾個兄弟的作法正好相反，但是他們卻得到了許多大臣和皇室其他人員的支持。總之，忽必烈汗在法律和權利上都應繼承王位。

自從他登基直到今年（一二九八年）已有四十二年，正好八十五歲。他

〔註4〕 張躍銘，《馬可‧波羅遊記》在中國的翻譯與研究〔J〕，江淮論壇，1981，（3）：51。

〔註5〕 余士雄，評新譯《馬可‧波羅遊記》〔J〕，讀書，1982，（10）：64。

在登基之前，曾在軍中服役，而且親自參加了每一次戰役。他不僅作戰勇敢，而且在判斷敵情、指揮軍隊方面也是韃靼人中最有能力和最成功的統帥之一。不過自從他登基後，就不再親征，而是把一切征戰的指揮權交給了他的兒子和其他將領。只有一次，他曾經親自出馬。那次戰爭的經過如下：

有一個叫乃顏的親王，是忽必烈的叔父，雖然只有三十二歲，但已統治著許多城市和省份，他自己也擁有一支三十萬人的騎兵，他的祖先曾是大汗的臣僕。當乃顏看見自己擁有一支如此龐大的軍隊時，被青年人的驕狂沖昏了頭腦，萌生了反叛之心，想要奪取大汗的皇位。因此他私下派遣使者去遊說另一個實力派親王──海都，相約彼此勾結共同起兵。海都的領土包括大土耳其。海都雖然是大汗的侄子，但因為從前得罪過大汗，害怕受到懲罰，所以心懷惡意，甘心附逆〔註6〕。

海都對於乃顏的提議十分滿意，並且答應派遣十萬騎兵前去助陣。於是這兩個君王便馬上開始集結軍隊，但由於行事不夠機密，被忽必烈汗得到了消息。

（三）大汗討伐乃顏

大汗得到他們叛亂的消息後，立即封鎖了所有通往乃顏和海都王國的交通，使他們得不到自己行動的任何消息。大汗又發出詔令，調集駐紮在大都（北京）十天路程以內的全部軍隊。共有騎兵三十萬，步兵十萬。這支隊伍主要由他的衛隊，尤其是陪他攜隼出獵的侍從和家僕組成的。

軍隊在二十天之內都已準備完畢。大汗如果要將常駐契丹各省的全部軍隊集合起來，需要四十天的時間。這樣敵軍就一定會得到他的軍事行動的情報，迅速聯合起來，佔據一切對他們有利的險要關口。

大汗的目的就是用迅雷不及掩耳的進攻──這是勝利的法寶──先發制人，使乃顏猝不及防，單獨攻擊他一個。這比進攻他和海都的聯軍容易成功，並且更有把握。既然這裏講到大汗的軍隊問題，可以順帶說一句，在契丹和蠻子各省以及他的領土內的其它各地，有許多不忠誠的、陰謀反叛的人，他們時刻想著謀反，想著推翻大汗的統治。因此凡有許多大城市和人口眾多的省份，必須派兵駐紮。這些軍隊駐在距大城市約四五英里的地方，可以隨時進城鎮壓叛亂。同時，大汗又定下一個規矩，軍隊每兩年換防一次，軍官也

〔註6〕 梁生智譯，馬可·波羅遊記〔M〕，北京：中國文史出版社，1998，101。

是兩年一換。因為有了這種預防措施，人民都能服服貼貼地服從大汗，不敢進行任何異動或反叛。軍隊的維持費用不僅出自各省的皇家收入，而且還來源於軍隊擁有的牲畜和乳品。士兵們把這些東西送入城去出賣，然後換回各種軍需。由於上述原因，這些軍隊散佈於全國各地，遠到三十日、四十日甚至六十日的地方。這些隊伍哪怕只有半數集合在一起，他們的人數也大得驚人〔註7〕。

　　大汗集合完隊伍後，立即向乃顏的領土進發。大軍連續急行，夜以繼日，在二十五天內就到達了目的地。這次遠征部署得十分嚴密，所有行軍道路均有人看守，任何企圖經過的人，一律逮捕，所以乃顏方面對於大軍的到來，一無所知。

（四）大汗對乃顏的戰鬥

　　忽必烈的軍隊到達某條山脈後，就停止不前了，他讓軍隊休息兩天。山脈的另一邊是一片平原，乃顏的軍隊就駐紮在那裏。大汗的軍隊自信必定能夠取勝，所以第二天清晨就踴躍地登上山頂，出現在乃顏的軍隊之前。此時乃顏的軍隊駐紮得十分零亂，既沒有前衛，也沒有哨探。乃顏自己則由他的妻子相伴住在大營之中。等到他驚醒後，急忙竭盡所能組織自己的軍隊反攻，同時，對自己沒有能及時與海都結成聯軍而追悔莫及。

　　忽必烈乘坐在一個木製的亭子中，亭子安放在四頭大象的背上，象身用削製好的厚牛皮包著，並披著鐵甲。木亭中還有許多弓弩手，亭頂上飄揚著繪有日月的皇旗。大軍由三十個騎兵隊組成，每隊一萬人，兵士都帶著弓箭。大汗將全軍分為三部分，左右兩翼的軍隊向兩側張開將乃顏的部隊從側面包圍起來。每隊騎兵的後面有五百步兵，拿著劍和短矛。當騎兵想要逃跑時，他們便上馬坐在騎兵的後面進行監督，當騎兵衝上去應戰時，他們就下馬，並用短矛刺殺敵人的戰馬。

　　戰陣列好後，按照韃靼人的習慣，在戰鬥前要演奏各種各樣的樂器，繼而高唱戰歌，直到敲鈸擊鼓時，才開始交戰。歌聲、敲鈸聲、擊鼓聲，響徹雲霄，聞之使人驚心動魄。

　　當戰鼓響過之後，大汗首先向兩翼的軍隊發出攻擊的命令，於是一場激烈的血腥戰鬥開始了。一時間，四面八方，箭如雨下，無數的人馬紛紛倒地。

〔註7〕 楊志玖，關於馬可‧波羅在中國的幾個問題〔J〕，中國史研究，1982，（2）：15。

兵士的呼叫聲、吶喊聲、戰馬的嘶鳴聲、武器的撞擊聲，都讓人聽了戰慄不已。當雙方的弓箭都用完之後，就開始了短兵相接。士兵們用短矛、劍、短錘和矛相互廝殺，竭力博鬥，直殺得人仰馬翻，積屍如山，以至於一方的軍隊根本無法衝入另一方的陣地。

這場惡戰，從早晨殺到下午，一直不分勝負。勝利之神搖擺在兩軍之間，不能決定。這主要是因為乃顏平日對待百姓十分慷慨寬大，所以兵士們都全力保衛他的統治，寧願戰死，也不肯逃走〔註8〕。

可是乃顏終於看出自己將被包圍，於是企圖逃跑，但不久就被活捉了。他被押到忽必烈的面前，判處了死刑。

（五）大汗結果乃顏的生命

處死乃顏的方法頗為奇特：兵士將乃顏裹在兩張氈子中，然後由騎士把他拖在地上騎馬飛奔，直到他氣絕為止。這種特別的刑罰是為了不讓皇族人的血曝露在陽光、空氣之中。乃顏殘存的軍隊也投降了，他們發誓盡忠忽必烈。這些士兵主要是女眞、卡利、巴斯科爾和息亭基四省的居民〔註9〕。

乃顏早已私自受過洗禮，但從沒有公開信仰基督教。當開戰時，他認為自己的旗幟上應該加上十字架的標誌。他的軍隊中有大批的基督徒，都戰死在沙場上。當猶太人和薩拉森人看見十字旗被踩翻時，便辱罵基督教的居民說道：「看啊，用你們的旗幟的國家和跟隨這面旗幟作戰的人都被毀滅了！」基督教徒因受不了這樣的嘲笑，被迫向大汗申訴。於是大汗命令嘲笑者前來，並對他們嚴加譴責。他說，基督的十字架如果沒有證明有利於乃顏，那麼他的眞理性和正義是一致的。因為乃顏是叛主的逆賊，十字架不能給予這樣的惡人以保祐。所以無論誰都不能冤枉基督徒的上帝，上帝自己是極其善良與公正的。

（六）大汗凱旋汗八里城和他賜予猶太人、基督教及其他臣民的榮耀

大汗獲得了這場重要戰役的勝利後，威風凜凜地返回汗八里（北京）城，當時正是十二月。當第二年二、三月間，他仍然住在這裏。三月是我們的復活節，大汗知道這是我們的主要祭祀之一，於是下令所有的基督徒都來到他

〔註8〕 梁生智譯，馬可·波羅遊記〔M〕，北京：中國文史出版社，1998，104。
〔註9〕 道森，出使蒙古記〔M〕，北京：中國社會科學出版社，1983，85。

的面前，並捧出他們的四大福音的《聖經》〔註10〕。

他十分莊嚴的下令將《聖經》用香薰幾次，然後很虔誠的對它行一個吻禮，並命令所有在場的貴族行同樣的禮節。每當基督教主要節日如復活節、聖誕節，他總是這樣做的。即使是薩拉森人、猶太人或偶像崇拜者的節日他也舉行同樣的儀式。

有人詢問大汗他這樣做的動機是什麼，他回答道：「人類各階層敬仰並崇拜四大先知。基督徒視耶穌爲他們的神，薩拉森人視穆罕默德爲他們的神，猶太人視摩西爲他們的神，偶像崇拜者視釋迦牟尼爲他們的神。我對於四者，都表示敬仰，懇求他們中間眞正的，在天上的一位尊者給予我幫助。」但從大汗陛下對他們的態度來看，他顯然視基督徒的信仰爲最眞實和最好的。因爲他看出這種宗教的信仰者所擔負的任務，是十分道德與聖潔的。

然而他卻不准基督徒在走路時手持十字架，因爲耶穌這樣高尚的人竟在十字架上受鞭笞並被處死，使人不免觸景生情，無限感慨。但也許有人要問，大汗既然這樣相信基督爲什麼不信奉他，變成一個基督徒呢？

當大汗派遣波羅兄弟作爲專使到教皇那裏去的時候，波羅兄弟對這個問題略有陳述，大汗當時便說明了自己不改奉基督教的理由：「我爲什麼要做基督徒呢？你們自己一定看出來了，這個國家的基督徒都是些沒有知識、沒有能力的人，他們沒有表現出任何神奇的能力。同時你們看到那些偶像崇拜者卻可以隨心所欲地施展各種法術。當我坐在飯桌前時，廳中的杯子不需要人動手便能自行盛滿酒和其它飲料，供我飲用。他們對於惡劣的天氣具有使它退出天空的本事，並且還有許多奇異的本領。你們還可看見他們偶像的預言能力，問卜求籤，無不應驗。」

「我如果改信基督，成爲一個基督教徒，則朝廷中的貴族和其他不信奉基督教的人將會問我有什麼充分的理由要接受洗禮，改奉基督教。他們將會問，基督教的傳教士表現了什麼非常的力量，顯示了什麼奇迹呢？同時偶像崇拜者也會聲稱，他們所表現的奇迹，是出自他們自己的聖潔和他們偶像的神力。」

「我對於這種說法不知道該如何回答。他們將以爲我是陷入了無知的錯誤之中，那些偶像崇拜者憑藉他們深不可測的法術，能夠表現如此奇迹，不難置我於死地。你們回到教皇那裏，以我的名義，要求他派一百名擅長你們

〔註10〕洪燭，馬可・波羅與元大都〔J〕，書屋，2004，（9）：20。

的法術的人前來。遇到偶像崇拜者時,這些人應有力量制服他們,並表示自己也有同樣的法術,不過這些法術都是來自惡魔的邪術,所以一般不願使用,同時強迫他們當場放棄使用這些法術。我如果看到這種情況,就會禁止他們的宗教活動,並接受洗禮。我的所有貴族都將按我的榜樣接受洗禮,一般人民也會起而傚仿。如果這樣,這裏的基督徒的數量將會超過你們自己國中的數量〔註11〕。」

這段話清楚的表明,教皇如果選派適當的人去傳播福音的話,大汗一定會改奉基督教。因為大家都知道,他對基督徒本來就有一種強烈的好感。

三、韃靼王之間的戰爭

(一)大土耳其

大土耳其有一個君王叫海都,是察合臺的孫子,大汗的侄子。他統治著許多城市和城堡,是一個權勢很大的君主。他是韃靼人,他的士兵也都是韃靼人,而且都是優秀的戰士。這並不奇怪,因為兵士們都是由他親手訓練出來的。我告訴你們,這個海都如果沒有經過戰爭和教訓是絕對不會臣服大汗的。

我們沿著前面所說的路線,離開忽里模子。大土耳其就位於西北方,它的領土越過阿姆河一直延伸到大汗領土的北疆。

海都和大汗之間曾經多次爆發戰爭。在這裏,我想將戰爭的經過描述一下。有一天,海都捎口信給大汗要求賜給他韃靼人所征服的土地中他應得的那一份,並且希望獲得契丹省和蠻子省的各一部分疆土。大汗告訴他說,如果他能前來朝拜並參加御前會議,那麼他本人很願意賜給他應得的土地,就如同賜給其他王公那樣。大汗進一步要求,如果他能和其他王公大臣一樣臣服自己的統治,那麼他還願意額外賜給他中國疆土的一部分。

但海都不相信自己的伯父——大汗,他拒絕了這些條件,表示只願意在自己的封地內聽從大汗的命令,但絕對不會前往大汗的朝廷,因為害怕被處死。就這樣,大汗與海都之間相互猜忌,不斷爭執,進而引發了戰爭。他們之間大的戰役就有好幾次。起先大汗派遣了一支軍隊包圍了海都的王朝,力圖阻擋海都和他的軍隊侵犯自己的領土和人民。但海都仍然侵入了大汗的領

〔註11〕梁生智譯,馬可‧波羅遊記〔M〕,北京:中國文史出版社,1998,107。

土，並與大汗軍隊多次交戰。海都經過精心的準備，能夠把十萬騎兵同時投入到前線的戰場上，並且士兵們個個都是訓練有素、能征善戰的勇士。何況海都的左右還有許多皇族的男爵，他們都是帝國的開創者成吉思汗的後代〔註12〕。

現在，我們要描述海都與大汗之間的幾次戰役。但是，首先要介紹一下韃靼人的作戰方式。韃靼人作戰時，每個兵士都必須攜帶六十支箭。其中三十支箭頭較小，用於遠距離射殺。剩餘的三十支箭頭較大，並帶有一個寬大的葉片，這是在近距離使用的，專射敵人的臉和手臂，並且還可射斷敵人的弓弦，重創對手。當他們的箭用完後，就拔出刀劍、長矛相互砍殺。

（二）海都與大汗交戰

一二六六年，海都和他的堂兄弟們——其中一個叫也速答兒的——集合了無數的軍隊，進攻守衛著大汗疆土的兩個男爵。這兩個人也都是海都的堂兄弟，其中一個叫泰貝。他們都是察合臺——曾經受過基督教的洗禮——的孫子，忽必烈的姪子〔註13〕。

海都統率的大軍與這兩位男爵的軍隊展開了激戰。雙方各有騎兵十萬人。戰鬥異常激烈，兵士相互廝殺，不計生死。兩軍都有許多人倒地身亡。但最後海都獲得了勝利，使對方遭受了巨大的打擊。他的兩個堂兄弟由於騎著快馬，所以都得以安全地逃離了戰場。

海都獲勝後，變得更加驕矜傲慢。他回到自己國家後，整整兩年與大汗和平相處，彼此之間沒有發生任何衝突。但兩年後，海都再次集結了一支大軍。因為他獲悉大汗的兒子那木罕當時正駐紮在哈喇和林，和他在一起的還有王罕的曾孫闊里吉思。這兩個男爵也擁有一支強大的騎兵。海都集合好他的軍隊後，啟程離開了他的國家，揮師直達哈喇和林的城郊。一路之上沒有發生什麼值得記敘的戰事。那兩個男爵——大汗的兒子和王罕的曾孫——的大軍也正駐紮於此。

這兩個男爵看見敵人入侵，不但毫無畏懼，而且積極備戰，勇敢反擊。他們調集了不少於六萬人的騎兵，前進到離海都約五十英里的地方紮下營寨。海都的軍隊也駐紮在同一平原上。整整三天雙方都在營中厲兵秣馬，積極備戰。雙方的軍隊人數大致相當，都只有六萬名騎兵。每個騎兵配備的武

〔註12〕 梁生智譯‧馬可‧波羅遊記〔M〕，北京：中國文史出版社，1998，282。
〔註13〕 馮承鈞譯‧馬可‧波羅行記〔M〕，上海：上海書店出版社，2006，98。

器也都是弓、箭、劍、矛、盾。全軍也都被分成六隊，每隊一萬人，各有一個統帥。兩軍來到戰場後，兵士們都靜候戰鼓的響起。鼓聲擂響後，他們就開始高唱戰歌，奏響軍樂，這時整個場面極其熱鬧，聽來讓人覺得十分驚奇，韃靼人在他們的主人擊響戰鼓之前，是決不會戰鬥的。但既然戰鼓已響，軍歌唱畢，一場血戰就開始了。士兵們執弓在手，搭箭在弦，剎那間箭如蝗飛，許多人馬紛紛倒地而死。戰士的吶喊聲、兵刃的撞擊聲，驚天動地，震耳欲聾。事實上，他們打起仗來就好像有不共戴天之仇，只要有箭在手，而且有發射的力量，他們就決不會停止射箭。此時，雙方都死傷慘重，沒有一方能占上風。

當他們的箭射完後，便將弓插入袋中，拔出劍和矛勇敢地衝向對方。於是大屠殺開始了。雙方士兵都極為勇猛，他們彼此砍殺，毫不退讓，以致戰場上屍陳如山，血流成河。海都本人武藝高強，弓馬嫻熟；如果不是他以個人的勇氣鼓舞著戰士們的士氣的話，有幾次他們幾乎就要垮掉了。另一方面，大汗的兒子和王罕的曾孫也表現得英勇無比。總之，這是韃靼人之間發生過的最慘烈的戰役之一。

戰鬥持續到黃昏時分，雙方雖然都不計生死，全力搏殺，但仍然沒有一方能將另一方趕出戰場。戰場上死屍累累，令人慘不忍?有許多婦女在這天變成了寡婦，有許多孩子成為了孤兒。當太陽落山後，雙方都停止了戰鬥，各自回營休息〔註14〕。

第二天清晨，海都獲悉大汗已派遣大軍前來助戰，於是便命令士兵攜帶武器撤回國去。他們的敵人，因為前一天的戰鬥也已精疲力竭，無力追擊，只好眼睜睜地看著他們安全撤走。海都的軍隊不停地後退，直到大土耳其的撒馬爾罕才停了下來。

從史料而言，馬可·波羅對於元初的親征的描述絕非客觀、準確，我們雖然不能奢求去從馬可·波羅的記載中找尋更多有關元初親征的真實記載，但馬可·波羅對元初的親征的誤讀卻從側面折射出了口述史的某種傳承與交流。更為重要的是，《馬可·波羅遊記》的出現為我們生動地呈現出一個有著西方文化背景的歐洲人是如何認識東方戰爭的，並揭示出本土文化心理對異域文化解讀的潛在影響。

〔註14〕梁生智譯·馬可·波羅遊記〔M〕，北京：中國文史出版社，1998，284。

第十三章　從《馬可・波羅遊記》
看元初的科技

　　《馬可・波羅遊記》中記載的大量有關元代科技的資料，主要包括造船技術與航海技術、交通運輸、軍事技術、建築技術、造紙和印刷術、醫療技術、飲食文化等共八個方面。雖前人都有相關研究，但是仍有遺漏，本文更全面、更詳盡地研究、分析書中的記載，力求更全面地展現元代的科技。

　　《馬可・波羅遊記》這一奇書中不乏大量的關於元代科技的記載，這為我們研究元代科技提供了文獻資料，可以大大增強我們對元代科技的認識。西方的自然科學家李約瑟曾經從《馬可・波羅遊記》中摘錄了當時中國的科技成果，他分為 6 大類 18 小類，即（1）造船技術：多桅船、放水船、定扳及船塞、縫船法；（2）運輸：驛站、公用車；（3）清潔及衛生事物：口鼻套（類似於今日的口罩）、涎杯、飲杯、金牙；（4）建築、衣物類：竹房、竹纜、爆竹、樹皮衣；（5）政事：紙幣、警鐘；（6）雜項：雕版印刷術、截馬尾。〔註 1〕但是，他對《馬可・波羅遊記》中關於元代科技成果的總結並不全面，仍然有許多遺漏之處。本章希望能更全面地從《馬可・波羅遊記》記載中瞭解元代的科技水平，對書中所記載的元代科技成果做出更詳細的論述。

一、元代的造船與航海技術

　　元代的泉州在《馬可・波羅遊記》認為是世界上最大的港口之一。「港口

〔註 1〕 陳開俊，馬可・波羅遊記〔M〕，福州：福建科學技術出版社，1981，38。

以船舶往來如梭而出名。……運到那裏的胡椒，數量非常可觀，但運往亞歷山大供應世界各地需要的胡椒就相形見絀，恐怕不過它的百分之一吧。刺桐（即今泉州）是世界上最大的港口之一。大批商人雲集這裏，貨物堆積如山，的確難以想像。〔註2〕從中可以看出元代的船運發達，其實元代的造船技術更是遙遙領先於世界。1292年初馬可‧波羅爲護送蒙古闊闊眞公主去伊爾汗國，「這次的遠航，共準備了14艘航船，每船有四根桅杆，可楊9帆。……其中有大船四、五艘，每艘有水手250或260人。……每艘船隻應備足兩年的糧食。」〔註3〕這就是元代的遠洋海船，兩百多人在船上生活兩年都絕對不成問題。

元代船舶的結構，《馬可‧波羅遊記》分爲內河船舶和遠洋船舶兩種。內河船舶以「單桅船，船上鋪有甲板。船的載重量一般是威尼斯的四千坎脫立或四十萬公斤，有些甚至能載重一萬二千坎托立（相當於500噸）。」在杭州的「湖上還有許多遊艇和畫舫，長十五至二十步，可乘坐十人、十五人或二十人。船底寬闊平坦，船行時不會左右傾斜搖晃。」〔註4〕

遠洋船舶主要是商人使用的船舶，「這些船舶是用冷杉木的材料造的。只有一層甲板，甲板下面闢60個小艙，船艙數按照船的容積大小，有時少些，有時多些。每一個小艙，可以搭乘一個商人。船上裝備的舵很完善。船上有四桅和四帆。有些船只有兩桅，桅杆是活動的，必要時可以豎起，也可以放下。船舶都是用雙層板造成的。」一些噸位較大的船舶「有大艙13所，以厚板隔之，其用在防海險，如船身觸礁或觸餓鯨而海水透入之事，其事常見。……水手發現船身破處，立將浸水艙中之貨物徙於鄰艙，蓋諸艙之壁嵌甚堅，水不能透。然後修復破處，復將徙出貨物運回艙中。」〔註5〕《馬可‧波羅遊記》中對元代船舶的描述，已爲泉州灣出土的沉於宋代末年的遠洋海船所證實。

《馬可‧波羅遊記》還介紹了船舶維修的方法，「將一層覆板蓋在原來的底板上，形成第三層覆板，這和其它船舶的做法一樣，也用麻絮拎縫用油灰填縫。如果需要進一步修理的話，再照原樣進行，累計達到六層板爲止，這時候船便認爲是報廢了，不能再出海航行了。」〔註6〕

〔註2〕　馬可‧波羅遊記〔M〕，內蒙古：遠方出版社，2003，15。
〔註3〕　馬可‧波羅遊記〔M〕，內蒙古：遠方出版社，2003，15。
〔註4〕　陳開俊，馬可‧波羅遊記〔M〕，福州：福建科學技術出版社，1981，323。
〔註5〕　陳開俊，馬可‧波羅遊記〔M〕，福州：福建科學技術出版社，1981，189～190。
〔註6〕　陳開俊，馬可‧波羅遊記〔M〕，福州：福建科學技術出版社，1981，193。

在航海技術方面，指南針的應用在元代已經成爲遠洋航行的必備航海工具了，不過《馬可・波羅遊記》裏沒有記載。可是《馬可・波羅遊記》提到利用季風來遠航，「他們出發時必須利用一種風，歸程中又要利用另一種風。」〔註7〕

二、元代的交通運輸

《馬可・波羅遊記》記載的交通運輸有驛站和船運。

《馬可・波羅遊記》中有專門的章節來談論元代的驛站。「從汗八里城有許多道路通往各省。每條路上，或者說，每一條大路上，按照市鎭的位置，每隔大約二十五或三十英里，就有一座宅院，院內設有旅館招待客人，這就是驛站或遞信局。這些漂亮的建築物內有好些陳設華麗的房間，房間都用綢緞作窗簾和門簾，以供達官貴人使用。既便是王侯在這些驛站上住宿，也不失體面，因爲無論需要什麼東西都可以從鄰近的市鎭和要塞那裏取得，朝廷對於某些驛站還有經常的供給。每一個驛站上常備有四百匹良馬，用來供給大汗信使往來之用，因爲所有的專使都可能會留下疲憊的坐騎，換取壯健之馬。即使在多山的地區，離大道很遠，沒有村落，又和各市鎭相距十分遙遠，大汗也同樣下令建造同樣樣式的房屋，提供各種必需品，並照常準備馬匹。」〔註8〕「凡是持有這種金牌的人和他的所有隨行人員，在帝國境內，一切地方官吏都應該保證他們的安全，按站護送；他們行程所經之地，無論大小城鎮、寨堡村莊，都必須供應他們的一切必需品。」〔註9〕這說明元代的驛站制度的完善和嚴密。

當馬可・波羅行至濟寧城時描寫當時的船運。「大河上千帆競發，舟楫如織，數目之多，簡直令人難以置信。這條河正好供給兩個省會的航行便利。觀察河上的船舶穿梭似的往返不斷，運載著最有價值的商品的船隻的數量和噸位，確實使人驚訝不已。」〔註10〕可見當時的船運是非常發達的，這與當時高超的造船技術也有很大的關係。

元代的運輸工具，《馬可・波羅遊記》裏提到過忽必烈的御輦。「忽必烈

〔註7〕　陳開俊，馬可・波羅遊記〔M〕，福州：福建科學技術出版社，1981，203。
〔註8〕　陳開俊，馬可・波羅遊記〔M〕，福州：福建科學技術出版社，1981，118～119。
〔註9〕　陳開俊，馬可・波羅遊記〔M〕，福州：福建科學技術出版社，1981，7。
〔註10〕　陳開俊，馬可・波羅遊記〔M〕，福州：福建科學技術出版社，1981，157。

乘坐在一個木製的寶盆裏，這種寶盆是架在四隻象的背上，象身用被火烤得乾硬的厚皮保護著。並且披上鎧甲，寶盆上有許多弩手和弓箭手。寶盆頂上飄揚著繪有日月圖案的皇旗。」〔註11〕還有一種雪橇的交通工具。「這種雪橇沒有輪子，它的底部都是平的，但前面翹起成為一個半圓弧，它的構造適合於在冰上奔跑。」〔註12〕

另外，《馬可·波羅遊記》裏提到了馬車，「他們有一種兩輪的車子，極為美觀，用黑氈蓋得非常緊密，即使常常下雨，車裏面的東西也不會濕，用牛或駱駝拉車。」〔註13〕

三、元代的軍事技術

宋元時期是我國兵器發展史上的一個重要轉折時期，火器普遍運用於軍事以及火器的製造，結束了冷兵器一統天下的歷史，進入了冷兵器和火器兼存並用的時代。元代士兵常用的兵器有強弩、長矛和長槍。元代雖然仍然以冷兵器為主，但無論是冷兵器還是火器，都在宋代的基礎上有較大的發展。很可惜的是，《馬可·波羅遊記》對火器隻字不提，單單提到拋石機。「這種機器能投射重達 120 公斤的石頭。如果使用這種機器，可以毀掉這座城市的建築，砸死居民。……其中一臺機器先射出第一快石頭，打到一個建築物上，又猛烈又沉重，致使這座建築物大部分坍塌在地。居民們被這種奇怪的武器，嚇得驚恐萬狀。」〔註14〕

四、元代的建築技術

元代建築在我國建築史上起著承前啓後的作用，是宋遼金建築與明清建築的過渡時期。《馬可·波羅遊記》有專門的 2 章來記載汗八里（元代都城，今北京）附近宏偉華麗的宮殿和雄偉壯麗的京師（杭州）市。

《馬可·波羅遊記》對於汗八里建築的記載十分詳細，「首先是一個用宮牆和深溝環繞著的廣場。廣場每邊長八英里，四邊中間各有一座大門，是各地來的人的出入之所。離這道圍牆的內沿一英里處還有一道圍牆，圍著一個

〔註11〕陳開俊，馬可·波羅遊記〔M〕，福州：福建科學技術出版社，1981，268～269。
〔註12〕馬可·波羅遊記〔M〕，內蒙古：遠方出版社，2003，81。
〔註13〕馬可·波羅遊記〔M〕，內蒙古：遠方出版社，2003，81。
〔註14〕陳開俊，馬可·波羅遊記〔M〕，福州：福建科學技術出版社，1981，169～170。

邊長六英里的廣場。兩道圍牆之間是衛隊的屯駐之地。該廣場南北兩邊各有三座門，中央一門比兩旁的大，該門除供皇帝出入外，終年緊閉不開。兩邊的門則長年敞開，以供大家進出。在第二個廣場的中央有一排華麗宏大的建築物，共八個，是儲藏皇家軍需的地方。

在這個廣場內還有一個廣場。它四周的城牆極厚，高二十五英尺，城垛和矮牆全是白色的。這廣場周長四英里，每邊長一英里，和上述的廣場一樣，南北各有三座門，場中也同樣建有八個建築物，作為皇帝藏衣之用。

在這四英里的廣場內，建有大汗的宮殿。其宏大的程度，前所未聞。這座皇宮從北城一直延伸到南城，中間只留下一個空前院，是貴族們和禁衛軍的通道。房屋只有一層，但屋頂甚高，房基約高出地面十指距，周圍有一圈大理石的平臺，約二步寬。所有從平臺上經過的人外面都可看見。平臺的外側裝著美麗的柱所墩和欄杆，允許人們在此行走。大殿和房間都裝飾雕刻和鍍金的龍，還有各種鳥獸以及戰士的圖形和戰爭的圖畫。屋頂也布置得金碧輝煌，琳琅滿目。

宮殿的四邊各有一大段大理石鋪成的石階，由此可從平地登上圍繞宮殿的大理石平臺，凡要走近皇宮的人都必須通過這道平臺。

大殿非常寬敞，能容納一大群人在這裏舉行宴會。皇宮中還有許多獨立的房屋，其構造極為精美，布局也十分合理。它們的整個規劃令今人難以想像。屋頂的外部十分堅固，足以經受歲月的考驗，並且還裝飾著各種顏色，如紅、綠、藍等等。窗戶上安裝的玻璃也極精緻，尤如水晶一樣透明。皇宮大殿的後面還有一些宏大的建築物，裏面收藏的是皇帝的私產和他的金銀珠寶。這裏同樣也是他的正宮皇后和妃子的宮室。大汗住在這個清靜的地方，不受外界的任何打擾，所以能十分安心地處理事務。

在大汗所居的皇宮的對面，還有一座宮殿。它的形狀酷似皇宮，這是皇太子眞金的住所。因為他是帝國的繼承人，所以宮中的一切禮儀與他的父親完全一樣。」〔註15〕

《馬可·波羅遊記》對於杭州城建築的記載就簡略多了，「這座城方圓約有一百英里，它的街道和運河都十分寬闊，還有許多廣場或集市，因為時常趕集的人數眾多，所以佔據了極寬敞的地方。這座城市位於一個清澈澄明的

〔註15〕陳開俊，馬可·波羅遊記〔M〕，福州：福建科學技術出版社，1981，93～95。

淡水湖與一條大河之間。」〔註 16〕「王宮中央有一座高大的宮門以供進出，
門的兩邊，在平地上各有一個宏偉的大殿，大殿的屋頂由幾排石柱支撐著，
而這些圓柱則是用美麗的天藍色和金黃色裝飾的。面對大門，離王宮稍遠的
地方也有一個大殿，比那兩座更加恢宏，其屋頂裝飾得也更富麗，石柱是鍍
金的，裏面的牆飾有表現前代各位君主功績的歷史圖畫，精美絕倫。」「在前
面所說的大殿或大門前的大殿與內宮僅一牆之隔，向後走，經過一個大院子，
即可直達國王及王后所住的各種房間。由大院還可以到達一個有屋頂的走
廊，這條走廊六步寬，可以直達湖邊。大院的每一邊有十個入口可直接到達
十個狹長的院子中。每一院子有五十間房子，分別設有花園，裏面住著一千
宮女，服侍國王。國王有時由王后陪伴，有時則由一些少女服侍，坐在綢緞
覆蓋的畫舫中游湖玩樂，並遊覽湖邊的眾多寺廟。」〔註 17〕

　　元代有很多建築都是用竹子建的，書中曾提到：大可汗在那裏又另外造
了一個宮殿，材料完全用竹子。此宮屬亭榭一類。有許多柱子，皆油漆鑲金，
飾以走獸飛禽的繪畫，畫工異常精巧。頂也是用竹子做成的，漆得極好極厚，
無論多少雨也不會把它沖壞。那些竹子皆寬過 3 掌，長 10 步至 15 步不等。
豎的由這節到那節劈成兩半，每一段竹子可以得到兩片瓦。這些竹子做出來
的瓦皆極厚極大，我們用它蓋造全部房子皆可以的。大汗用特別方法造此宮。
無論何時，他要移動這宮，就可隨時扛起。有 200 多根絲做繩子，把宮的各
段捆緊，不使散開。〔註 18〕由此可見，當時的建築技術相當高超。

　　書中還記載了元代的造橋技術：「據一般人說，各種大小橋梁的數目達到
12000 座。那些架在主要運河上，用來連接各大街道的橋，橋拱都建得很高，
建築精巧。同一時間內橋拱下可以通過豎著桅杆的船隻，拱橋上面，又可行
駛車馬。而且，從街道到橋頂坡度的遞減設計，恰到好處。要是沒有這麼多
橋梁，就不可能構成縱橫交叉的十字路。」「河上架著一座美麗的石橋，這也
許是世界上無與倫比的大石橋。橋長 300 步，寬 8 步，10 個人騎馬並肩而行，
也不感覺到狹窄不便。橋有 24 個拱門，由 25 個橋墩支立水中，支撐著橋身，
拱門用弧形的石頭堆砌而成，顯示了造橋技術的高超絕倫。」〔註 19〕當時很
多橋梁都有「護牆」，是為了防止過路旅客偶然發生失足落水事故而設置的。

〔註 16〕陳開俊，馬可‧波羅遊記〔M〕，福州：福建科學技術出版社，1981，175。
〔註 17〕陳開俊，馬可‧波羅遊記〔M〕，福州：福建科學技術出版社，1981，185。
〔註 18〕馬可‧波羅遊記〔M〕，內蒙古：遠方出版社，2003，90。
〔註 19〕馬可‧波羅遊記〔M〕，內蒙古：遠方出版社，2003，138。

五、元代的造紙和印刷術

　　紙幣自從北宋中期出現以來，逐漸成為流通中的主要貨幣。到元朝時實行以紙幣為主要貨幣的政策。對於紙幣在流通中的強大功能，《馬可‧波羅遊記》感到非常驚訝，特地有一個章節來談論大汗發行的通行於全國上下的紙幣。「汗八里城中，有一個大汗的造幣廠，大汗用下列的程序生產貨幣，真可以說是具有煉金士的神秘手段。」〔註20〕

　　《馬可‧波羅遊記》記述忽必烈在京城設有造幣局，先以桑樹皮製造紙張，然後以它製印紙幣，這種紙幣不但通行國內，就是在和外商貿易中也有流通。這使歐洲人驚為「天外奇譚」，一張小小的紙幣能買到諸色商品。中國一年紙幣發行量達到 3700 萬兩，而當時歐洲最富有的國家預算還不足 100 萬兩。馬可‧波羅驚歎大汗所超過全世界帝王之所有。他還記述了紙的其他應用：書寫、繪畫和祭奠。但他由於文化水平不高，難以吃透博大精深的中國文明，並沒提及中國的印刷術，被後來的基督教傳教士（如利馬竇）傳到歐洲，紙則是阿拉伯人傳過去的。

六、元代的醫療技術

　　在《馬可‧波羅遊記》中，向西方國家介紹了中國各地多種醫藥收集製作，其中比較有代表性的記述是雲南省的大理、永昌（今保山）等地區的民族醫藥。現節錄數則，以見一斑。

　　《第四十七章：雲南省》：「這裏生長大批的麝，而且又大量捕捉，所以生產的麝香，也相應地比較多。」「這地區還有虎、熊、大鹿和羚羊……這個省區也產丁香，它的枝葉像桂樹，只是葉片稍長而狹就是了，丁香的花白而小，和丁香木本身一樣，但一經成熟，便轉為暗色。這地方除了其它藥材外，還盛產生薑和肉桂，但這兩種藥材，沒有任何一種運往歐州。〔註21〕

　　《第四十九章：哈剌章省的邊遠地區》「離開大理城，西行十天，便到達哈剌章省的一個主要城市……這裏還產蛇和巨蛇，蛇膽在醫藥上極有價值，如被瘋狗咬傷，將本尼威特（英金衡單位＝1,555g）重的膽汁摻入酒中，讓病人服下隨即藥到病除。孕婦臨盆陣痛時，又可用這種東西作催產劑。如果面上長了面瘡、膿瘡或其它疹類，只要敷上小量的膽汁，立即消腫止痛，對治

〔註20〕陳開俊，馬可‧波羅遊記〔M〕，福州：福建科學技術出版社，1981，116～117。
〔註21〕陳開俊，馬可‧波羅遊記〔M〕，福州：福建科學技術出版社，1981，143～144。

療其它病痛也很見效。同樣，蛇肉售價昂貴，因為人們認為蛇肉比其它肉類更加味美，認為這是最精美的食物……有人告訴我，確實有這麼一回事：有許多人，特別是居心叵測、心懷詭計的人，都隨身帶有毒藥，一旦有被捕或受苦刑的危險時，即吞服這種藥，他們寧願自己毀滅自己，也不願遭受折磨，他們的統治者察覺到了這種做法，時常備有狗矢，強令已服毒的罪犯吞服，引起嘔吐，解除毒性」〔註22〕。

《第五十章：卡丹州省和永昌市》：「從哈剌章西行五天的路程，便進入卡丹丹省金齒（即雲南省的一部分）。這個省也隸屬於大汗的版圖（大汗，是古代蒙古族對君主鐵木真的尊稱），省會名永昌（今雲南保山）。這個省區的男女，有用金片鑲牙的習慣。依照牙齒的形狀，鑲得十分巧妙，可以長期留在牙齒上。男人又在他們的臂膊和腿上，刺一些黑色斑狀條紋。刺法如下：將五根針並攏，扎入肉中，以見血為止，然後用一種黑色塗劑，拭擦針孔，便留下了不可磨滅的痕迹，身上刺有這種黑色條紋，被看作是一種裝飾和有體面的標誌……這地方的人，流行一種奇異的習慣。孕婦一分娩，就馬上起床，把嬰兒洗乾淨，交給她的丈夫。丈夫立即坐在床上，接替她的位置，擔負起護理嬰孩的責任，必須看護四十天，送飲食到床頭給丈夫吃，並在旁邊哺乳。」〔註23〕從本章記述中紋面、紋身在西南許多少數民族習俗中流行，如雲南的卡佤族、獨龍族、怒族、傈僳族、傣族等民族都有沿襲，這種習俗一直延續到本世紀60年代末期。

《馬可·波羅遊記》中還提到葬禮中棺材的使用。「靈柩送出城外時，在必經之路，每隔一段距離，必須建造一種獨木的棚屋，裝飾彩綢，作為臨時停柩的地方。」〔註24〕其實，棺材的使用可以一定程度上阻擋死者屍體上的毒氣的傳播。

這樣詳盡的記載比比皆是，使得西方人對中國的醫藥收集也充滿了好奇之感，促進了中西保健衛生尤其是醫藥方面的交流。

七、元代的飲食文化

在《馬可·波羅遊記》中，對於中國飲食中使用的精美餐具有著不少讚

〔註22〕陳開俊，馬可·波羅遊記〔M〕，福州：福建科學技術出版社，1981，145～147。
〔註23〕陳開俊，馬可·波羅遊記〔M〕，福州：福建科學技術出版社，1981，147～148。
〔註24〕馬可·波羅遊記〔M〕，內蒙古：遠方出版社，2003，121。

美性的描寫，讓歐洲人驚歎皇帝陛下金銀餐俱如此之多，實在令人難以置信，也讓他們瞭解到講究飲食與飲

食器具的和諧統一是中國飲食文化的傳統，是中國飲食文明的重要標誌。對於飲料，馬可在他的《遊記》中，多次描述了韃靼和漢人的飲料，歸納起來主要有四類：一、馬乳；二、駱駝奶；三、米甜酒與藥酒；四、中國葡萄酒及其他飲料。這些飲料經由馬可‧波羅帶往國外，其中一部分至今仍在流行不衰……如盛行意大利的「大黃酒」，原配方見於唐代孫思邈的《千金方》，它由十多味中藥調配而成，一杯就要數美元，它吸引了無數歐洲旅遊者。流行於歐美的「杜松子酒」，其主要成分實際上是中藥柏子仁，原配方記載於元代《世醫得效方》，因其有良好的養心安神功效，而被歐美人稱之爲「健酒」。馬可‧波羅對中國的米甜酒也讚不絕口：「這裏的酒不是用葡萄釀製的，而是用小麥和米，參以香料釀製的，實在是上等的飲品。」〔註 25〕此外元代豐富的食物品類和獨具特色的宮廷飲宴和民間「船宴」，也在《遊記》中詳細記載。

《馬可‧波羅遊記》還記載了食物的保藏方法。「這裏的人們生吃禽鳥、綿羊、黃牛和水牛的肉，已經成爲一種習慣。他們的肉類，是用下列的方法保藏的：他們將肉切成小塊，浸在鹽水中，再加入幾種香料。這是爲上等階級的人備製的。至於較貧苦的人，只是將肉剁碎後浸入大蒜汁中，然後取出來食用，味道像烹調過的一樣。」〔註 26〕

馬可‧波羅這些有關飲食文化的所見所聞是極其珍貴的歷史資料，爲世界飲食文庫增添了光輝的一頁，產生了極爲廣泛而深遠的影響。人們說：「馬可‧波羅的功績，不在於給中國帶來多少西方文化，而在於向歐洲報告了比較詳細的中國情形，而使西方人對中國文明驚異而讚歎。」「中國飲食文化是中國文化的重要組成部分，是國粹。自馬可‧波羅把中國飲食文化帶回歐洲後，便逐漸形成一門國際性科學。」〔註 27〕

八、其　他

在《馬可‧波羅遊記》中還說到在中國北方親自見到有一種黑石，採自

〔註 25〕馬可‧波羅遊記〔M〕，內蒙古：遠方出版社，2003，155。

〔註 26〕馬可‧波羅遊記〔M〕，內蒙古：遠方出版社，2003，152。

〔註 27〕中國國際文化書院編，中西文化交流先驅——馬可‧波羅〔M〕，北京：商務印書館，1995，124。

山中，如同脈絡，燃燒與薪無異，其火候且較薪爲優。〔註 28〕毫無疑問，這是說的我國境內蘊藏豐富的煤炭，其實我國以煤作爲燃料，早在漢代便已經開始。馬可·波羅在這時還當作奇異事物來記述，說明歐洲在 13 世紀用煤還不普遍，而中國在元代則是司空見慣的事了。

在《馬可·波羅遊記》中也介紹了中國養蠶繅絲、製鹽、燒製瓷器，乃至做麵條的方法。《第四十七章：雲南省》裏記載當地製鹽的方法：「因爲這裏有許多鹽井，所以當地居民就從鹽井中取出鹽水，用小鍋把水煮出鹽。當水沸騰一小時後，就會變成糊狀，然後把它製成小餅，每枚價值二便士。這種小餅下平上凸，放在近火的熱瓦上，很容易乾燥。這種鹽幣上印有大汗的印記，不是他任命的官吏，不能鑄造。像這樣的八十個鹽餅就可值一個金幣。」〔註 29〕

《第八十二章：泉州港及德化市》裏對燒製瓷器的工藝有詳細的記載：「人們首先從地下挖取一種泥土，並把它堆成一堆，在三四十年間，任憑風吹雨淋日曬、就是不翻動它。泥土經過這種處理，就變得十分精純，適合燒製上述的器皿。然後工匠們在土中加入合適的顏料，再放入窯中燒製。因此，那些掘土的人只是替自己的子孫準備原料。大批製成品在城中出售，一個威尼斯銀幣可以買到八個瓷杯。」〔註 30〕

對於中國養蠶繅絲和做麵條的方法的介紹就比較簡單。「這裏又有很多桑樹，桑葉可供居民養蠶並取得大量的絲」〔註 31〕「小麥的生產固然沒有這麼豐富，但是他們不吃麵包，僅僅把它做成麵條或糕餅來食用。至於米粟等糧食，則和肉一起煮成漿。」〔註 32〕

火浣布即今天所謂石棉，馬可·波羅詳細描述了當地人開採、加工火浣布的過程，「當地（哈密的鄰縣欽赤塔拉斯城）有一種物質具有火蛇的性質，因爲將它織成布匹投入火中，決不會燃燒。我的一個遊伴叫庫非卡，是一個聰明的土庫曼人，曾指導過本地礦山工作達三年之久。我從他那裏得知製造這種物質的方法。從山中開採的礦石材料是一些纖維，但不像羊毛的纖維，將這種東西曬乾後投入一銅臼中搗碎，然後在水中洗去泥沙。這樣洗乾淨的

〔註 28〕 陳開俊，馬可·波羅遊記〔M〕，福州：福建科學技術出版社，1981，124～125。
〔註 29〕 陳開俊，馬可·波羅遊記〔M〕，福州：福建科學技術出版社，1981，143。
〔註 30〕 陳開俊，馬可·波羅遊記〔M〕，福州：福建科學技術出版社，1981，193。
〔註 31〕 陳開俊，馬可·波羅遊記〔M〕，福州：福建科學技術出版社，1981，131～132。
〔註 32〕 陳開俊，馬可·波羅遊記〔M〕，福州：福建科學技術出版社，1981，120。

纖維混合在一起，紡成紗，織成布。如果想使這種布白淨，就放在火中燒一段時間，拿出來絲毫不受火的灼傷，並且和雪一樣潔白。布如果弄污穢後可再投入火中去漂白。關於傳說中生活在火中的火蛇的故事，我在東方各處從沒有發現絲毫痕迹。據說，大汗用這種材料織成一塊桌布送給教皇，作為耶穌基督的聖巾。」〔註33〕

《馬可‧波羅遊記》書中還提到商旅們外出經商採取的防禦手段，免得他們的馬匹被野獸吞沒，「商旅眞悶把幾根青竹綁在一起，置於他們宿營地四周一定距離的地方，待到夜幕降臨時，點起火堆，火燒青竹，熱氣足使竹節爆裂，發出猛烈聲響，聲達三公里以外。附近的野獸聽到這種聲音，嚇得紛紛逃散。」〔註34〕

胡琴是蒙古族弓拉弦鳴樂器。古稱胡兀爾、忽兀爾。《馬可‧波羅遊記》中載：「韃靼人又有一各風俗。當他隊伍排好，等待打仗的時候，他們唱歌和奏他們的二弦琴，極其好聽。」〔註35〕這是一種二弦、弓在弦外拉奏的胡琴。蒙古族的朝爾和馬頭琴等梯形弓拉弦鳴樂器才是由這種胡琴發展而成的。

在元代，我國的天文學已很發達。元代傑出的天文學家郭守敬創制了簡儀、仰儀，改制了高表等天文儀器。高表可準確地測定夏至、冬至等節氣的時刻，推算一年的日數。在郭守敬的倡儀下，元代還在北京修建了「司天臺」，在全國各地修建了27個天文觀測站，大規模地進行天文觀測，這在當時世界上是罕見的。所有這些，《馬可‧波羅遊記》均有記載。書中這樣記述到：北京約有5000名占星學家和占卜家，「他們有他們自己的觀象儀，上面畫有星宿的符號、時間和它的全年的幾個方位。他們從各種符號的星宿在軌道上運行圖象中，發現天氣的變化，並且，用這樣方法頂測每月的特別氣象。例如：雷鳴、暴風雨、地震等等。」〔註36〕

排水系統是城市的生命線之一，在元代我國人民就已經注意到這點了，在建築房屋、修建道路時都特意考慮到排水。《馬可‧波羅遊記》寫道：草場上的道路高出草場地面90釐米，路面經過鋪砌，使得污泥雨水不至於淤積路面，相反地，而是向兩旁流去，有助於滋潤草木。〔註37〕元代的大街是用石

〔註33〕馬可‧波羅遊記〔M〕，內蒙古：遠方出版社，2003，55。
〔註34〕馬可‧波羅遊記〔M〕，內蒙古：遠方出版社，2003，147。
〔註35〕馬可‧波羅遊記〔M〕，內蒙古：遠方出版社，2003，97。
〔註36〕馬可‧波羅遊記〔M〕，內蒙古：遠方出版社，2003，91。
〔註37〕馬可‧波羅遊記〔M〕，內蒙古：遠方出版社，2003，105。

塊和磚塊鋪砌而成。「街道兩邊各寬 10 步，中間鋪砂礫，並且有拱型的排水
溝設備，便於將雨水導入鄰近運河裏去，所以道路保持著乾燥。」〔註38〕

　　綜上所述，《馬可‧波羅遊記》在介紹中國的物質生活時，無意中介紹了
許多中國生活中的細節，而正是這些細節，使我們看到當時中國元朝的一些
科技成果。主要表現在造船與航海技術、交通運輸、軍事技術、建築技術、
造紙和印刷術、醫療技術、飲食文化和其他等八個方面。雖然沒有很好地反
映出元代科技成果的全貌，但僅僅這些成就足以讓當時的歐洲人吃驚一段時
間了。

〔註38〕馬可‧波羅遊記〔M〕，內蒙古：遠方出版社，2003，177。

第十四章　從《馬可・波羅遊記》
看元初的宗教

　　新航路的開闢中，著名小說《馬可・波羅遊記》功不可沒，也在此成為了人們爭相閱讀的書目。《馬可・波羅遊記》是 1298 年威尼斯著名商人和冒險家馬可・波羅口述的其東遊的沿途見聞。該書是世界歷史上第一個將地大物博的中國向歐洲人作出報導的著作，它記錄了中亞、西亞、東南亞等地區的許多國家的情況，而其重點部分則是關於中國的敘述，以大量的篇章，熱情洋溢的語言，記述了中國無窮無盡的財富，巨大的商業城市，極好的交通設施，以及華麗的宮殿建築。這些敘述在中古時代的地理學史、亞洲歷史、中西交通史和中意關係史諸方面，都有著重要的歷史價值。雖然它的真實性仍然存在一定的爭議，但是本文中我們先略其真偽，從中探討元朝的宗教。

　　《馬可・波羅遊記》所記為元代這是毋庸置疑的，元代是我國為數不多的少數民族統治的時期之一，疆域橫跨亞歐，堪稱大帝國。總所周知，一個國家的文化對一個民族的興衰有著至關重要的地位，宗教正是這一文化的重要組成部分。從一個時期，一個國家的宗教政策，可以看到當時統治者的統治態度以及百姓的生活習俗，也可以看到這個國家的繁榮興衰，從一定程度看來，它就是一面鏡子。

一、馬可・波羅眼中的元代宗教政策

　　馬可・波羅信奉基督教，因此，對基督教的記錄在文中也較常見。基督教在唐代一度滅絕之後，元代重新傳人中國。在我國歷史上，基督教曾四度

傳人，一為唐代，一為元代，其後是明清時期，最後一次則是自開埠以來到現在。除最後一次還未完成外，前三次都是基督教在一度發展之後突然從社會生活的舞臺上消失了，特別是元代表現得更為明顯。有元得國，不過百年，而基督教在當時取得了相當高的地位，其信徒遍及中原、塞北、江南，並修建了許多教堂，可以說盛極一時。但這一「高等民族」中流行的宗教卻在經歷了短暫的繁榮之後迅速走向衰落，隨著順帝北遁再度在中國銷聲匿迹。元代基督教的政治依附性促進了它的迅速發展，而其自身的弱點也使它不能與中原地區的主流文化相融合，它只是一種外來宗教。〔註1〕元朝的地域達到中國之最大，當中包括許許多多西方國家的民族，他們原先就已有自己的信仰，很難強制性的改變他們的傳統民俗。在它擴張的過程中，宗教政策起到了重要的地位，持一種「工具理性」的態度，應該還有另一個原因：種族歧視。基督教在華的分佈地域雖然廣闊，但信徒的身份、職業、族數範圍卻相當狹窄。據史籍和考古材料來看，幾乎沒有發現漢人的信徒。《馬可·波羅遊記》中所記載基督教的陳偉為「迭屑」或是「也里可溫」，都不是漢文，而是波斯語。蒙古族來自於少數民族，是草原上的民族，而漢族而言，自古都是漢家的天下，本土就已有儒學、道家等等信仰，且因為中國傳統與西方不一樣，並非政教合一，而講究君權神受。中國本身就對異類文化的抵禦性，處於對特權人物如色物人，對蒙古人的厭惡，也難以接受基督教。因此，元朝時期並不施行一種信仰，而是對宗教採取兼收並蓄，為我所用的政策，這也是為什麼馬可·波羅時代基督教受到元朝統治者重視的緣故。元世祖曾對馬可·波羅說：「有人敬耶穌，有人拜佛，其他的人敬穆罕默德，我不曉得哪位最大，我便都敬他們，求他們庇祐我。」〔註2〕可以看出，元朝統治者的宗教政策與現今的宗教信仰自由政策可謂大同小異。

由於絲綢之路的繁榮和伊斯蘭民族地區的被征服，元朝汗國裏有這不同民族、不同膚色、不同語言和不同信仰的人，就像大雜鍋一般，而蒙古族還是停留在原始部族社會的小部族，這也成為後來元朝大帝國盛極一時後衰落的致命原因。這樣的一個民族無法在如此短的時間內吸收如此之多的文化，這樣的民族最後只有兩個結果，要麼衰落挨打，要麼被其他民族文化所同化。這個政策使得馬可·波羅在中國社會中受到優待，因為波斯人，經商的意大

〔註1〕 申友良，周茹玉，基督教與元朝的社會生活〔J〕，西北民族研究，2000，（1）。
〔註2〕 申友良，馬可·波羅時代〔M〕，北京：中國社會科學出版社，2001，81。

利人等等的存在，馬可‧波羅在中國的傳教工作也十分順利，基督教在元朝也如其王朝一般盛極一時，這是時代發展的需要。1915 年，揚州發現了一個意大利女孩的墓碑，她死於 1324 年，墓碑上刻著哥特體文字和聖母瑪麗亞的雕像。〔註3〕畏兀兒人中最著名的景教徒是列班‧掃馬，他曾受到伊兒汗國國王阿魯渾的派遣出使歐洲各國和羅馬教廷。

馬可‧波羅由於學問精進，儀態端方且謹慎執行使命，熟知大汗喜知人情風俗之事，常在往來中告訴大汗，深受大漢喜愛。忽必烈曾命馬可‧波羅的父親和叔父尼古剌兄弟做為使臣前往教皇所，賜予金牌，命人以韃靼語作書，交次兄弟二人，命教皇遣送我輩基督教律，通曉 7 種藝術者百來人，次等人須知辯論，並用推論，對於偶像教徒及其他共語之人，明白證明基督教為最優之教，其他皆為偽教。〔註4〕此處除去作者個人的偏見和語言上的誤差，覺得元代的統治者或許是因出於對馬可‧波羅喜歡，對基督教較為偏愛，從一個統治的角度看，元朝統治者也不斷的想加強對國家的統治，並從思想上與實行似儒學的大一統思想。只是迫於儒學思想本身與蒙古族的文化差異就甚大，不利於被統治者利用罷了。因此，忽必烈看上了基督教，在遊記中也不乏記載有蒙古族貴族信奉基督教者。

不過，在這樣優厚的待遇和統治者的厚愛下，馬可‧波羅以其銳利的眼光卻不看好這樣的政策。在他的遊記中有這樣的一段話：關於真正的韃靼人〔蒙古人〕的風俗習慣，我所告訴你們的所以這一切都是真實的。但是，我必須補充說，在這些日子裏，他們大大地衰退了；因為那些定居中國的人以近乎崇拜是方式接納了這個國家的習俗，而放棄了他們自己的習俗。而那些定居黎凡特的人則接受了薩拉森人的習俗。〔註5〕普希金說蒙古人是「沒有亞里士多德和代數學的阿拉伯人」，因此一旦他們定居下來，就很容易被同化。阿拉伯人與蒙古人最大的不同之處在於，阿拉伯人有自己的宗教信仰，有自己的語言，民族文化就成就一個帝國統一的強而有力的紐帶。正如後來日本侵華想把中國同化了一般，一個民族一旦忘記了自己國家原本特有的東西，

〔註3〕　〔意〕馬可‧波羅著，馮承均譯，馬可‧波羅行紀〔M〕，上海：上海世紀出版社，1982，41。

〔註4〕　〔英〕吳思芳著，洪允息譯，馬可‧波羅到過中國嗎〔M〕，北京：新華出版社，1997，11。

〔註5〕　〔意〕馬可‧波羅著，馮承均譯，馬可‧波羅行紀〔M〕，上海：上海世紀出版社，1982，41。

那麼這個民族也就無所謂是一個民族了。也正因爲蒙古人沒有這一點的優勢，他們希望從外採用比他們更加先進的屬國的語言、宗教文化信仰等，從而失去了自己的身份。這就是其帝國創立不久即崩潰的根本原因，換句話說，也就是多宗教信仰的政策加速了元代帝國的滅亡，這點到是與馬可・波羅的觀點一致的。忽必烈將首都從哈刺和林遷至北京的決定，恰好表明了這一同化過程。

除此之外，宗教信仰的政策也導致了國家思想文化的混亂。那麼爲什麼當代宗教信仰自由政策卻沒有導致類似元朝的現象呢？很大的原因在於一個政策的規範和管理，現代社會的信仰自由是在法律的規範下，不得影響他們的自由和權利下進行的。元代時期卻是放任其自由，在中央與地方，王畿與屬國之間的信仰可能完全不同，這就導致了文化上的混亂以及宗教政策上的偏差，使得思想界上亂上加亂。忽必烈把首都搬到北京後，在中原人設計的宮殿裏進行通知，舉行複雜的儒教儀式，建立新的孔廟。這種種行爲都無異於上述所說的，他欲借助本民族外更先進的文化進行思想上的統治，因此，不可避免地成爲了中國式的皇帝。但是如果只是借助於一種文化來強化統治可能還不會讓元朝滅亡得如此之快，滿族也是被漢族文化，被儒學文化所同化的民族，但是在他們統治的期間卻出現了好幾個盛世。原因在於忽必烈在強化儒學的同時也對其他宗教來者不拒，在《馬可・波羅遊記》中，記載他曾命尼古刺兄弟去羅馬教廷，命他們派遣能言善辯者來中國傳教。

四大汗國中，旭烈兀以大不里士爲都，建立了所謂的伊兒汗國，其意爲「附屬汗」，指波斯的蒙古統治者從屬於大汗。1295 年，旭烈兀的繼承者尊伊斯蘭教爲國教，這反映並促進了伊朗—伊斯蘭教環境對蒙古人的同化。同樣，高加索山另一邊的金帳汗國也自行其是，接受了當地東正教文化和正統的伊斯蘭教教義的影響。不久以後，只有蒙古本土的那些蒙古人仍保持著純蒙古血統，他們接受佛教的影響，漸漸淹沒無聞。因此，思想界的混亂極大的加速了蒙古國的不穩定和衰落。

二、馬可・波羅眼中的居民宗教生活

無論最後如果，宗教總是貼近生活的，《馬可・波羅遊記》中描寫最多的則是貴族或者說統治階級的宗教生活。元朝對傳教者是寬容的，忽必烈需要聯合佛教對付道教，處於對馬可・波羅的喜歡又偏向基督教，還因爲西北部

地區信奉的景教，西方的伊斯蘭教使得他要面對的問題重重。不過，他個人確實比較鍾愛喇嘛教的，不為別的，只為它與原本蒙古族所信奉的薩滿教中被他們稱之為「法術」能力有關。《馬可‧波羅遊記》中記載：「和尚、也里可溫、答失蠻、買賣不須納稅。」並經常賞賜教士，為他們提供傳教經費。但是，正是由於這樣的政策，使得原本矛盾重重的民族差異矛盾變得一觸即發，擾民不斷；也正是這種政策，使得部分的傳教士變得無所顧忌，催生了一系列民憤事件；也正是這種政策，使得各個宗教之間你爭我鬥，無論本土與否，皆視己教為正教，他教為偽教。至元二十七年（1290 年）馬薛里吉思霸佔佛教名剎一鎮江金山寺為景教教堂，一時佛教徒譁然，也里可溫愈加放縱。《元典章》載江南諸路道教受到也里可溫欺壓而上告官府，「溫州路有也里可溫，創立掌教司衡，招收民戶充本教戶計，及行將法籙先生誘化，侵奪管領，於祝聖初……將先生等人毆打。」〔註6〕也里可溫僅為一引進之教，人數相對較少，可是其驕橫甚於元代初年盛極一時的道教。可見元朝政府對基督教的縱容。不但如此，也里可溫還兼管摩尼教事務。1949 年揚州通淮門城外出土的漢文與敘利亞文合壁的也里可溫墓碑上刻中文：「管領江南諸路明教秦教等也里可溫馬里失里門阿必思古馬里哈昔牙」〔註7〕……這裏的明教即摩尼教。從這幾次事例中可以看出，宗教的鬥爭已經影響到百姓的社會生活，而種現象，很多情況下是由統治階級所縱容或是默許的。宗教不但影響百姓的日常生活，而且權利的領域已經滲透到行政領域，這樣的宗教政策對元朝又到底是喜亦是憂呢？

元朝的都城內不許埋葬遺骸，而死者的身後待遇也取決於他所信奉的宗教。《馬可‧波羅遊記》中記載：「脫死者是一偶像教徒，則移屍郭外，曾經指定一較遠處焚之。脫死者所信仰者為別教，則視其為基督教徒、回教徒或他教之人，亦運屍與郭外，曾經指定之原地殯葬。」從這段話中，我們可以得到兩個基本信息：一信奉不同的宗教地位是不同的，特別是基督教或是回教等，二雖然元朝實行宗教信仰自由政策，卻也是全民的信教。宗教在百姓的生活無所不入。

那麼，何為偶像教徒？在《馬可‧波羅遊記》中這個詞可是高頻出現，

〔註6〕 R, Latham, tuans, Travels of Marco Polo〔M〕（Penguin，1958）.71
〔註7〕 陳垣，也里可溫考，〔A〕，劉夢溪主編，中國現代學術經典‧陳垣卷〔C〕石
　　　 家莊：河北教育出版社，1996，27。

並能體會得出此類信仰在元朝社會中的地位並不高。偶像崇拜，一般意味人們以各式各樣，不知名的男神或女神的雕像，作爲禱告的對象。禱告的人要求神祇的指引和保護他們要求這些男神、女神賜予健康、財富和提供各種需要。他們要求爲他們贖罪。在書中有一章記載契丹人的宗教信仰及其靈魂轉世和善惡之說，因此此民族禁止一切賭博和其他欺詐方法，相見面容甚歡。凡臣下蒞朝時，皆持一小唾壺，無人敢唾於地等。〔註8〕人們的宗教信仰影響著人們的社會生活，百姓有了共同的信仰，並爲之奮鬥，這也是對人們道德的一種約束力。這是也當代國人所缺乏的……

當然，宗教對社會，對百姓的影響不止這些，這裏只是舉例而已，更多的研究需要靠我們共同去完成。

三、馬可·波羅眼中的元代宗教爲什麼是這個樣子

從諸多史料記載中，不難看出《馬可·波羅遊記》對宗教的記載具有一定的眞實性，特別在其基督教方面的記載，元代確實是基督教發展極爲繁盛的時期。那麼，馬可·波羅眼中的元代宗教是什麼樣子的呢？爲什麼是這個樣子的呢？

從《馬可·波羅遊記》一書中，我們不難看出，馬克是一個相對積極進取的人；同時也是一個博學的人；懂得如何去討好領導者，口才了得的人。這樣的人，是深受統治者喜愛的，他的書也是相對較爲客觀的。

在此，可以從以下幾個方面來看待馬可·波羅眼中的元代宗教。

首先，從馬可·波羅本身所信奉的宗教基督教來看。基督教在歐洲人即使信仰，也是他們信奉的唯一眞神。但是，從一定角度上看，基督教與中國本土宗教又很大的不同之處，在於它的侵略性。歷史上基督教的異教迫害和因爲宗教問題所引發的爭端數不勝數，它並不反對教徒通過戰爭的方式來擴大它的信仰範圍，以達到本宗教的壯大。而中國的本土宗教則具有一定的包容性，包括本土的道教和後來傳入後被兼收並蓄的佛教，在中國的大地上並存數百年卻從不相互打壓，甚至兼容並蓄、相依相存。從而，在馬可·波羅看來，基督教在元代的壯大是必然的，這是基督教本身的性質所取決的，而其他的宗教則非正統的神教。

其二，我們可以從歐洲人的心態上看待。歐洲基督教雖然經歷了幾次的

〔註8〕夏鼐，兩種文字合璧的也里可溫（景教）墓碑〔J〕，考古，1981，（1）：38。

分裂、分化,最後產生了多個分支,但是追其大義是不變的,信奉的唯一眞神也是不變的。歐洲的政教合一歷來已久,國王的繼承者必須是國教的信奉者,這也是不成文的條件之一。因此,這樣的觀念也會影響馬可‧波羅對元代宗教的正統思想。正如他一開始接受忽必烈出使羅馬教廷一樣,都是處於爲基督教傳教的宗旨,因此,他反對元代宗教信仰自由的觀點也變得有理有依有據了。

其三,我們從中國自身出發,中國文化博大精深、源遠流長。除去近代明清時期的閉關鎖國,中國古代本身就是一個兼收並蓄的文化實體。元代疆域廣大,民族眾多,信仰繁雜,一定程度上決定了元代必須實行宗教信仰自由。同時,蒙古族作爲相對落後的民族崛起後不對文化加以選擇,忽視了本民族文化也決定了這個民族必然的衰敗。

當然,一個民族的文化並不單是這幾點的影響,我們需要從多個方面進行分析、探討。總體上,馬可‧波羅對元代的宗教政策雖然不大看好,卻也不反對,有一點是可以確定的是,馬可‧波羅對元代統治者的評價是極高的,對其統治下的政治經濟也是極爲認可的。

四、從《馬可‧波羅遊記》中看宗教對歷史的意義

歷史上其實對宗教的專題研究不多,與政治、經濟、軍事等著作的研究相比較更是鳳毛麟角,更別談對《馬可‧波羅遊記》的宗教專題研究了。宗教屬於文化的範疇,一個民族的文化史、民族史的重要性是毋庸置疑的,但是爲什麼就是往往容易被人們所忽略呢?欲滅其國家必先滅其國史,即可滅其國民性。在文化霸權主義的今天,我們應該有更深的體會。正如元朝,宗教是元朝走向衰落、滅亡的根本原因之一,原因在於其失去了自己民族本身所具有的信仰,失去了自己民族所特有的文化歷史,也就失去了民族進步的動力和國家內部的凝聚力。一個民族的信仰也正是對這個民族自身發展或是道德上強而有力的約束,不是制約,而是在其發展的歷史進程中,通過信念養成一些優秀的傳統美德。一個民族沒有了信仰,那就等同於沒有了一股潛移默化的約束,於是這個民族的人民開始肆意而爲而不知所爲,沒有道德的標準,沒有前進的動力!元帝國內部爭權奪勢、爭端不已也與其喪失了自己部族信仰有關,失去了一股凝聚民族的力量,最終只能在歷史的潮流中衰落,走向滅亡。

　　唐王李世民有云：以銅為鏡可以正衣冠；以人為鏡可以知得失；以史為鏡可以知興替。學習歷史的我們，必須明白何為「以史為鑒」。如何在歷史的長河中，取其精華，去其糟粕，如何在歷史中借鑒我們所需要的。

　　《馬可‧波羅遊記》記載的內容雖然很詳細，但是缺乏系統的專題，使得全文很混亂，影響了其可讀性和研究性。但是從它的宗教記載中可以得到許許多多值得今天借鑒的信息，也讓我們更瞭解該時期的宗教傳播方向和進度，是一部值得研究的書籍。透過現象看本質，我們需要看到的不僅僅只是它趣味性的一面，還要看到宗教文化的社會的影響，並重視它。只有這樣，才能使之發揚光大。

第十五章　從《馬可‧波羅遊記》
看元初的商業繁榮

　　《馬可‧波羅遊記》是由比薩人魯思梯謙根據威尼斯商人馬可‧波羅的口述而寫成的一部關於中國元朝及其周邊國家的著作。在書中，馬可‧波羅描述的最多的是關於元帝國初期（忽必烈時期）的商業，他認爲，當時的元帝國是一個商業極其繁榮的國家。本文試從這一角度出發，分析元朝商業繁榮的原因。

　　一直以來，《馬可‧波羅遊記》都備受學術界的關注和爭議，其焦點是遊記的眞實性，即馬可‧波羅是否到過中國。其實學術上的爭議並不影響遊記內容的眞實性，在書中，馬可‧波羅敘述了來華沿途的所見所聞，書中有關於歷史、經濟、道路走向、一般禮俗、地形地貌、政治關係等等，給人以深刻的印象和濃厚的興趣，其中著重記載了元朝繁榮的商業現象。

一、馬可‧波羅眼中的城市與商業

　　遊記中描述的最多的是各地的商品交換情況，在馬可‧波羅的眼中，當時的東方，特別是元帝國的商業十分發達。雖然遊記中的描述大都略而不詳，然而就是這隻言片語，也足以見諸一斑。現就按照原書的次序，擇其中一、二加以說明：

　　「（汗八里城）凡是世界各地最稀奇最有價值的東西也都會集中在這個城裏，尤其是印度的商品，如寶石、珍珠、藥材和香料。契丹各省和帝國其他地方，凡有價值的東西都會運到這裏，以滿足來京都經商而住在附近的商人

的需要。這裏出售的商品數量比其他任何地方都要多，因爲僅馬車和驢馬運載生絲到這裏的，每天就不下千次。我們使用的金絲織物和其他各種絲織物也在這裏大量地生產」〔註1〕

「大同府的商業十分發達，各種物品都能製造……離開大同府，向西走七日，經過一個十分美麗的區域，這裏有許多城市和要塞，商業和製造業十分發達，這裏的商人遍佈全國各地」〔註2〕

「在長江的兩旁和附近的地方有許多市鎮和要塞，江中船舶川流不息，運載著大批的商品，來往於這些城市」〔註3〕

「（敘州）這裏綢緞織造業十分發達，產品由一條經過許多市鎮和城堡的河道大批地運往各地銷售。人民完全以商業爲生」〔註4〕

「離開臨清向南走六日，經過許多重要和壯麗的市鎮與城堡……這裏的居民以工商業爲生，各種食物都十分豐富，絲的產量也非常大。第六日晚上便到達一座名叫濟南府的城市，這座城市在司法上管轄著帝國十一個城市和大市鎮。這些都是商業發達、盛產絲的地方」〔註5〕

「蘇州是一個壯麗的大城，周圍有二十英里，出產大量的生絲，這裏的居民不僅將它用來織造綢緞，供自己消費，從而使所有的人都穿上綢緞，而且將之運往外地市場出售。他們中間有些人因此而成爲了富商……蘇州在法律上管轄十六個富裕的大城市與市鎮，商業和手工業都很發達」〔註6〕

「京師城方圓約有一百英里，它的街道和運河都十分寬闊……城內除掉各街道上密密麻麻的店鋪外，還有十個大廣場或市場，這些廣場每邊都長達半英里……這裏的近岸處有許多石頭建築的大貨棧，這些貨棧是爲那些攜帶

〔註1〕 馬可‧波羅著，梁生智譯，馬可‧波羅遊記〔M〕，北京：中國文史出版社，1998，134。
〔註2〕 馬可‧波羅著，梁生智譯，馬可‧波羅遊記〔M〕，北京：中國文史出版社，1998，154。
〔註3〕 馬可‧波羅著，梁生智譯，馬可‧波羅遊記〔M〕，北京：中國文史出版社，1998，160。
〔註4〕 馬可‧波羅著，梁生智譯，馬可‧波羅遊記〔M〕，北京：中國文史出版社，1998，183。
〔註5〕 馬可‧波羅著，梁生智譯，馬可‧波羅遊記〔M〕，北京：中國文史出版社，1998，185。
〔註6〕 馬可‧波羅著，梁生智譯，馬可‧波羅遊記〔M〕，北京：中國文史出版社，1998，199。

貨物從印度和其它地方的商人而準備的。從市場的角度看，這些廣場的位置十分利於交易，每個市場在一星期的三天中，都有四、五萬人來趕集。所有你能想到的商品，在市場上都有銷售……拿胡椒爲例，就可以推算出京師居民所需的酒、肉、雜貨和這一類食品的數量了。馬可‧波羅從大汗海關的一個官吏處得悉，每日上市的胡椒有四十三擔，而每擔重二百二十三磅」〔註7〕

「刺桐城的沿海有一個港口，船舶往來如織，裝載著各種貨物，駛往蠻子省的各地出售。這裏的胡椒出口量非常大……刺桐是世界上最大的港口之一，大批商人雲集於此，貨物堆積如山，買賣的盛況令人難以想像」〔註8〕

「大爪哇這個國家的物產極其豐富，這裏收集的金子數量十分驚人。刺桐和蠻子的商人從這裏輸入大量的金子，他們還從這裏獲得絕大部分的香料，並把它們運往世界各地」〔註9〕

「小爪哇島上物產豐富，出產各種香料、薩盆木染料和其它各種藥材，這些物品運到了蠻子和契丹兩省」〔註10〕

「馬拉巴是大印度一個幅員遼闊的王國，來自蠻子省的船載著銅作爲壓船的重物，此外，還裝運金線織成的錦緞、絲、薄綢、金銀塊和馬拉巴所不產的許多藥材，他們用這些貨物換取此處的商品」〔註11〕

從上述的摘錄中不難發現，馬可‧波羅所描述的不僅僅是元帝國內繁榮的商業，如當時的大都、京師城等等，同時還描述了蠻子省、契丹等地與其他國家的貿易往來，如上面提到的大小爪哇國和印度，這些都是對外貿易。所以，從《馬可‧波羅遊記》中可看出，當時的元帝國的商業經濟是十分繁榮的，而不像某些學者所認爲的是中國封建社會經濟發展的一個低谷。那麼，是什麼因素促進了元朝經濟的發展呢？下面從五個方面進行分析。

〔註7〕　馬可‧波羅著，梁生智譯，馬可‧波羅遊記〔M〕，北京：中國文史出版社，1998，201～204。

〔註8〕　馬可‧波羅著，梁生智譯，馬可‧波羅遊記〔M〕，北京：中國文史出版社，1998，217。

〔註9〕　馬可‧波羅著，梁生智譯，馬可‧波羅遊記〔M〕，北京：中國文史出版社，1998，234。

〔註10〕　馬可‧波羅著，梁生智譯，馬可‧波羅遊記〔M〕，北京：中國文史出版社，1998，235。

〔註11〕　馬可‧波羅著，梁生智譯，馬可‧波羅遊記〔M〕，北京：中國文史出版社，1998，261。

二、商業繁榮的原因

（一）國家統一，疆域遼闊，客觀上打通了中西交通路線

1206 年，鐵木眞統一了漠北的蒙古諸部，尊稱爲成吉思汗，建立了蒙古汗國。五傳至忽必烈，至元八年（1217 年），改國號爲元。在此期間，成吉思汗及其繼承者不斷地向外擴張：向南，消滅了金朝和南宋，向西，曾發動三次西征，滅亡了西夏、西遼、花剌子模王朝和阿拉伯人建立的阿拔絲哈里發帝國，征服了阿速、欽察、斡羅思諸部，建立了四大汗國。其中欽察汗國疆域東起也兒的石河，西至斡羅思，南起巴爾喀什湖、裏海、黑海，北至北極圈附近，國都薩萊（今俄國阿斯特拉罕北）；伊利汗國疆域東起中亞的阿姆河，西至小亞細亞，南起波斯灣，北至高加索山，國都桃李寺（今伊朗大不里土）；察合臺汗國疆域東起吐魯番，西至阿姆河，南越興都庫什山，北至塔爾巴哈臺山，國都阿力麻里（今新疆霍城附近）；窩闊台汗國領有額爾齊斯河上有和巴爾喀什湖以東的地區，國都葉密立（今新疆額敏縣）。使亞洲大陸北部和中、西部都在蒙古的統治之下。〔註 12〕統一的政治條件，使之前國與國之間的障礙不復存在，有利於統治者各種政策措施的頒佈實施，客觀上打通了中西交通的路線。這表現在經濟貿易上，則是極大地便利了商品的的交換。

（二）農業生產的恢復和手工業技術的提高，爲商品交換提供了物質保證

在元朝統一全國的過程中，由於戰爭的破壞，社會經濟凋敝，特別是農業生產。同時，在元初，由於蒙古族的游牧意識仍較強烈，所以對農業發展不重視，甚至把大片的耕地改爲牧地。這就給人一種假象，即元朝的農業處於停滯狀態，但這並不客觀，因爲從窩闊台開始，統治者就十分重視農業生產，到忽必烈時期，強調「國以民爲本，民以衣食爲本，衣食以農桑爲本」〔註 13〕，並採取了一系列的措施以恢復和發展農業。這些措施包括：第一，設立司農司等管理農業的政府機構。司農司在至元八年（1270 年）設立，專管農桑水利事務；第二，編寫《農桑輯要》指導農業生產，在至元十年（1273年）由司農司編成。該書主要內容是總結 6～13 世紀我國農業生產的經驗，爲當時的農民提供了一套系統的農業生產技術，其中還詳細地介紹了棉花的

〔註12〕楊志玖，馬可・波羅在中國〔M〕，天津：南開大學出版社，1999。
〔註13〕宋濂等，元史，〔M〕，北京：中華書局，1976，2354。

種植方法；第三，禁止毀農田爲牧地。這在窩闊台時期就開始，到忽必烈時，對已經被改農爲牧的土地，要求一律恢復爲農田；第四，開荒屯田。忽必烈時期，組織大規模的軍民對江淮、襄陽、以及遼陽、嶺北、甘肅、雲南等邊遠地區開墾荒地；第五，興修水利。在中央設都水監，地方設河渠司，負責興修水利和修理河堤等事務。通過一系列的措施，到忽必烈統治後期，元代的農業已經超過前代。據統計，宋代糧食畝產量爲 197.5 市斤，而元代的則爲 243.5 市斤〔註14〕。糧食產量的提高，在解決了溫飽的基礎上，仍有大量的剩餘產品，所以，一方面，全國各地遍設糧倉；另一方面，人民將這些剩餘產品進行市場交易，成爲了商品的一部分。同時，由於產量的提高和生產技術的進步，需要從事農業生產的人也就可以更少，因此，更多的人投身於經濟作物的種植，特別是棉花、蠶桑、薑和水果，都成爲重要的商品。這在遊記中也有反映：

「到達大因府，沿途經過許多美麗的城市和要塞。這裏的製造業和商業十分興盛，並有許多葡萄園與耕地……這裏又有很多桑樹，桑葉可供居民養蠶並取得大量的絲」〔註15〕

「離開開昌府，向西走八日，連續看到許多城市和商業市鎮，經過許多果園和耕地。這裏有大量的桑樹，十分有利於絲的生產」〔註16〕

「蠻子境內的白城的居民以商業和手工業爲生，並出產大量的薑。商人將生薑運往契丹全省各處，獲得豐厚的利潤。這裏還盛產小麥、米和其它穀類，價格也十分便宜」〔註17〕

「建寧府盛產生絲，並且能將生絲織成各種花色的綢緞。棉布則是由各種顏色的棉紗織成的，行銷蠻子省各地……他們將大量的生薑運往外地」〔註18〕

其次，手工業技術的提高，對商業的發展也起到了重要的作用。這主要

〔註14〕陳賢春，元代農業生產的發展及其原因探討〔J〕，湖北大學學報：哲學社會科學版，1996（3）：62。

〔註15〕馬可‧波羅著，梁生智譯，馬可‧波羅遊記〔M〕，北京：中國文史出版社，1998，153。

〔註16〕馬可‧波羅著，梁生智譯，馬可‧波羅遊記〔M〕，北京：中國文史出版社，1998，157。

〔註17〕馬可‧波羅著，梁生智譯，馬可‧波羅遊記〔M〕，北京：中國文史出版社，1998，159。

〔註18〕馬可‧波羅著，梁生智譯，馬可‧波羅遊記〔M〕，北京：中國文史出版社，1998，215。

體現在棉織技術方面。黃道婆從海南黎族帶回來了先進的棉紡織技術並加以
改進，大大增加了棉織品的商品量；而絲織技術到元代時已經十分完善，出
現花樣繁多的絲織品種類。如馬可‧波羅提到的金線織品；此外，曬鹽法的
推行和製糖技術的傳播，都有利於手工業的發展，使手工業逐步脫離家庭副
業的身份，演變為單獨的行業，其產品更多的流向市場。

　　總的來說，農業生產的恢復和手工業技術的提高，創造出了更多的剩餘
產品，為商業的發展提供了物質基礎和保障。

（三）紙幣的發行及廣泛應用

　　紙幣作為一種交換媒介，最早出現於北宋，但當時的「交子」僅限於在
四川流通。元朝建立後，在全國推廣使用紙幣，其中最重要的是忽必烈時期
發行的「中統寶鈔」和「至元寶鈔」。在《馬可‧波羅遊記》中也有關於紙
幣的敘述：「這種紙幣大批製造後，便流行在大汗所屬的國土各處，沒有人
敢冒生命的危險，拒絕支付使用。所有百姓都毫不遲疑地認可了這種紙幣，
他們可以用它購買他們所需的商品，如珍珠、寶石、金銀等。總之，用這種
紙幣可以買到任何物品」，「每年總有好幾次，龐大的駱駝商隊載運各種物品
和金線織物，來到大汗都城……大汗就在公平的價格上再加上合理的利潤
額，並用這種紙幣來付賬。商人對於這種紙幣不能拒收，因為大家都看到它
能夠起到貨幣的支付作用，即使他們是別國的人，這種紙幣不能通用，他們
也可以將它換成任何他們自己市場的其他商品」。〔註 19〕這表明，元代的紙
幣不僅在全國範圍內推行，還應用於對外貿易上。這在我國的文獻中也有記
載：「至元二十二年（1285 年）六月丙辰，遣馬速忽、阿里齎鈔千錠往馬八
圖求奇寶」〔註20〕；在交趾（今越南），「民間以六十七錢折中統鈔一兩，官
用止七十為率」〔註 21〕，在羅斛（今屬泰國），「（貝八子）每一萬準中統鈔
二十四兩」〔註 22〕，在烏爹（今屬緬甸），「每個銀錢重二錢八分，準中統鈔
一十兩」〔註 23〕

　　紙幣的流通是商業發展的必然產物，但反過來，它也對商業發展起到了

〔註19〕馬可‧波羅著，梁生智譯，馬可‧波羅遊記〔M〕，北京：中國文史出版社，
　　　　1998，139。
〔註20〕宋濂等，元史，〔M〕，北京：中華書局，1976，277。
〔註21〕汪大淵著，蘇繼廎校釋，島夷志略〔M〕，北京：中華書局，1981，55。
〔註22〕汪大淵著，蘇繼廎校釋，島夷志略〔M〕，北京：中華書局，1981，114。
〔註23〕汪大淵著，蘇繼廎校釋，島夷志略〔M〕，北京：中華書局，1981，317。

促進作用。對於商品交換而言，紙幣存在三大好處：一是便於攜帶，以往的金屬貨幣由於較重，對於大宗的商品交換而言極其不便，而面值大、重量輕的紙幣則很好地解決這一問題；二是紙幣的原材料豐富且成本低廉，這樣就不會出現因貨幣的短缺而影響到商品的交易；三是統一的貨幣制度，使紙幣的使用價值相等，在交易的過程中就可減少爭執和衝突，縮短了商品交換所需的時間，從而間接促進商業的繁榮。

（四）交通便利

元帝國地跨歐亞，這在客觀上打通了其統治範圍內的各地交通線路。然而，元的統治者並不滿足於已有的交通現狀，在陸路方面，在全國範圍內設置驛站，在水路方面，溝通運河和海運。

據《元史‧地理志》和《經世大典‧站赤》記載，元朝時全國共設驛站1519處，加上西域、西藏等邊遠地區的驛站，則超過1600處。〔註24〕雖然一開始驛站的設立是為政治、軍事服務，但驛站所形成的四通八達的交通網絡，極大地便利了人民的出行，商人更是沿著這些驛站奔走於全國各地。到忽必烈時期，這些驛站已經開始考慮到行人的需要，「大汗下令在道路兩邊種植樹木，每株相距不超過兩步。當這些樹長高后，不僅在夏天可以遮涼，而且在冬天下雪時也能起到路標的作用。這些都給旅行者帶來了莫大的幫助，使他們的行程變得舒適而方便……但如果道路必須穿過沙漠或石山而無法種植樹木時，大汗就下令將石塊堆在路旁，並豎起石柱，作為路標」〔註25〕，「京師的一切街道都是用石頭和磚塊鋪成的。從這裏通往蠻子省的所有主要大路，也全都如此，所以，旅客行走各處，不會被污泥弄髒雙腳。但是，大汗的驛卒如要策馬疾馳，就不能走石路，因此道路一邊是不鋪石頭的」〔註26〕。可見，標路標和專給商旅鋪石路，都反映出驛站功能的變化，那就是增加了經濟功能。

水路方面，由隋煬帝開鑿的大運河一直以來都是各朝的主要水路交通。但這條運河路線迂迴曲折，而且在兩宋期間由於政治動蕩而無法得到正常的

〔註24〕轉引李雲泉，略論元代驛站的職能〔J〕，山東師大學報：社會科學版，1996（2）：35。

〔註25〕馬可‧波羅著，梁生智譯，馬可‧波羅遊記〔M〕，北京：中國文史出版社，1998，145。

〔註26〕馬可‧波羅著，梁生智譯，馬可‧波羅遊記〔M〕，北京：中國文史出版社，1998，206。

維護和治理，多處出現堵塞。元朝統一全國後，政治中心在北方，而經濟重心已經轉移到南方，所以，急需溝通南北之間的水路系統。爲此，忽必烈在原來大運河的基礎上，主持開鑿了多條新的運河，最主要的是會通河和通惠河。至元二十六年（1289年），在山東開鑿會通河，這條運河東起今山東東平，經今山東梁山，西北至今山東聊城，全長250餘里。至元二十八年（1291年），又採納郭守敬的建議，在京開鑿通惠河，引大都西北諸泉水東至今北京通縣，全長164餘里。至此，南北大運河全線鑿成，我國黃河、淮河、長江和錢塘江四大流域真正連接到一起，更重要的是，經過這次的疏鑿，河道大都取直，改變了過去迂迴曲折的航線，使得航程大大縮短，便利了南北經濟的聯繫和交往。

　　元代商業的繁榮，海運的溝通起到了極爲重要的作用，有學者甚至認爲，海運是元代經濟史的一大特色，元代的漕運以海運爲主，河運爲輔。〔註27〕終元之世，一共開闢了三條海運路線，第一條就是在忽必烈時期。至元九年（1282年）由朱清、張瑄所闢，航程13350里。海運得以溝通，除了統治者的重視外，造船和航海技術的進步也是重要的因素。我國的造船歷史悠久，到了元代，無論是船的體積還是質量都已經是在世界前位。有如記載：「華船之構造、設備、載重皆冠絕千古」，「船之大者，乘客可千人以上」，「船幅殆爲四角形，下側漸狹尖如刃，以便破浪」〔註28〕。在航海技術上，元人更是在吸取前人經驗的基礎上有了進一步的發展，學會了利用信風的特點進行航行，每隻船上都裝有指南針，在航線兩側設置用於避開暗礁的船浮，設置了指示燈。所有這些技術，至今仍然被廣泛應用於航海，可見當時的航海技術已達到相當高的水平。

　　水路交通的建設，加上先進的造船和航海技術，使得河運和海運成爲元代重要的交通，彌補了陸路交通的空缺，促進了國內商業經濟的繁榮和對外貿易的發展，一系列沿河沿海的商業市鎮相繼出現。如《馬可·波羅遊記》提到的河間府「這座城市有一條大河流經城郊，大量的商品由這條河運往大都。因爲挖了許多運河，所以這座城與都城水道相連，交通十分便利」〔註29〕；

〔註27〕潘錦全，元代海運綜述〔J〕，北華大學學報：社會科學版，2004，（6）：78。
〔註28〕沈道權，元代海外貿易發展原因探析〔J〕，中南民族學院學報：哲學社會科學版，1991，（1）：113。
〔註29〕馬可·波羅著，梁生智譯，馬可·波羅遊記〔M〕，北京：中國文史出版社，1998，183。

臨清「有一條既深且寬的河流經這座城市，所以運輸大宗的商品十分便利」
〔註 30〕；「無數的城市和市鎮坐落在長江的兩岸，享有其航運好處多達十六
個省和二百多個城鎮。至於航運量之大，非親眼所見的人，是不會相信的……
曾有一個時期，馬可‧波羅在九江市看見的船舶不下一萬五千艘，還有沿江
的其它的市鎮，船舶的數目要更多些」〔註 31〕……

（五）元朝統治者對商業的重視

　　蒙古族是一個游牧民族，它與過去的所有王朝不同，商業精神是它的固
有特徵之一，所以，傳統的抑商政策在元代被打破，商業得到統治者的重視，
這主要表現在兩個方面：

　　一是推行一系列的重商政策：第一，設置市舶司管理海外貿易，至元十
四年（1277 年），設立了泉州、慶元、上海、澉浦四個市舶司，並在各港設立
市舶提舉司，管理海舶、檢查海關、抽分起運等事項，把市舶納入法制軌道；
第二，鼓勵和保護經商，成吉思汗實行了一系列的惠商政策，包括為各地商
人到蒙古經商活動簽發通行證，命各地首領不得干擾，並派軍隊保護商人的
安全；商人的貨物賣不出去，由國家優價收購等等。成吉思汗的繼承者大都
繼承了這種重商政策，有記載窩闊台常常是：商人將貨物運到他的宮殿，他
常常會不看貨物的好壞就給商人們要求的價格再加上百分之十。忽必烈更是
以減少商人的稅收來鼓勵人們從事商業。元史載：「至元十八年（1281 年），
商賈市舶貨物，已經泉州抽分者，諸處貿易止令輸稅。」「舶商船隻過番經紀
者，只是抽取課程，行省屬下衙門，不得差占，有妨舶商經紀，永為定例，
以示招徠安集之意」。同時，馬可‧波羅也提到忽必烈對商人的關注，「如果
一艘載著貨物的商船遭到雷擊，他就不收該船和船上貨物的關稅」〔註 32〕。
此外，元朝統一全國後，雖然禁止北方人民遷居南方，但允許商人南下經商
貿易，南方的商人亦可到京師經商。第三，重用商人，由於商人符合元統治
者的需求，商人的地位得到提高，得到統治者的重用。如成吉思汗時期的阿
三和鎮海，忽必烈時期的阿合馬、桑哥、蒲守庚、賽典赤等等，他們都得到

〔註 30〕馬可‧波羅著，梁生智譯，馬可‧波羅遊記〔M〕，北京：中國文史出版社，
　　　　 1998，185。
〔註 31〕馬可‧波羅著，梁生智譯，馬可‧波羅遊記〔M〕，北京：中國文史出版社，
　　　　 1998，195。
〔註 32〕馬可‧波羅著，梁生智譯，馬可‧波羅遊記〔M〕，北京：中國文史出版社，
　　　　 1998，145。

統治者的信任，佔據著重要的職位，控制著國家的財政大權，對元代經濟有著重大的影響力，而善於經商的色目人更是成爲僅次於蒙古人的第二等人。

二是元代統治階層間接經商。韓儒林在《元朝史》中寫道：「從成吉思汗起，蒙古大汗和后妃、諸王、公主、駙馬等貴族就開始進行商業和高利貸活動，由色目商人代爲經營，他們則坐收其利。元世祖時，北方諸投下人戶常到江南經營商販。」〔註33〕在統治階層的經商風氣的影響下，傳統的社會風氣——重農抑商受到衝擊，出現了全民皆商的現象，如上面提到的阿合馬、桑哥等都是亦官亦商的代表，而民間也不乏富裕的大商人，如揚州的張文盛，擁有家僮數百，經商範圍北達河北、山東，南至福建、廣東。兩淮的鹽商由於替官府販運食鹽而取得暴利，過著極爲闊綽的生活，有人感慨「人生不願萬戶侯，但願鹽利淮西頭」。

元代統治者對商業的重視，起了帶頭和榜樣的作用。商業風氣席卷全國，人們爭相從事商業貿易，商人的身影遍佈全國。

正如前面所提到的，馬可・波羅大贊當時的元帝國是一個商業繁榮的國度，這裏交通發達，市鎮林立……而他口中描述的其他東方國家也令人極爲嚮往，如印度的香料和象牙，日本更是一個遍地黃金的地方……雖然其中有誇張之處，但大部分仍是與事實相符的，而且不得不承認，馬可・波羅對商業的記載，產生了深遠的影響。

爲此，不少人被馬可・波羅所描述的東方世界所吸引，偉大的航海探險事業從15世紀蓬勃開展，航海家們希望尋找到達東方的航線，以獲得黃金、香料等產品，其中著名的意大利航海家哥倫布更是自幼熟讀《馬可・波羅遊記》，對書中描述遍地黃金的日本十分嚮往，1493年，他在西班牙國王的資助下，開始遠航，最後到達美洲，這是發現新大陸的開始，但他至死仍認爲自己到達了馬可・波羅所描述的東方世界，所以，今日的墨西哥灣、加勒比海與大西洋之間的群島，也被稱爲西印度群島。現在，哥倫布所讀的那本拉丁文遊記仍保存在里斯本，哥倫佈在書中共作了45處的標誌，可見遊記對他影響之深。而馬可・波羅將我國的煤、養蠶絲織、宮殿、橋梁建築藝術、城市規劃和管理等以遊記的形式直接介紹到西方，激起了西方人對東方的好奇心，促進了新航路的開闢，開啓了中西方之間直接交流的新時代。

或許歷史上不存在馬可・波羅這樣一個眞實的人物，但我們不能就此否

〔註33〕韓儒林，元朝史〔M〕，北京：人民出版社，1986，430。

認遊記內容的真實性，特別是關於元代商業繁榮的記載，同時，更不代表當時的東西方之間沒有開展直接的交流，或許當時存在著一個、甚至多個「馬可‧波羅式」的人物，正是在他們的介紹與描述下，中西方直接交往的大門得以打開，世界逐步融合。

第十六章　馬可·波羅來華的原因
——從歐洲和意大利的時代背景

在 13 世紀後期,如果說基督教會的意圖是他們前往的最初動因,那麼使他們堅持下去的動力就是東方商品背後所隱含的巨大利益。並且當時的意大利正處於戰爭當中,馬可·波羅他們生活在戰爭的威脅下。再加上威尼斯在科技上的落後,從而促成了馬可·波羅的來華。

馬可·波羅來華是世界史上的一件大事,也是人們茶餘飯後經常討論的事情。由馬可·波羅口述寫成的《寰宇記》(也就是後來的《馬可·波羅遊記》)自從問世以來,就已經存在著巨大的爭議,最主要的爭議是馬可·波羅是否真的到過中國。國內外的學者對於馬可·波羅的研究,主要集中於他是否到過中國、《寰宇記》記載反映的有關情況以及他對後來的地理大發現的貢獻等問題上。特別是對於馬可·波羅來華的問題一直懸而未決。本文主要是從當時歐洲和意大利的時代背景來對馬可·波羅來華原因的一些看法做出初步的探討,以求證於專家同行。

一、歐洲的時代背景

馬可·波羅是生活在 13 世紀後期的威尼斯人,這是中世紀的即將過去和文藝復興即將開始的時期。在這一時期不管是政治生活還是社會生活都是以宗教為中心的,那麼馬可·波羅來華的原因又與宗教有多少關係呢?

　　《寰宇記》序言明確地指出馬可‧波羅的父親和叔父是到哈剌和林經商的，可是他們當離開哈剌和林時卻搖身一變成為基督教會使者，他們隨身攜帶一封忽必烈大汗致教皇的函件（該函件沒有保留下來），並承諾帶回幾件宗教信物。他們顯然是自告奮勇地把自己從商人變成教會信使，這說明當時東西方之間的宗教交往是十分重要的，當時歐洲人普遍希望對中世紀以外地區的宗教和信仰的情況有更多的瞭解。〔註1〕馬可‧波羅的父親和叔父無可置疑的是基督徒，因為在宗教改革之前，基督教是歐洲當時唯一的宗教。所以在當時所有歐洲人的心中，基督教的話語是上帝的旨意，基督教無論做什麼，人們都會十分歡迎和支持的。如果基督教有任何的需要，他們絕對會努力地去完成的。

　　據馬可‧波羅口述而寫成的《寰宇記》對宗教作出詳細的描繪，清楚地交代了該書的時代背景——當時的基督教會要與蒙古人建立關係。〔註2〕不過為什麼基督教主動要與蒙古建立關係呢？雖然當時的蒙古軍隊進行了三次西征，在中東建立了自己的勢力範圍，不過當時並沒有威脅到歐洲的統治。難道是因為害怕蒙古軍隊將會對他們的統治構成威脅？這或許是一方面的原因。但更重要的是，教皇希望至少可以得到在波斯的蒙古人支持他們為收復聖城——耶路撒冷而發動的十字軍運動。因為蒙古軍隊是當時世界上作戰能力最強的軍隊，只要它攻打的地方，基本都可以收入囊中。歐洲希望與蒙古建立關係，這樣一來，可以學習到東方先進的科技，二來可以直接與東方的貿易進行貿易，不需要再借助阿拉伯的商人，最後希望蒙古國支持他們的十字軍東征。即使蒙古人不支持他們的十字軍東征，至少也不要介入到歐洲與耶路撒冷的戰爭中，而是對於這件事情保持中立。當然如果可能的話，基督教十分希望與蒙古國建立關係，這樣教皇和歐洲君主們便可以沒有後顧之憂，放心攻打耶路撒冷。

　　也正是因為基督教主動要和蒙古建立關係，所以馬可‧波羅的父親和叔父在瞭解到基督教的希望後，就自告奮勇地成為教會使者。不過忽必烈大汗要求他們帶回去的東西卻不是那麼容易就可以解決的，因為忽必烈的要求

───────

〔註1〕　〔英〕佛朗西絲‧伍德，馬可‧波羅到過中國嗎〔M〕，北京：新華出版社，1997，17。

〔註2〕　〔英〕佛朗西絲‧伍德，馬可‧波羅到過中國嗎〔M〕，北京：新華出版社，1997，37。

是，請求（或要求）教皇派遣神學家、提供聖油並給與回函。

而當他們 1269 年回到歐洲時，卻發現教皇克萊門特四世已經在 1268 年去世，而教會對於其繼任者的任命又遲遲未決。〔註3〕儘管馬可‧波羅和父親以及叔父三人在面對如此困難的情況下，仍沒有放棄尋找忽必烈大汗所要求他們帶回蒙古的東西。因爲基督教所需要的事情，不管有多麼的困難，歐洲基督教的虔誠信徒即使犧牲許多的東西乃至自己的生命，仍然會去幫助基督教得到它所需要的東西。經過兩年的努力，在 1271 年他們想方設法的弄到了聖油，不過他們並沒有找到神學家與他們一起前往蒙古。在當時教皇沒有繼任者的情況下，他們三人沒有辦法可以得到教皇致忽必烈的回函，不過他們獲得了教皇駐阿迦城特使致大汗的一封附函。

在獲得這些東西之後，馬可‧波羅和父親以及叔父三人就踏上了前往蒙古的征程。雖然他們並沒有眞正的獲得忽必烈所要求的他們帶回的東西，但是爲了達成基督教希望與蒙古建立關係的願望，他們仍不惜冒險前往蒙古國。

不過，難道作爲商人的馬可‧波羅和父親以及叔父三人眞的沒有任何一絲私欲？我認爲這是不可能的，即使是在中世紀個人欲望被嚴格控制的年代，每個人都是有欲望、有需求、有追求的，尤其是作爲以追求利益爲目的的商人的他們。畢竟與後來地理大發現的航海家相比，他們既沒有得到政府的金錢資助，也沒有政府軍隊保護。他們前往東方，與元朝建立關係，完全是個人行爲。那麼東方又有什麼讓他們不惜冒著失去生命的危險去得到呢？

畢竟當時的社會環境並不安全和交通條件也不好。歐洲要進行十字軍東征，蒙古也在中東地區鞏固著自己的統治，近東其他地區也有不少的戰爭。那時沒有任何現代的交通工具，只能靠步行或者借助一些善於步行和可以幫他們駝行李的牲畜如馬、駱駝等。除此之外，他們還要穿過了無人煙、一望無際的，且充滿危險和無數變故的大沙漠。如果僅有傳播聖教和完成基督教的願望的信念，沒有任何自己想得到東西的話，馬可‧波羅和父親以及叔父可以成爲聖人了。

那麼又是什麼讓他們可以義無反顧地前行呢？一個重要的原因是與亞洲進行的奇異物產的貿易在十三世紀變得日益重要，對於中世紀的歐洲來說，

〔註3〕〔英〕佛朗西絲‧伍德，馬可‧波羅到過中國嗎〔M〕，北京：新華出版社，1997，156。

遠東和東南亞在經濟上是十分重要的。〔註4〕並且此時的歐洲對近東、遠東和東南亞等異域的香料和絲織品有著日益濃厚的商業興趣。因為中世紀的歐洲無論是在政治、經濟、軍事還是技術上遠遠比不上近東地區，更別說是當時世界上最先進的中國了。並且當時的歐洲因其技術落後和天氣以及環境因素，無法在冬天進行種植糧食和養殖牲畜。所以必須在冬天到臨之前要醃製好大量的肉類，儲存用作冬天的食物，如果沒有儲存到足夠的食物，他們將會在冬天被活生生的餓死。當時歐洲自己生產的香料卻不能讓肉類的保存時間可以持續到冬天結束，所以他們只能從阿拉伯商人那裏用高價購買來自東方的香料，來醃製可以保存到冬季結束的肉類。所以如果沒有東方的香料，歐洲人就不可以生存下來。

作為商人的馬可‧波羅和父親以及叔父自然十分清楚香料在歐洲的市場需求是十分巨大的。如果他們可以把東方的香料帶回歐洲的話，他們可以獲得的利潤將是無法估計的，因為東方的香料在歐洲是十分稀少的，需求量卻是巨大的。香料除了用來醃製肉類之外，還是重要的調味料。如果生活中缺少它們，歐洲人的飲食不僅僅是十分難吃，並且歐洲的存活率將會大大下降。

東方除了香料吸引歐洲的注意外，還有一樣東西是歐洲人經過好幾個世紀的研究也沒法製作的絲綢衣服。用絲綢製作的衣服在歐洲是十分昂貴的，只有王室貴族才有錢買到，穿上絲綢製作的衣服是貴族炫耀其權勢的最好資本。所以用絲綢製作的衣服在歐洲也是供不應求的，而且它們的價格有可能比香料的價格還要高出許多。

作為商人的馬可‧波羅和父親以及叔父自然對於這些可以謀取高額利潤的商品是十分敏感的，其實可以吸引他們前往東方的不僅僅是香料和絲綢，還有其他的東西。如瓷器，當時在歐洲只是剛剛被人認識，他們還是用陶器作盛放東西的工具，可是陶器十分笨重並且容易打碎，而瓷器十分輕巧和韌性也比陶器要好。所以瓷器也是歐洲市場十分暢銷的商品之一。紙也像瓷器剛被歐洲人民認識，中國的造紙術是由阿拉伯人傳到歐洲的，西班牙首先在 12 世紀初造紙成功。但因其技術不成熟，造出來的紙的紙質脆薄易碎不能書寫，所以紙在歐洲也是比較缺乏的商品。

從上述的分析，我們可以得知，馬可‧波羅和父親以及叔父甘願冒著極

〔註4〕　〔英〕佛朗西絲‧伍德，馬可‧波羅到過中國嗎〔M〕，北京：新華出版社，
　　　　1997，6。

大的危險前往東方，是因爲要幫基督教完成與蒙古建立關係的願望。但是作爲商人的他們，也是看到了東方大量的資源，像香料、絲綢、瓷器、紙等歐洲缺乏的商品，這些商品一旦帶回到歐洲，那麼他們可以獲得利益是難以估計的。唯利是圖是他們作爲商人的本性，如果說基督教會的意圖是他們前往的最初動因，那麼使他們堅持下去的動力就是東方商品背後所隱含的巨大利益。

可是爲什麼是威尼斯的商人到東方去了，爲什麼不是英國人、法國人、德國人、西班牙等其他歐洲商人呢？那麼威尼斯與其他歐洲國家的商人相比，他們有什麼優勢？這就與當時意大利的時代背景有關係了。

二、意大利的時代背景

當時的意大利正處於戰爭中，教皇與世俗王權的鬥爭此起彼伏。在教皇烏爾班四世和克萊門特四世在位的期間，他們曾召集十字軍攻打羅馬，他們主要是攻打那不勒斯國王曼弗雷德。查理在打敗曼弗雷德進入意大利後，因爲他的權勢威脅到了教皇權威。教皇決定要削弱查理的勢力，從而在意大利的境內再次引起動亂。〔註5〕或許正是因爲當時的教皇與世俗君主爭權奪利的鬥爭，讓馬可‧波羅的父親和叔父感到生命已經變得沒有多大的意義，也讓他們藏在心中許久的前往東方的願望再次浮現於腦海當中。所以他們會覺得與其在家鄉看著它變得衰敗、生靈塗炭，還不如做些有用的事情讓自己的生命過得更有意義，或讓自己所在的城邦可以再次強大起來，不再受人欺凌。正是如此，馬可‧波羅的父親以及叔父才會帶著年僅 17 歲的馬可‧波羅踏上了前往東方的旅程。

不過爲什麼只有馬可‧波羅的父親以及叔父會有想前往東方的願望呢？因爲位於意大利亞德里亞海岸的威尼斯是當時和君士坦丁堡進行東方貿易的主要港口。此時的歐洲對遠東香料和絲織品等東方物品的需求日增，主要通過君士坦丁堡等貨物集散地得到了滿足。〔註6〕他們跟君士坦丁堡購買的東方的香料和絲織品等商品，再向歐洲其他國家銷售，他們所獲取的利潤也是十

〔註5〕　〔意〕尼科洛‧馬基雅維里，佛羅倫薩史〔M〕，北京：商務印書館，2005，30～31。

〔註6〕　〔英〕佛朗西絲‧伍德，馬可‧波羅到過中國嗎〔M〕，北京：新華出版社，1997，152。

分豐厚的。也正是因爲威尼斯擁有這樣的貿易優勢，才會讓威尼斯的商人比其他的歐洲商人更加瞭解香料等東方商品背後所隱含的利潤。他們如果不需要經過君士坦丁堡商人的手，直接從東方購買歐洲所需要的商品，那麼他能獲取的利潤將會是以前的好幾倍，甚至是好幾十倍。正是因爲這種鉅額的利潤，使得威尼斯的商人很想前往東方，但是因爲從來沒有人眞正地到過東方，沒有人知道前往東方的線路。所以在馬可・波羅他們前往東方之前，沒有一個人可以直接跟東方進行貿易。

因爲戰爭讓馬可・波羅的父親和叔父拋開一切前往東方，實現他們的發財美夢。可是爲什麼是來自威尼斯的馬可・波羅和父親以及叔父前往東方，而不是意大利其他城邦的商人呢？例如羅馬商人、佛羅倫薩商人、米蘭商人。身爲威尼斯商人的馬可・波羅和父親以及叔父與其他的意大利商人相比，又具有什麼優勢呢？

馬可・波羅和父親以及叔父的優勢在於，當時的地中海區域的形勢是：第四次十字軍東侵（公元 1202～1204 年）以後，意大利的威尼斯城壟斷了地中海東部的航運和貿易。威尼斯的勢力範圍和蒙古帝國銜接起來了，這種形勢也便有利於歐洲各國人民的東來。〔註7〕也正是因爲威尼斯的勢力範圍與蒙古帝國銜接起來的優勢，使得第一次眞正到達神秘東方——中國的歐洲人，就是意大利的威尼斯人。所以馬可・波羅的父親以及叔父才會在返回歐洲之後，帶上年僅 17 歲的馬可・波羅到蒙古帝國去。

與歐洲其他國家的商人相比，威尼斯的勢力範圍與蒙古帝國相銜接的卻是一大優勢。爲什麼這麼說呢？第一，當時的歐洲大陸也並不和平。法國國王路易九世發動第七次十字軍東征；神聖羅馬帝國的霍亨斯陶芬王朝終結，此後陷入「無王期」，直到 1273 年哈布斯堡王朝魯道夫一世（德意志）被選爲王，政治局勢才告穩定；亞斯特拉戈帕勒斯率領的尼西亞軍趁威尼斯艦隊不在之際，渡過了博斯普魯斯海峽，奪回君士坦丁堡，重建拜占庭帝國，拉丁帝國至此終結；拜占廷皇帝邁克爾八世出軍奪取保加利亞海莫斯（巴爾幹山脈）以南領土，被迫許諾歸還 1261 年奪取自保加利亞的兩個港口。所以在戰爭如此頻繁之際，歐洲的商人很難前往其他的歐洲國家，更別說是前往無法確定距離的東方國家——蒙古。第二，在 13 世紀的世界裏，可以憑藉的交

〔註 7〕 余士雄，馬可・波羅遊記的歷史背景及其對中西交通的貢獻〔J〕，讀書1980，（7）：77。

通工具十分之少，但前往東方的路途十分之遙遠。第三，在此時的歐洲，並沒有人曾經到過到過東方，所以如何前往東方也是當時歐洲人們所面臨的一大問題。

　　可是這些問題同樣也擺在馬可‧波羅和他父親以及叔父的面前，那麼他們又是如何解決的。他們直接從意大利出發，並不需要經過動亂的歐洲國家和拜占庭帝國。雖然前往東方的路途十分遙遠，不過此時威尼斯的勢力範圍已經與蒙古帝國相銜接了，那麼他們三人所要走的路途也比較短啦。馬可‧波羅的父親和叔父雖然沒有到過蒙古，不過他們到過哈剌和林（此時的哈剌和林已經隸屬於盟國帝國），所以他們大概可以知道前往東方的路線。而且他們身上還肩負著忽必烈大汗的任命，他們只要到達蒙古帝國管轄地方，當地的官員自會幫他們安排一切，他們不需要擔心迷路以及食物等問題。也正是因為如此，馬可‧波羅的父親和叔父才會帶上如此年輕的馬可‧波羅前往蒙古帝國。

　　馬可‧波羅和父親以及叔父前往東方時的意大利，除了處於天主教會與世俗貴族爭權奪勢的鬥爭和十字軍東征的戰爭，以及威尼斯城壟斷了地中海東部的航運和貿易之外，還有什麼樣的時代背景呢？

　　雖然這時的威尼斯是意大利甚至是全歐洲經濟最發達的城邦，但是威尼斯在科技上並沒有它經濟上那樣發達，並且遠遠落後於許多歐洲國家。例如，在煤的使用上，在馬可‧波羅對煤作記述以前，中國用煤作燃料已有 2000 年的歷史。英格蘭是到 14 或 15 世紀才開始使用煤。當時的意大利人可能還不知道有煤。〔註 8〕在掌握造紙術上，如前所述，阿拉伯人把它傳入歐洲，12 世紀初西班牙造紙成功，意大利是在 13 世紀初才掌握造紙術，意大利最早的造紙廠是在 1268～1279 年期間在法布里亞諾建立的。〔註 9〕如果這兩個例子還不能證明意大利的科學技術遠遠落後於歐洲國家的話，還有一個有力的例子。據說冰淇淋是馬可‧波羅從中國帶回意大利的。中國人可能在唐朝就知道冷凍奶製品的方法。不過製造冰、把溫度降到水的冰點以下是件很複雜的事，其方法似乎是直到 16 世紀才由歐洲科學家研究成功。〔註 10〕

〔註 8〕〔英〕佛朗西絲‧伍德，馬可‧波羅到過中國嗎〔M〕，北京：新華出版社，1997，91。

〔註 9〕〔英〕佛朗西絲‧伍德，馬可‧波羅到過中國嗎〔M〕，北京：新華出版社，1997，92。

〔註 10〕〔英〕佛朗西絲‧伍德，馬可‧波羅到過中國嗎〔M〕，北京：新華出版社，1997，107。

通過上述的三個例子，足以證明馬可‧波羅和父親以及叔父前往東方時的意大利在科學技術上是落後與歐洲國家的。

三、作用和影響分析

13 世紀下半葉的歐洲，基督教仍在精神世界統治著絕大部分的歐洲人民，教皇與歐洲君主渴望收復聖城——耶路撒冷，並希望得到蒙古幫助從而與蒙古建立關係，是馬可‧波羅和父親以及叔父前往東方的一個客觀原因。並且當時的意大利正處於戰爭當中，使得他們生活在戰爭的威脅下。這也是促使他們前往的一個原因。最主要也是最重要的原因是，作爲商人的他們，憑其極其敏銳的商業直覺，知道歐洲市場急缺的東方商品背後隱含著巨大的利益。倘若他們可以將東方的商品帶回歐洲，那麼他們將獲得利潤是無法估計的。正是利益的推動，讓他們不顧生命危脅，冒險前往東方。此外，這時的歐洲和意大利，不管是在科學技術上，還是在文學藝術上，都是落後於中國的，爲了自身的發展，他們都渴望學習東方。這也是推動的原因之一。

在 13 世紀後期，如果說基督教會的意圖是他們前往的最初動因，那麼使他們堅持下去的動力就是東方商品背後所隱含的巨大利益。社會比較動亂，經濟上依賴東方，技術比較落後。這些看起來不利因素的疊加，促成了馬可‧波羅的來華。這些原因的分析，並不是要證明馬可‧波羅眞的來過中國這個觀點，只是在理論上推斷這種來華的可能性問題。

第十七章　馬可・波羅爲什麼能夠來中國？

　　馬可・波羅和他的著作《馬可・波羅遊記》給這個世界帶來了深遠的影響，其積極的作用是不可抹殺的，在人類歷史上佔有重要的地位。研究馬可・波羅爲什麼能夠來中國，是正確認識中歐關係的重要一環，對研究西歐、中亞和元朝歷史有重要作用，還能使讀者看到一個眞正的馬可・波羅，從而對他有一個相對完整的瞭解。

　　馬可・波羅在中國元朝期間隨從他的父親和叔叔通過絲綢之路來到中國，這是歷史上前所未有的一件大事。他爲歐亞兩大文明之間的溝通架起了一座橋梁。他和他的著作《馬可・波羅遊記》給這個世界帶來了深遠的影響。長期以來，對馬可・波羅來華一事進行過不同程度研究的學者不在少數，但對他爲什麼能夠來中國這一方面的研究卻很少。而這篇文章主要從軍事、政治、經濟、交通、文化以及個人因素等幾個方面對馬可・波羅來中國的條件提出一些個人見解。

一、客觀因素

1、馬可・波羅能夠來中國與蒙古的軍事征服活動有密切聯繫

　　歐洲與元朝的來往是從元朝的軍事威懾開始的。公元 13 世紀初，中國北方草原的游牧民族蒙古族趁南宋與金國相互爭鬥，急速擴大其軍事實力，開始進行對外軍事征服活動，把亞洲的大部分和歐洲東部置於自己的控制之下。從公元 1216 至 1223 年，成吉思汗親自率領蒙古第一次西征大軍肆行武

力擴張。蒙古軍攻滅了西遼和花剌子模國，在喀爾喀河上跟俄羅斯聯軍展開血戰，大敗俄軍。其後又經過公元 1236～1241 年由拔都、貴由、蒙哥率軍的第二次西征以及公元 1253～1258 年成吉思汗的孫子旭烈兀率兵進行的第三次西征，蒙古人以其強有而力的騎兵軍團為後盾征服了東自日本海、西抵多瑙河畔、北到西伯利亞、南達越南和緬甸的大片土地，建立了一個跨越歐亞大陸的強大帝國。踏破歐亞、大陸的大蒙古國鐵騎以其震動歐亞的武功將駭人聽聞的殘暴帶到蒙古馬蹄所至之處。拉施特在其所著的《史集·成吉思汗傳》中曾這樣說『我們廝殺吧，勝者為汗』。波斯歷史學家志費尼在他的名著中描寫道：「人馬一支接一支抵達，就像大海起伏，繞城紮營」、「古蘭經的書頁在他們的足下和馬蹄下被踩成爛泥」。漢獻史料描寫說「王鉞一揮，伏屍萬里。」元朝屠戮世界的軍事力量震懾歐亞大陸。這一時期，由於被蒙古人的西征所震撼，歐洲統治者迫切地需要瞭解蒙古，瞭解這個來自東方的征服者，因此歐洲國家與元朝的經濟文化交往更加頻繁。這一時期，來華的歐洲人多是商人、傳教士和旅行者。馬可·波羅作為肩負宗教使命和懷有商業目的的混合體，是其中最具代表性，也是最有名氣的一位。馬可·波羅生於這個時代，在這樣的便利形勢下，才得以達到漫遊世界的目的。

2、馬可·波羅能夠來中國與政治活動有密切關係

中國是當時最強大並且對歐洲影響巨大的大帝國。元朝統一後，為了加強其統治民族的優越地位，鞏固統治秩序，元朝統治者實行了帶有歧視和壓迫色彩的民族等級制度。他們把各族人民劃分為四個等級，其中色目人處於第二等級。色目人意為各色名目之人，即外國人，是元朝時中國西部民族的統稱，一切非蒙古、漢人、南人的都算是色目人，其中包括留居中國的歐洲各國人。在元代的社會階層之中，色目人的地位僅在蒙古人之下，待遇僅次於蒙古人，例如色目官員在元朝各級政府機構中可以擔任漢族官員不能擔任的職務，比如掌握實際權力的地方政府機構達魯花赤；在法律上，色目人犯法，與蒙古人一樣歸大宗正寺審理；在科舉考試和入仕方面，色目人享有的優遇幾乎與蒙古人相同等。在劉貫道奉忽必烈之命所繪的《元世祖出獵圖》中，我們在娛樂中的皇帝身邊可以看到不少色目人的形象，這也證明了色目人在元朝擁有比較高的社會地位。元朝重用色目人，入居中原的色目人，多高官厚祿，鉅賈大賈。這就為身為色目人的馬可·波羅的到來提供了有利的政治環境。這從馬可·波羅可以觀見大汗忽必烈，甚至在元朝供職（據說他

除了在京城大都視事外，還經常奉大汗之命巡視各省或出使外國，甚至他還曾被任命爲揚州總管）可以得到很好的證明。這種政治環境有利於歐人的東來。馬可‧波羅生於這個時代，在這樣的便利形勢下，才得以達到漫遊世界的目的。

3、馬可‧波羅能夠來中國與經濟活動有重大關係

在元朝空前大一統的環境下，重視商業發展的元代，對外貿易十分發達。在元朝，與西方的交往不再只靠古絲綢之路，一支控制著整個東亞海域的龐大商隊可直抵歐洲，揚帆頗浪，將瓷器、絲綢，茶葉，藝術品等貨物大量地運往西方。根據《世界記》的介紹，當時的歐洲人對於繁華富饒的東方大陸嚮往已久，其不僅嚮往東方的精美瓷器，絲綢，茶葉香料，更加嚮往黃金。西方人民相信東方是個遍地黃金的地方，所以西方人從陸路以及水路來尋找通往東方的道路，以此來瞭解東方以及加大貿易的來往。馬可‧波羅正是在這種嚮往之下來到中國。

而資本主義萌芽最早出現在意大利。意大利當時雖然還不是一個統一的國家，戰爭頻繁、紛爭不已，但在經濟上呈現出一種特有的繁榮。一些城市共和國商業和手工業十分發達。對於中世紀的歐洲來說，遠東和東南亞在經濟上是十分重要的，那裏盛產的香料不但可以在無製冷設備的時代用來保存食物，還可以給醃製不佳的食品增添濃烈的香味。這些香料，包括胡椒、桂皮、丁香、薑、肉豆蔻，加上檀香木和染料等其它物產，都是氣候比較溫和的歐洲所不可能生產的，所以它們都是遠東的專賣產品，主要由阿拉伯的中間商經海路輸往西方。如果貿易因故中斷，香料的價格就會暴漲，有時甚至可以代替白銀或黃金充當支付手段。除了香料這種實際上非有不可的必需品外，遠東的一些奢侈品也受到歐洲的青睞，其中尤以絲織品爲最。古羅馬人十分珍視絲綢，但是對怎樣生產絲綢一直大惑不解。當時歐洲人對絲綢的原料來源及生產方法，尚處於若明若暗的狀態，所以當地的絲織品生產不能滿足人們的需要也就不足爲怪了。遠東的絲織品主要通過波斯中間商經由陸路銷往歐洲。商業的巨大利潤，驅使著歐洲人去遠東探險，蒙古人建立的疆域廣大的統一國家又掃清了交通途中穿越各國國境的障礙，結果便可想而知了。不過當時人們在去遠東的長途跋涉中，無論經由陸路或海路，通常都進行「滾動式貿易」。這種貿易的方法是先把貨物運到第一個集散地，在那裏脫手後就地購買新貨去下一個集散地。之所以如此，是因爲當時多數市場的規

模很有限，商人們除了經營前面所說的那些貨物外，都喜歡經營產地不遠而又享有盛譽的產品。這個方法的好處是可以確保原始投資有所盈利。如果把一批新貨運到一個名不見經傳的地方，在那裏又不受歡迎，那就有可能連經商的老本都要賠掉。將買和賣不間斷地交替進行可以避免遭受這樣重大的損失。毫無疑問，馬可・波羅一家也是這樣做的，不過他們經營的是全世界都感興趣的奢侈品——寶石，他們對成交很有把握。這種商業動機是推動馬可・波羅來華的不竭動力。

4、馬可・波羅能夠來中國與交通情況有重大關係

亞洲和歐洲是連接在一起的一整片大陸，其間並沒有什麼不可逾越的天然障礙。自古以來亞洲和歐洲在陸路上都有貿易往來。在《馬可・波羅遊記》以前，更準確地說是在 13 世紀以前，中西方在政治、經濟、文化等方面的交流都是通過中亞這座橋梁間接地聯繫著。在這種中西交往中，中國一直是以積極的態度，努力去瞭解和認識中國以外的地方，特別是西方文明世界。最早可以追述到周穆王西巡。儘管周穆王西巡的故事充滿了荒誕和神話色彩，但至少反映了中國人已開始去瞭解和認識西方。漢朝，中國和羅馬帝國有過一些貿易往來。西漢時張騫通西域以及東漢時班超出使西域，開闢了一條以長安（今西安）、洛陽爲起點，經甘肅、新疆，到中亞、西亞，並聯結地中海各國的「絲綢之路」。這條從中國經中亞抵達歐洲的道路也被稱爲「陸路絲綢之路」。《後漢書》記載：「……其王（羅馬皇帝）常欲通使於漢，而安息欲以漢繒採與之交市，故遮閡不得自達。至桓帝延熹九年（公元 166 年），大秦王安敦（指奧蕾利士）遣使自日南（越南）徼外獻象牙、犀角、玳瑁，始乃一通焉。」這是歷史上第一次有記載的羅馬與中國的直接交往。此後，中國與歐洲的交往更加頻繁。中國和西方世界對彼此都有了更進一步的認識和瞭解。公元二世紀初期，羅馬帝國在東方的疆界已經包括有美索不達米亞的大部分。因而，羅馬商人得以從波斯灣渡海，經過印度洋來到東方。唐朝是中國封建社會的鼎盛時期，經濟、文化等都達到了空前的繁榮。此時，中國和東羅馬帝國已經有貿易往來和文化交流，其中最重要的事迹便是中國育蠶治絲法的西傳。從公元七至十一世紀，阿拉伯人壟斷著東方和西方之間的貿易，他們的足迹遍於亞、非、歐三洲。中國的四大發明——指南針、造紙、印刷、火藥，就是經過阿拉伯人之手逐漸傳佈到西方去的。不過直到這時，歐洲人對中國以及亞洲其他國家的情形還是知道得不多。絲綢之路在蒙古帝國建立

之前的漫長歷史中，大部分時間被沿路不同的力量所控制，它們彼此爭戰，
干擾了貿易與旅行。但是在十三世紀，亞洲東部興起一股新生勢力，即蒙古
游牧封建貴族通過「遠涉山川」的軍事征服活動，把從歐洲和地中海東部到
中國太平洋沿岸的整條橫貫歐亞大陸的路線都置於其統治之下，建立了一個
疆域遼闊的大汗國，有效地保證了東西交通的暢通。元朝實質上就是蒙古各
汗國的宗主國。儘管元朝政府因忽必烈與阿里不哥之間的汗位爭奪戰而喪失
了對各汗國的實際控制，但是各藩國仍然尊重元朝皇帝在蒙古帝國中的大汗
地位，其中伊利汗國與元廷關係尤為密切。這種政治親密關係，為元代中國
與歐洲各地的經濟、文化交流的廣泛開展，提供了極為有利的條件。

　　另外，在空前大統一的環境下，統治者重視商業發展。蒙古在各地建立
完善的驛站制度，這種驛站制度正式建立，始於元太宗窩闊台時期，至元世
祖時已經得到了全面的發展和完善。驛站體系從中國的大都一直通達南俄草
原和波斯各地，而中國的這種驛站制度為波斯、埃及和俄羅斯所採用。並且
交通秩序也得到派兵保護和維持。而在中亞、西亞和俄羅斯等地所建的汗國，
也都注意保護商道。無論任何人，只需通蒙古語，攜帶大汗賜給的金虎符，
便可自由往來，不受國際障礙的束縛。東、西陸上交通因此暢通無阻，其安
全性和便利性都遠遠超越前幾代，正如元朝人自己所說的那樣，「適千里者如
在戶庭，之萬里者如出鄰家」。前往東方的歐洲商人、傳教士、旅行家、使臣
等，真是「道路相望，不絕於途」。元朝的和林、大都等大城市外商群集，貨
物堆積如山。元朝比以往中國歷史上的任何一個朝代，與歐洲各國的經濟文
化交往都更加頻繁。這時地中海區域的形勢是：第四次十字軍東侵（公元 1202
～1204 年）以後，意大利的威尼斯城壟斷了地中海東部的航運和貿易。威尼
斯的勢力範圍和蒙古帝國銜接起來，這種形勢也便有利於歐人的東來。馬可‧
波羅生於這個時代，在這樣的便利形勢下，才得以達到漫遊世界的目的。

5、馬可‧波羅能夠來中國與當時的思想文化有重要關係

　　元代，這是一個中國和西方基督教世界直接建立外交聯繫和互相瞭解的
時代。蒙古族原來信奉薩滿教，而薩滿教是一種尚未形成嚴密系統的思想體
系及完整的組織機構的原始巫教，對其他宗教沒有很強的排斥性，因此，在
元代這個多民族的帝國裏，元朝統治者對帝國境內的各種宗教信仰一律實行
兼容並蓄的政策，准許各宗教自由傳播，不搞一教獨尊，也不搞宗教迫害，
對待各教一律平等。無論信仰什麼宗教，只要他們的宗教信仰不影響和損害

蒙古人的統治以及尊嚴，就不會受到太多的限制，可以自由發展。世界上的主要宗教如佛教、道教、伊斯蘭教、基督教、天主教等，都在中國得到極大地傳播和發展，都在元代中國留下了它們宗教活動的蹤迹。

另外，爲了達到「因其俗而柔其人」的統治目的，元朝基本上准許各個集團保持自己的社會習俗。正是由於元朝統治者對外來民族的寬容態度，元代中國呈現出多文化交相輝映的特點。元代中國瑰麗多彩的文化中，有很多成分來自境外的各民族。

與元代以前的幾個朝代相比，元朝顯然要有更多的歷史包容性。與中原王朝「夷夏之別」的天下觀相比，蒙古人的觀念中的「天下」乃是位於「有星的天」、「有草的地」之間的沒有中心的無限空間。這種開放的世界觀念滋育了蒙古人在文化上的開放觀念，這樣，就給帶著宗教使命的來中國的馬可‧波羅提供了一個有利的環境。

馬可‧波羅是 13 世紀時候的人物，那個時候西方正處於中世紀的後期。當時，歐洲正處於宗教勢力的黑暗統治之下，人們的思想受到嚴重的禁錮，東方被稱爲「基督的光亮照不到的黑暗王國」。與歐亞其他廣泛傳播的宗教相比較，基督教從一開始就以博愛人類爲教旨，更多地滲透著普救主義，並以全人類的宗教自命，因而有一種強烈的使人人都接受基督教的要求。基督教爲了把勢力拓展的更遠，在馬可‧波羅來中國之前，也曾派遣傳教士來過中國。1254 年初，教皇英諾森四世在法國裏昂召開宗教大會，決定派遣傳教士普蘭諾‧卡爾平尼等人攜帶教皇給蒙古可汗的信件出使蒙古。傳教士威廉‧魯布魯克、孟特戈維諾、帕烈格利諾等人前往中國傳教。1271 年，馬可‧波羅的父親和叔父以及他們兩兄弟再次啓程前往中國，以完成上次去中國時忽必烈交給他們的任務：帶 100 名神父和耶路撒冷聖幕的聖油去中國。

馬可‧波羅是個傳教士，他來中國宣傳天主教，因而，傳播基督教是推動馬可‧波羅來中國的一種精神動力。而從中世紀以來，羅馬教廷和西歐各國錯誤地認爲東方強大的元朝皇帝也是信仰基督教的。西歐的基督教徒企圖和蒙古統治者結成聯盟，以便共同對付異教徒，主要是共同攻打穆斯林勢力。帶著錯位的期望以及蒙古征服的壓力，歐洲各基督教國家和羅馬教廷出於自身的利益，都迫切希望建立與元朝的聯繫，並藉此傳教，因而馬可‧波羅的中國之行得到教皇的支持，這也是馬可‧波羅來中國的有利條件之一。

另外，元朝是多民族薈萃的時代，不同民族之間文化交流頻繁，而多語

種交際的環境極大地推動了官方和民間的不同語言之間進行對譯的研習和實踐。這些都爲帶著宗教使命來華的馬可・波羅提供了有利條件。

馬可・波羅能夠來中國與他的家庭條件有密切關係。據《寰宇記》記載，1254 年，馬可・波羅出生在意大利東北部秀麗的「水都」威尼斯。馬可・波羅的家鄉威尼斯是亞得里亞海北岸的重要港口，是當時意大利最古老、最富庶、最強大的商業城市。他家祖輩也是世代經商，他的父親尼古拉・波羅、叔父馬飛阿・波羅都是當地富商，父親和叔父經常奔走於地中海東部一帶，進行商業活動。有雄厚的財力作支撐，這就爲馬可・波羅來中國提供了一個非常有利的物質條件。

二、主觀因素

1、從大的時代背景來看，在馬可・波羅來華之前，中西已經有了一定程度的來往，但直到 13 世紀以前，中西交往只停留在以貿易爲主的經濟聯繫上，缺乏直接的接觸和瞭解。而歐洲對中國的認識，在 13 世紀以前，一直停留在道聽途說的間接接觸上，他們對中國的認識和瞭解非常膚淺。美麗富饒的東方就成爲歐洲人夢幻中的國度。因而歐洲人對東方世界充滿了神秘和好奇的心理。他們對於繁華富饒的東方大陸嚮往已久，其不僅嚮往東方的精美瓷器、絲綢、茶葉香料，更加嚮往黃金。這又有意或者無意地促進了中西方之間的交往。馬可・波羅正是在這種嚮往之下來到中國。

2、從個人因素而言，據《東方見聞錄》記載，1254 年，馬可・波羅出生在意大利商業城市威尼斯。他家祖輩也是世代經商，他的父親、叔父都是當地巨商，父親和叔父經常出外經商。他從小就薰陶在這種濃重的商人和旅行家的氣息之中。1260 年，他的父親和叔父經商到過君士坦丁堡，後來又到中亞的布哈拉城，在那裏他們遇到了旭烈兀汗派去朝覲忽必烈大汗的使節，並和使臣一起到了中國，受到了元世祖忽必烈的親自接見。1269 年，馬可・波羅已經 15 歲，他的父親和叔父從東方回到了威尼斯，帶回了一匹匹精美的棉布，漂亮的亞麻布，精緻的絲綢，透明的薄紗以及各種各樣的金銀珠寶，他們向馬可・波羅講述了在東方經商的動人，使得馬可・波羅既羨慕又嚮往，他也很渴望做一名商人，漫遊東方。馬可・波羅渴望前往中國是帶著強烈的商業動機的。他想通過去傳說中地大物博的中國經商，從而發財致富，這是他去中國的主要目的。兩年之後，馬可・波羅的美好願望實現了。1271 年，

他的父親和叔父再次動身去中國，決定帶年僅 17 歲的馬可‧波羅同行，於是年輕的馬可‧波羅以意大利威尼斯商人的身份，懷著瞭解東方的心情，踏上了去往神秘而遙遠的東方世界的旅程。他們由威尼斯起程，渡過地中海，在地中海東岸阿迦城登陸以後，便沿著被荒涼的群山包圍的大平原前進，到達小亞細亞半島，經由亞美尼亞折向南行，沿著美麗的底格里斯河谷，到達伊斯蘭教古城巴格達，由此沿波斯灣南下，再向當時商業繁盛的霍爾木茲前進，沿著公元前 1 世紀初葉我國古代人民和西南亞各族人民開闢的「絲綢之路」東行，抵達霍爾木茲後，繼而穿越敘利亞和兩河流域，穿越 150 公里長的沙漠地帶，沙漠中灼人的熱浪以及缺水，使得每個人都汗透衣衫，全身發軟，呼吸困難，都有些垂頭喪氣，只有馬可‧波羅信心十尺地堅持著。之後又橫貫了荒無人煙的伊朗高原，從巴爾赫南方進入了帕米爾高原和興都庫什山山地，在到達阿富汗的東北端時，馬可‧波羅由於適應不了高原山地的生活，不幸病倒了，只好停下來療養。一年之後，馬可‧波羅恢復了健康，繼續前進。他們啓行不久又面臨翻越帕米爾高原的艱苦行程。久病初愈的馬可‧波羅，以堅強的毅力，克服了困難，下山之後來到喀什，沿著塔克拉瑪干沙漠的西部邊緣行走，抵達葉爾羌綠洲，繼而向東到達和闐和且末，再經敦煌、酒泉、張掖、寧夏等地。他們在中國境內所走過的這一段路程，大致上就是我國唐代高僧玄奘赴印度取經所走過的路程，不過方向相反罷了。經過三年半的艱辛跋涉，他們終於在 1275 年 5 月抵達元代上都（今內蒙古自治區多倫西北）見到了忽必烈大汗。上都是忽必烈夏季避暑的行宮，正式國都定在北京，當時稱爲大都，以後馬可‧波羅等人到達大都，並居住 10 多年。他們有時騎馬，有時騎駱駝，有時步行跋山涉水，風餐露宿，歷盡艱辛，才到達目的地。在他們走過的路上，前有古人，後有來者，因而在這個意義上，馬可‧波羅並不是一個眞正的冒險家，他沒有開闢出前往東方的新路線。這位不屈不撓的威尼斯商人實質上是一位雄心勃勃的商業旅行家，他是去遼闊而富饒的東方尋求增加財富的新機會。他的旅程遙遠而危險，生命隨時都面臨著威脅，然而他卻能一直堅持下去，這是因爲他本身所具有的品質，這種品質就是：永不知足的好奇心。總而言之，永不滿足的好奇心，冒險並追求財富的渴望，促使他們堅定不移地向前進，這就是馬可‧波羅能夠來中國的原因之一。

　　馬可‧波羅能夠來中國，這並非偶然，是長期歷史發展的結果。元代強

大帝國的建立，蒙古西征的威懾力，中西之間通暢的交通，元朝發達的對外
貿易，元代實行的宗教寬容政策，馬可‧波羅自身雄厚的財力支撐，是馬可‧
波羅來中國的客觀因素。而西歐人對東方的嚮往以及馬可‧波羅的個人興趣
和品質是主觀因素。

第十八章　馬可・波羅爲什麼來中國？

　　馬可・波羅來中國是爲什麼呢？主觀方面的原因是他的好奇心和冒險精神，其客觀原因是當時中國對西方的影響和基督教教皇要求去東方傳教、結盟。此外，本文還就與當前一些認爲馬可・波羅去中國是爲了財富的觀點進行辯論，證明馬可・波羅來中國的目的不是爲了財富。

　　馬可・波羅是世界著名的元朝時來華的意大利旅行家，他在中國居住了17年，回國後寫了《馬可・波羅遊記》記述了他在東方最富有的國家——中國的見聞，激起了歐洲人對東方的熱烈嚮往，對以後新航路的開闢產生了巨大的影響。與馬可・波羅有關的各種方面的研究很多也很全面，但奇怪的是，對馬可・波羅爲什麼來中國的原因這樣的基本問題的探究卻很少。在這篇文章裏僅就馬可・波羅來中國的主客觀原因和對他是否爲了財富而來中國的相關問題，談談個人的一些看法。

一、主觀方面

　　首先從馬可・波羅個人的一些經歷和性格特徵方面探討一下馬可・波羅來中國的原因，看看還原成一個平凡人之後的馬可・波羅來中國的個人原因到底是什麼？

1、對父親的不捨

　　1254年，馬可・波羅出生在意大利威尼斯的一個商人家裏。馬可・波羅15歲之前沒見過他父親，因爲他父親外出做生意了。他從小由母親養大，母親死後姑姑一家搬了過來跟他生活，「家，對馬可來說，早已失去了溫馨的感

覺。」〔註1〕「馬可一聲不吭，默默地從姑姑身邊溜了進來。門外飄來的一陣
風吹得餐桌上的燭火搖擺不定。圍坐在桌旁的姑父和表兄妹們冷冷地看著
他，沒有人說話。」〔註2〕孤苦伶仃的孩子要麼被可憐被寵愛要麼被冷落或欺
負，馬可就是被冷落的，姑姑一家對他很冷淡，總是覺得馬可游手好閒、無
所事事。可是一個15歲的孩子能有能力做什麼呢？這讓他越來越想念父親，
天天跑去碼頭邊等待父親的歸來。終於父親尼可羅和叔叔馬飛阿回來了，馬
可見到了父親自然非常高興，「這一切來得太突然了，馬可愣愣地站在那兒，
他簡直不能相信自己的夢居然變成了現實。過了片刻，理智終於回到了他的
身上，馬可一下子撲到父親的懷裏，他的鼻子酸酸的，只是不停地輕聲說著：
『哦，上帝啊，終於回來了。』」〔註3〕尼可羅與馬飛阿在家鄉停留了兩年，
又要離開去中國了，這讓馬可非常傷心，不想再重新過寄人籬下的生活，他
也捨不得離開父親，不知道一別之後何時再見面，或者不知道還有沒有機會
再見到父親，因為父親描述的路途艱難險惡。馬可去中國的初始目的和意圖
並不難理解，僅僅是因為不願與父親分離，年僅17歲的馬可提出要跟隨父親
去中國，然後他的父親也不放心兒子一個人在家，就同意了，然後他們就去
中國了，就這麼簡單的理由，不過似乎很多人都忽視這一點了。

2、好奇心和冒險精神

威尼斯是個港口，來來往往的船和各種人群絡繹不絕，帶來各種傳奇的
冒險經歷和故事。馬可從小就喜歡聽人家講東方的故事，對東方他充滿的好
奇心，那是一個神秘的地方：「在東方神秘古怪事兒都有，聽說有長著狗腦袋
的人，說起話來像狗叫一樣。還有一種鳥巨大無比，能把大象抓起來活活摔
死。」〔註4〕15歲的他還和夥伴菲亞商量好了要學航海，然後去遙遠的東方尋
找父親。他們還找了一條破小船，打算修好它出去練航海術，可惜小船在試
驗的時候出了事故把神父的船舵削去了一塊，還把神父撞進河裏去了，嚇得
他們掉頭就跑，又接著去聽比亞諾講那些令人癡迷的東方的故事了。從中國

〔註1〕 常寧文，巨人百傳名人叢書——馬可·波羅〔M〕，瀋陽：遠海出版社，1998，
3。
〔註2〕 常寧文，巨人百傳名人叢書——馬可·波羅〔M〕，瀋陽：遠海出版社，1998，
3。
〔註3〕 常寧文，巨人百傳名人叢書——馬可·波羅〔M〕，瀋陽：遠海出版社，1998，
8。
〔註4〕 馮承鈞，馬可·波羅遊記〔M〕，北京：東方出版社，2011，15。

回威尼斯的馬可的父親和叔叔向從沒去過中國的家鄉的人們講述在中國的經歷，這更激起了馬可的好奇心和冒險精神，他迫切想去中國一探究竟。馬可的好奇心和冒險精神在他的遊歷中暴露無遺，在他父親和叔叔的眼裏只有保全生命和做生意和護送教皇的信和聖油是最重要的，以至於當忽必烈大汗問起他們沿途的情況時他們除了路途險惡之外其他的說不出多少東西來。「倒是馬可用簡單易懂的語言，條理清晰地敘述了一切的經過情形。阿雅斯的情況、馬木路庫的史坦丁‧拜巴魯與小亞美尼亞的戰爭、阿津甘的噴油井、大不里士的商業、起而漫的軍工製造業、忽里模子港、巴拉香寶石、帕米爾高原的險峻、西域風情以及羅布大沙漠的恐怖，等等，甚至於沙漠的殯葬儀式、哈密以妻女陪客的怪俗，幾乎所以的人都被吸引住了。沿途的地形、軍事要塞、行路所用時間，馬可表述得清清楚楚。」〔註5〕他的好奇心和觀察力幫了他大忙，讓他成爲忽必烈值得信賴的朋友，還託以重任讓他去南方任官考察。馬可並不是一個具有專門知識的人，但他聰明好學，很能適應環境的變化，具有敏銳的觀察力，對各種事物的感受性很強，好奇心也很重。他自認爲懂得四種語言，法國頗節（G.Pallthier）曾認爲這四種語文是漢文、回鶻（畏兀）文、八思巴字蒙古文和波斯文。他還很喜歡冒險，這從一開始就可以看得出來，冒著生命危險去中國的人是值得敬佩的，他的父親和叔叔懷有使命不可違背，而馬可，他有的是冒險的精神，這也是他與其他商人的不同之處。馬可‧波羅的父親和叔父曾經到過中國。1271 年，他們開始第二次東方之旅，這次同行的還有對世界充滿好奇的、年僅十七歲的馬可‧波羅。他們一行三人先到以色列，再穿過敘利亞、伊朗、阿富汗，翻過帕米爾高原，走過塔克拉瑪干沙漠進入新疆，然後到甘肅，經過了敦煌和酒泉。直到 1275 年，才來到距離北京不遠的行宮上都，見到當時很渴望瞭解歐洲的元順帝忽必烈。在旅途中，馬可‧波羅因爲高原缺氧而病了一年多。其他必須克服的兇險，包括沙暴、雪崩、乾旱、土匪、飢餓、瘟疫等等，還有十字軍和伊斯蘭教徒的戰火。如果不是馬可‧波羅的冒險精神，一般商人和膽小的人早就像教皇派來跟他們一起去的傳道士偷偷地打道回府了。

3、傳　教

馬可一開始只是單純地想跟隨父親去遊歷，傳教是在中途的經歷和教皇

〔註5〕 常寧文，巨人百傳名人叢書——馬可‧波羅〔M〕，瀋陽：遼海出版社，1998，
　　　 65。

委託之後才確定的一個目的。教皇格里戈里十世在阿克城接見了波羅三人，並對他們寄予厚望，「平安地將我的信交給他，讓我的聲音在他的耳邊迴響。你們不僅是建立關係，更重要的是保持友好的關係。這樣起碼可以讓他們持守中立，也有利於教會事業的發展。」〔註6〕教皇還對馬可說「我同樣寄希望於你」〔註7〕教皇的器重讓馬可很是激動和自豪，他更加慶幸當初堅決要求同行的選擇是多麼正確的，他的年輕的肩上肩負著聖神的任務。信奉基督教的人總是認為自己比其他異教徒優越，覺得異教徒是野蠻的，身份地位品格低微，基督教徒又很博愛，總想把上帝的福音傳遍全世界。更何況是馬可在不平的路上遇到那些要打劫他們的異教徒和軍隊，更是心有餘悸。他想不明白為什麼一向正統的基督教怎麼變成了異教徒，他見識的太少了。對異教徒的態度讓他害怕，也難怪他想傳教了。馬可曾經試圖向察必皇后和真金太子傳播基督教，以進而說服忽必烈大汗皈依基督教。約翰‧柯拉的《大可汗日記》（1330年）寫道：「大汗支持國內服從羅馬聖教會的基督教徒，其所需無不供應。大汗十分尊重他們，恩待他們。」〔註8〕雖然「察必皇后因為受忽必烈的母親和魯唆帖尼的影響，對基督教頗有好感，經常要馬可為她講聖經故事」〔註9〕，但真金太子和忽必烈一樣都只是對歐洲的歷史和沿途的見聞感興趣而已，他們「對各種宗教都採取寬容的態度，自己的信仰是不可動搖的。」〔註10〕因此，馬可在中國傳播基督教福音的美好願望也就不了了之了。

二、客觀目的（外界推動力）

1、中國對西方的影響深大

元朝以及四大汗國等政權的產生，使13世紀之後的歐亞政治格局發生重大的變化，東亞、中亞和西亞地區昔日林立的諸多政權頃刻間消失，歐洲的

〔註6〕 常寧文，巨人百傳名人叢書——馬可‧波羅〔M〕，瀋陽：遼海出版社，1998，30。

〔註7〕 常寧文，巨人百傳名人叢書——馬可‧波羅〔M〕，瀋陽：遼海出版社，1998，30。

〔註8〕 阿‧克‧穆爾，一五五〇年前的中國基督教史〔M〕，北京：中華書局，1984，281。

〔註9〕 常寧文，巨人百傳名人叢書——馬可‧波羅〔M〕，瀋陽：遼海出版社，1998，78。

〔註10〕 常寧文，巨人百傳名人叢書——馬可‧波羅〔M〕，瀋陽：遼海出版社，1998，78。

部分地區也納入蒙古汗國的統治之下。蒙古還曾經發動三次大規模的西征，尤其是 1236～1242 年的第二次西征給整個歐洲帶來了巨大的震撼。「1241 年蒙古軍隊長驅直入，攻到了匈牙利和德國邊境，大敗西歐聯軍。神聖羅馬帝國處於一片驚慌之中，教皇極度不安地注視著局勢的發展。所有的人都認爲這些野蠻的人是來消滅基督教徒的。」〔註 11〕毫無疑問，殘酷的戰爭，劇烈的社會動蕩，曾給歐亞各國人民帶來巨大的痛苦。但是，征服戰爭以及隨之建立的蒙古政權，在客觀上帶來的積極影響也是不容忽視的，優惠的通商政策、通暢的商路、富庶的國度、美麗的傳說，使元朝對西方和阿拉伯世界的社會各界形成了巨大的吸引力。它使歐亞之間經濟文化交流的壁壘被打破。蒙古族統治者鼓勵通商的開放政策，便利、安全的驛站交通，拉近了歐亞之間的距離，使各種文化之間的直接對話成爲現實，縮短了歐亞大陸區域之間因發展不平衡以及由於地理空間和人爲封閉造成的文明進程的差距。據記載，在馬可‧波羅之後的中國，「上都、大都、杭州、泉州、廣州已具有國際化都市的色彩，泉州港成爲國際最大的對外貿易口岸。」〔註 12〕旅行家、商人、傳教士、政府使節和工匠，由陸路、海路來到中國，他們當中的部分人長期旅居中國，有些人還擔任政府官員。據統計，這些人分別來自波斯、伊拉克、阿速、康里、敘利亞、摩洛哥、高麗、不丹、尼泊爾、印度、波蘭、匈牙利、俄羅斯、英國、法國、意大利、亞美尼亞、阿塞拜疆、阿富汗等國。歸國後一些人記錄了他們在中國的見聞。正是這些遊記，使西方人第一次較全面地掌握了中國和東方的信息，一個文明和富庶的中國眞實地展示在世界面前。這些信息改變了歐洲人對世界的理解和認識。學術界普遍認爲，馬可‧波羅等人的著作對大航海時代的到來產生了至關重要的影響。

2、教皇的期望

前面說到，蒙古曾兩次出兵神聖羅馬帝國，這讓教皇很擔憂，但畢竟過去了 30 年了，他現在更擔心的是十字軍東征的失敗和馬木路庫軍的圍攻。「祭司王約翰曾設法前來支持十字軍戰士，可惜路上受阻。」〔註 13〕「1250 年，阿貝爾在埃及建立了馬木路庫王朝，它那異常精銳的馬木路庫軍屢次大敗十

〔註11〕 常寧文，巨人百傳名人叢書——馬可‧波羅〔M〕，瀋陽：遼海出版社，1998，29。

〔註12〕 烏恩，元朝在中國文化史上的地位和影響〔N〕，光明日報，2006-9-4。

〔註13〕 羅依果，羅馬教皇派往大汗朝廷的使節〔M〕，1971，225。

字軍，十字軍最後的要塞阿克形勢趨於危機。想到這裏，教皇吸了口氣，輕輕搖了搖頭，他雖是教皇代表，也只能困守孤城，無可奈何。」〔註14〕為了保護岌岌可危的基督教世界，1245年起，教皇就已經開始陸續派人出使蒙古，試圖與蒙古人合作對付共同的敵人——撒拉遜人。威廉·魯不魯乞攜帶著法國國王致蒙古君主的函件，但他最感興趣的似乎是向蒙古人宣講福音。〔註15〕格里戈里十世在接見馬可三人時就說出了他的目的：「你們不僅是建立關係，更重要的是保持友好的關係。這樣起碼可以讓他們保持中立，也有利於教會事業的發展。如果蒙古人能和我們共同對付撒拉遜人，那麼事實上，伊利汗國和基督教世界的國家關係一直尚好，他們的阿八哈汗曾給教皇克萊門寫過信；而英國國王愛德華一世也曾約請阿八哈汗出兵共同向敘利亞地區夾擊，後來因為伊利汗國和察合臺汗國正發生戰爭，就此作罷。記住，用你們的眼睛，用你們的耳朵。我們解放聖陵的計劃可能更容易實現。」〔註16〕很明顯，教皇打不過蒙古，又不敢與蒙古為敵，便想和蒙古結盟，遠交近攻，順便還可以進行宗教滲透，一舉兩得。

三、馬可·波羅是為經商和財富而去中國嗎？

根據常識和《馬可·波羅遊記》，普遍人們都認為馬可·波羅到中國是為了經商賺錢和傳教，不必要做過多的研究。佛朗西斯·伍德也認為馬可·波羅是作為一位商人去中國的，他說：「一個最重要的原因是，進行亞洲奇異物產的貿易變得日益重要。馬可·波羅的父親和叔父都是商人，他的書到處流露出對這些物品的商業興趣不足為奇。對中世紀的歐洲說來，遠東和東南亞在經濟上十分重要，那裏盛產的香料不但可以在無製冷設備的時代用來保存食物，還可以給醃製不佳的食品增添濃烈的香味。」〔註17〕「書中有幾處用很長的篇幅記述極其重要的香料；其中有一處說，在中國東部沿海城市杭州，每天裝運進城的胡椒數量驚人。他從一個收稅官員處獲悉，每天都有43擔胡椒送進城裏，每擔胡椒有223磅之多。」〔註18〕「對中世紀的歐洲說來，胡

〔註14〕常寧文，巨人百傳名人叢書——馬可·波羅〔M〕，瀋陽：遼海出版社，1998，29。

〔註15〕彼得·傑克遜，威廉·魯不魯乞的傳道之行〔M〕，1990，230。

〔註16〕常寧文，巨人百傳名人叢書——馬可·波羅〔M〕，瀋陽：遼海出版社，1998，30。

〔註17〕弗朗西斯·伍德，馬可波羅到過中國嗎？〔M〕，北京：新華出版社，1997，6。

〔註18〕余前帆，馬可·波羅遊記〔M〕，北京：中國書籍出版社，2009，98。

椒和桂皮、丁香、薑、肉豆蔲等其他香料都是極其重要的東方物產。這些物產，加上檀香木和染料等相關產品，都是氣候比較溫和的歐洲所不可能出產的，所以他們都是遠東的專賣產品，主要由海路輸往西方。如果香料貿易因故中斷，香料的價格就會大幅度上揚，以至於有時香料可以代替白銀或黃金充當支付手段。」〔註19〕伍德認爲除非一位具有商業眼光的商人，其他的旅行者是很難很詳細地把那麼多的生活用品記下了的。因此他認爲馬可是爲財富而去的。馬可的遊記也因此激起了追求財富的歐洲人對去東方的嚮往和追求，引起了新航路開闢。

　　馬可・波羅到中國的原因就僅僅是這個嗎？一個 17 歲的男孩爲了財富不遠萬里不辭辛苦冒著生命危險走了幾年去中國就是爲了金錢這說得過去嗎？《馬可・波羅遊記》確實記載有很多奇珍異品，但是卻缺乏證據沒有哪一處說馬可在中國做生意了。這裏舉一些例證：（1）馬可沒有表現出貪財或做生意的熱情。馬可出生在商人家庭，家裏還是比較富裕的，即使他媽媽死後他也不用被迫去打工幫補家用，到 15 歲的時候還是可以在外面玩得很快樂。（2）馬可在中國正是他青壯年時期，此時他正受到忽必烈的重用，他無心做生意。《遊記》中說到馬可知道阿合馬是個大貪官的時候顯得很氣憤，但是爲了明哲保身，他只好當不知道了。雖然他的做法現在看來不好，但是從中可以看出他的不好錢財的性格。（3）書中不管在去中國的途中還是在中國還是回威尼斯的路上，做生意的一直都是馬可的父親和叔叔，馬可做什麼呢？他只負責沿途觀光冒險、記錄一些奇異的風俗習慣報告給忽必烈罷了，對他記述下來的奇珍異寶，馬可除了驚歎之外並沒有表現出來商人特有的貪欲和佔有感。（4）馬可回到家之後才開始學做生意的。馬可父親死後，馬可開始做生意，他沒有經驗，因此他的生意不好，還常常變賣中國帶回來的東西幫補家用。書中還說到 1311 年，馬可因爲代理人保羅無法以六格羅斯的價錢將他從元朝帶回來的一英鎊重的麝香賣出而控訴代理人。直到後來他才漸漸摸索出一些做生意的竅門，生活才改善過來。因此說馬可去中國是爲了財富是說不過去的。

　　當然，如果撇開馬可個人來說，就馬可一行的目的，就有這個目的了。實際上，說馬可・波羅是爲財富去中國的人已經是把馬可形象化了，馬可・

〔註19〕唐納德・拉克，亞洲對歐洲的發展所起的作用〔M〕，北京：商務出版社，1958，
　　　　58。

波羅的名字已經不屬於馬可・波羅的了，因爲馬可・波羅代表的已經不單單是一個人，而是一群人，一群在中世紀那個年代爲了財富、爲了經商和傳教冒險而去中國的西方人。

綜上所述，馬可・波羅來中國的原因既有他對親情眷戀和好奇心、冒險精神、傳教，也有當時強大的中國對西方的影響、教皇傳教的願望；馬可・波羅來中國的主要原因不是像人們所說的那樣爲了財富，他也不是到中國經商的，而是懷著簡簡單單的很單純的目的來中國。

第十九章　從《馬可・波羅遊記》看絲綢之路

　　馬可・波羅能來中國得益於古絲綢之路的開闢，對於絲綢之路沿途的見聞在《馬可・波羅遊記》中有詳細的記載。其中記載了多個國家的商業情況，這與他本身的商人身份有關。《馬可・波羅遊記》對絲綢之路陸上的交通、各國的政治經濟、民俗風情、地理等等情況的記載，對於研究中國歷史和世界歷史都具有重要的史料價值。

　　在《馬可・波羅遊記》中，馬可・波羅對其來華沿途即絲綢之路的記載，對瞭解研究中世紀中國、中亞和亞洲的交通史、文化史、蒙元政治經濟史、中西文化交流史以及其產生的影響和作用等會有很大的幫助。在 20 世紀以後的 100 年多年裏，學術界對馬可・波羅的身份問題、馬可・波羅懂不懂漢語、幾個年代問題、地名勘同問題、《馬可・波羅遊記》的真實性問題〔註 1〕，進行一定深度的研究，取得了一定的成果。可見，過去學術界對馬可・波羅來華路線研究的課題較少。為此，本文主要針對絲綢之路的背景、馬可・波羅對絲綢之路的記載及其原因以及這些記載所產生的影響和作用進行分析。

一、絲綢之路的背景

　　馬可・波羅能來中國得益於古絲綢之路的開闢。公元前 4 世紀，亞歷山大向波斯、印度進軍，東征取得了很大的成果，亞歷山大帝國得以建立和希

〔註 1〕　楊志玖，百年來我國對《馬可・波羅遊記》的介紹與研究〔J〕，天津社會科學，1996，（1）：73，80

臘化世界得以形成，這從客觀上促進了絲綢之路西線的開通。〔註2〕公元前 139
年，張騫帶領一行人首次出使西域，到達大宛、月氏、大夏、康居。張騫前
後幾次出使西域，歷時三十多年，爲打開了通向西域的道路做出了重大的貢
獻。公元 1 世紀後期，班超經過 20 多年艱苦奮戰，穩定了西域。公元 92 年，
東漢在龜茲重置了西域都護府。在班超的努力下，東漢與西域五十多個國家
建立了良好的關係，促進了塔里木盆地絲綢之路交通的貫通，中西交流、貿
易又繁榮起來了。《後漢書》記載了公元 166 年，羅馬帝國派遣出第一批特使
抵達漢朝。這些使者到達漢朝後以羅馬帝國國王安敦的名義向漢朝皇帝漢桓
帝進獻了禮物。羅馬使者也得到了漢朝皇帝贈與貴重的物品。東漢末期王室
衰落，無力控制西域，中西貿易處於半通半停的狀態。公元 7 世紀到 12 世紀，
絲綢之路上的交流又增加了，印度的佛教傳入中國，中國的指南針、造紙、
火藥、印刷術通過阿拉伯傳入西方。總之，這個時期的絲綢之路是比較繁忙
的，發揮了其溝通東西方的職能。

　　十三世紀，蒙古民族大肆擴張，到伊爾汗國建立時，蒙古帝國的疆域，
在西邊就達到了黑海、高加索、敘利亞一帶。就是在這樣的背景下，馬可‧
波羅的父親和叔父沿絲綢之路來到中國的。公元 1260 年左右，威尼斯商人尼
古拉‧波羅和馬飛阿‧波羅兄弟兩人到君士坦丁堡經商，後打算到東方進行
貿易才有利可圖。在察合臺汗國的主要城市布哈拉期間，他們遇到了蒙古使
者，便被使者順絲綢之路帶到了中國。在大汗的駐地上都，兄弟兩人見到了
忽必烈。忽必烈從他們那裏瞭解到了西方的一些情形，並有請他們再次到訪。
於公元 1269 年他們回到了威尼斯，這時，他的兒子馬可‧波羅已長成十五歲
的翩翩少年了。

二、《馬可‧波羅遊記》中的絲綢之路的記載

　　於 1271 年，年僅 17 歲的馬可‧波羅跟隨父叔踏上了神秘的東方之行。
他們一行三人離開威尼斯，乘船到達地中海的東岸阿伽城。從這裏出發，一
路上他們翻山越嶺，穿過敘利亞、兩河流域，橫越波斯全境，北上經過中亞
荒無人煙的沙漠地帶，翻越過冰天雪地的帕米爾高原，一路向東行，到達喀
什，一路經過和田、羅布鎮、哈密、肅州、甘州、寧夏一帶。經過了三年多
的行程，終於到達大汗的上都。他們一路上，有時騎馬，有時步行，有時搭

〔註2〕 楊巨平，亞歷山大東征與絲綢之路開通〔N〕，中國社會科學院報，2008-10-23。

駱駝，有時乘船。《馬可‧波羅遊記》生動的記載了這段行程。

　　《馬可‧波羅遊記》記載了西亞國家人民多以商業交易爲主，大亞美尼亞的奇異的噴油井，巴格達的哈里發迫害基督徒及獨眼匠神奇的祈禱使山移動，忽里模子罕見的熱風，荒原中的苦泉水，神秘的山中老人和他的花園，喀什米爾佛教徒的剋制，喀什繁榮的商業，葉爾羌城明媚的花園和基督教堂奇妙的石柱，沙漠邊緣的居民爲躲兵禍而逃入沙漠深處，羅布泊惡劣的生態環境和怪聲，以及哈密、肅州、甘州等的風俗習慣及物產。從《馬可‧波羅遊記》的記載中可知，沿絲綢之路上的民族宗教信仰的狀況，提到最多的宗教則是基督教、伊斯蘭教、佛教。此外，還記載了韃靼人向西擴張的情形，以及對西邊各民族造成的影響等。

三、《馬可‧波羅遊記》中如此記載的原因分析

　　《馬可‧波羅遊記》中記載了多個國家的商業情況，比如記述了小亞美尼亞的商業港口萊亞蘇斯的繁忙，希臘族和亞美尼亞族從事的商業活動；記述了伊拉克王國的繁榮的商業，提到了波斯王國內發達的商業⋯⋯馬可‧波羅之所以會多次記述各個國家的商業情況，原因有：1、中亞、西亞多山地，多沙漠，土地貧瘠，大多不適合農業種植，只能找別的出路了，而商業是最適合的選擇了，升利高、快，成本多少要求不高；2、蒙古帝國的擴張使東西絲綢之路得以暢通，爲商業貿易的交流提供了便利；3、馬可‧波羅一家本身就是商人，他們到中國，除了要見識中國的地大物博、美麗富饒外，還有一個重要的目的，就是經商，從而獲取商業利益。而沿途他們當然會留意各地的商業情況。

　　看過《馬可‧波羅遊記》後，可知馬可‧波羅一行來華的艱辛，他們要經過廣大的沙漠，走過崎嶇的道路，還會碰上惡劣的天氣，路上缺水、缺糧。比如，書中描述了忽里模子的熱風，這種風炎熱得使人呼吸困難甚至窒息而死，曾使起而漫王的一千多名士兵窒息而死；途中遇到的苦泉水；羅布泊荒原的乾旱、缺水⋯⋯正是因爲環境的惡劣，很多西方人才沒來到過東方，當然對這些是不熟悉的。《馬可‧波羅遊記》記載了這些當時很多人不知道的事情，會更吸引人，同時也具有參考價值。對當時來說，《馬可‧波羅遊記》的這樣記載，當然會考慮到這方面的原因，否則就會沒有吸引力，不值得一看了，也就不會有價值。

　　《馬可‧波羅遊記》記述了摩蘇爾王國的庫爾德人有些是基督徒，卻不講道德，劫掠商旅，不符基督教的教義，甚至做著與之相反的行為，從一定的角度反映出來了馬可‧波羅恨鐵不成鋼的情感；獨眼匠替基督教徒祈禱，使得山移動，哈里發的人好多人皈依了基督教，哈里發也偷偷改信奉了基督教，直接和間接提到了基督教的好；講回教民姦邪狡詐，且不講道德，視偷搶為正當行為，體現了馬可‧波羅鄙視回教，有點排他教……從這些描述中可大概知道馬可‧波羅是基督教徒，要不他不會這樣維護基督教，同時他還是意大利人，意大利人多信仰基督教。在《忽必烈與他的世界帝國》裏記載：忽必烈為拉近與歐洲的關係而實施對基督教更寬容的政策。在他和馬可‧波羅的對話中，忽必烈希望給馬可‧波羅一個印象，那就是，與他境內的其他宗教相比，他更傾向於基督教。他告訴馬可‧波羅，一旦一百位學識淵博的基督徒到達中國，皈依基督教的熱潮便會興起，他自己也會接受洗禮。他在宮廷中雇傭了相當數量的基督徒，包括一位漢文名字叫愛薛的天文學家和醫生。〔註3〕從這些可看出，馬可‧波羅是基督篤信徒。這也就不難理解為什麼馬可‧波羅會如此褒揚基督教，貶低他教或對其他教徒的行為感到驚奇了。就像書中描寫到甘州居民的偶像崇拜時，根據他據他的描寫，可知此地大多數居民信佛教。比如：他們的偶像都裝飾得富麗堂皇並全身都貼了一層金皮。還有弟子在後面恭敬侍立，馬可‧波羅把弟子說是小鬼。這些迹象，可知他們信奉佛教。但是馬可‧波羅卻很難理解，特別是他們的結婚風俗更不理解。他完全是從作為一基督教徒的角度出發看問題的。

　　馬可‧波羅描寫戰爭時，給人的感覺很平淡，並沒多少痛恨譴責之意。比如：蒙古軍隊攻陷山中老人的城堡，使其投降，最後被處以死刑，這對絲綢之路上交通的通暢無疑有好處；另外，韃靼人的軍隊經過沙昌時，如果居民視他們為敵，他們就搶劫居民的貨物；如果視他們為友，也要宰殺並吃掉他們的牲口。因此，居民一聽到他們來，就躲到沙漠深處。馬可‧波羅講到這裏可能會同情他們的，作為一個基督徒道義上應該是這樣的。然而，馬可‧波羅還有另外一個身份，他還是一位商人。商人已獲利為最大的目的。蒙古人向西擴張，建立龐大的帝國，對於絲綢之路的交通通暢起到了重大的作用。所以，為著自己的利益著想，馬可‧波羅是很支持蒙古人的擴張的。馬可‧

波羅對成吉思汗的評價就很高，他說：「成吉思汗的去世是一大遺憾，因為他是一個正義、明智的人。」〔註4〕再者，馬可‧波羅來到中國後，收到了忽必烈的熱情款待。據《馬可‧波羅遊記》記載，從 1275 年到 1292 年這十五年間，馬可‧波羅和他的父親、叔父一直在元朝供職。忽必烈對這個來自西方的英俊青年很友好，以禮相待，予以重用。馬可‧波羅經常奉命去視察各地，還曾被任命為杭州總管〔註5〕，還奉命出使南洋……他受到最大的汗的如此重視，出於個人的情感，他就不會對蒙古人的侵略憎恨，或許在他的眼中，這算不上侵略，而是韃靼人的豐功偉績，大汗的豐功偉績。

四、影響和作用

《馬可‧波羅遊記》是中世紀有名的一部遊記，他對世界產生了很大的影響，但是很多人認為馬可‧波羅是天方夜譚，激起了人們探索的熱潮。就它對世界的影響度來說，它是無可比擬的。

1、對中國歷史和世界歷史研究具有重要的史料價值

《馬可‧波羅遊記》記載的各國當時處於蒙古帝國的統治之下，記載了絲綢之路陸上的交通、各國的政治經濟、民俗風情、地理等等情況。因此，馬可‧波羅的著作，對於研究世界史、中亞史、中西交通史、中西文化交流史以及地理學史等等方面，都具有重要的史料價值。

2、拓寬了歐洲人的世界觀念

在馬可‧波羅之前，歐洲人的時空觀以地中海為中心，北到歐洲大陸國家，南到非洲北部，東到西亞、中亞西部。而馬可‧波羅的東行，把歐洲人的眼光拉到了大陸的最東端，這樣，歐洲的時空觀大大地擴展了。《馬可‧波羅遊記》把西亞、中亞以及中國的社會生活的各個方面活靈活現的展現在歐洲人的面前，使他們知道原來「天外有天，人外有人」。〔註6〕

3、對中西交通的影響

《馬可‧波羅遊記》介紹了東方國家的富饒以及各種奇聞怪事，特別是

〔註4〕　〔法〕勒內‧格魯塞著，李德謀編譯，《草原帝國》〔M〕，重慶：重慶出版社，2006，115。

〔註5〕　余志群，馬可‧波羅行迹揚州方志考〔J〕，揚州大學學報（人文社會科學版）：2012，（2）：91～95。

〔註6〕　張西平，《馬可‧波羅遊記》與中國文化的西傳〔J〕，對外傳播，2011，（4）：59。

記載的大都的繁華，激起同時代和後世的人對東方的嚮往。同時，《馬可‧波羅遊記》的記載打破了歐洲宗教慣有的「天圓地方」說，豐富了人們的地理知識，對世界歷史地理學的發展以及交通的發展有積極的重要作用。一些有學之士就根據《馬可‧波羅遊記》繪製了早期的世界地圖，為一些打算去東方的人士提供參考。1375 年的西班牙的喀塔蘭大地圖，就是以《馬可‧波羅遊記》為主要參考書製成的，中亞、印度和遠東部分就是根據《馬可‧波羅遊記》中的描述彙成的，它是早期的《世界歷史》，是中世紀最有價值的地圖。《馬可‧波羅遊記》對以後歐洲的航海業和陸上交通也深有影響。表面上看，《馬可‧波羅遊記》中對陸上絲綢之路的描述與航海沒多大關係，也就是說，就我的話題談影響時，不應涉及這個方面。然而，細想想，如果沒有馬可‧波羅的來華，哪有他到中國，哪有他對大都文明的細緻描述，哪有他由海路回歐洲，就更他談不上對歐洲航海業的影響了。所以，《馬可‧波羅遊記》中的來華記載對歐洲的航海業的發展具有間接的作用。很多書上都有記載，哥倫布小時候讀了《馬可‧波羅遊記》，對東方非常嚮往，認為東方遍地黃金，這就激發了到東方去。結果，雖然哥倫布沒有成功到達印度、中國，但他率隊航至美洲，從而發現了新美洲，開闢了新航路，創下了世界航海史上的一大里程碑。1497 年，達伽馬率隊從里斯本出發，沿非洲西海岸航行，繞過好望角到達印度西岸，其目的是為了尋找《馬可‧波羅遊記》中提到的契丹國。1558 年，安東尼和約翰遜兄弟兩人，由俄國陸道向東旅行，也是希望找到契丹國。以後的 1576～1578 年的英國人馬丁，佛羅比歐和 1602 年的葡萄牙人尼迪克特都是為了尋找《馬可‧波羅遊記》中的契丹國。其中，尼迪克特是自印度阿拉城北行，由陸上絲路旅行的。〔註7〕

受《馬可‧波羅遊記》的影響，世界航海業從慢慢發展到逐步深入，並在後來引起航海史上的革命，另外，也有些探險家根據《馬可‧波羅遊記》上絲綢之路的記載，從陸路探索到中國的途徑。所以《馬可‧波羅遊記》是世界上一部偉大的交通史書，它對人類交通的發展做出了重大的貢獻。

4、促進了中西文化的交流和貿易往來

馬可‧波羅把絲綢之路上見聞的各國的社會生活、民俗風情、宗教信仰，都記入他的《馬可‧波羅遊記》中。由於馬可‧波羅聰明好學，得到忽必烈

〔註7〕 余士雄，《馬可‧波羅遊記》的歷史背景及其對中西交通的貢獻〔J〕，讀書，1980，（7）：82～64。

的肯定和讚賞。忽必烈曾派他去中國各地視察，他到過山西、陝西、四川、雲南、福建、江浙等地，另外，忽必烈也派他出使南洋各國。這些也都被記入他的《馬可‧波羅遊記》之中。《馬可‧波羅遊記》對西亞、中亞、中國的這些記載無疑促進西方對東方文化瞭解、吸收。《馬可‧波羅遊記》對東方的描寫有誇張之處，特別是對中國的記述的時候。這就激起了西方人對東方的好奇心，特別是對中國的好奇心，這從客觀上就促進了中西文化的交流。另外，馬可‧波羅在中國待了十七年，遊歷過中國各地，當過官，同時也向中國傳播了西方的各種情況。《馬可‧波羅遊記》中就記錄了馬可‧波羅向忽必烈及上層階級宣傳西方的基督教，使很多人信了基督教，忽必烈也大贊基督教。所以，馬可‧波羅的來華促進中國人，主要是統治階級上層人物對西方有了初步的認識，進而促進了中西文化的交流。蒙古時期絲綢之路得以通暢，加上《馬可‧波羅遊記》神話般的記載，更進一步促進中西文化的交流、和貿易往來。中世紀的地中海國家多從事商業貿易，《馬可‧波羅遊記》對大都的誇張記載，激發了歐洲商人去東方進行商業貿易以獲利。

5、消極的影響

《馬可‧波羅遊記》促進了地理大發現，然而地理大發現的直接後果導致了歐洲殖民主義的侵略。地理大發現後，非意大利人，比如葡萄牙人、西班牙人、荷蘭人、法國人和英國人等先後走上了殖民擴張的道路。亞洲、非洲、拉丁美洲逐步淪為西方的殖民地，造成了近現代西方富、東方貧的局面。歐洲殖民者的掠奪是殘酷的、赤裸裸的，對殖民地的人們造成了極大的傷害。〔註8〕

近現代的西方國家的殖民擴張不能歸罪於《馬可‧波羅遊記》，因為馬可‧波羅記錄下他的旅行非此目的。總之，《馬可‧波羅遊記》的價值和貢獻是很大的。

馬可‧波羅的遊歷在他的那個時代是一奇迹，以至於在當時很多人不相信《馬可‧波羅遊記》裏說的很多地方，到現在依然有人懷疑他是否到過中國。《馬可‧波羅遊記》是世界的一大奇書，不單是影響他那個時代的人，後來時代的人及活動，還影響到現在，比如，對《馬可‧波羅遊記》的真實性

〔註8〕　阿德里亞諾，馬達羅，《百萬》：崇高的人類友誼和團結變成了卑劣的貪婪〔A〕，陸國俊，《中西文化交流先驅——馬可‧波羅》〔C〕，北京：商務印書館出版，1995，232～251。

問題還在討論著，它依然有研究價值。甚至，未來很長一段時間還不會停止對它的研究，或許，根本就不會停止對它的研究。讀《馬可・波羅遊記》，就像進行了一次旅行，既增長了見識，又擴大了空間觀。總之，《馬可・波羅遊記》不但是歷史書，還是地理書，讀來還像讀小說。總的來說，我國對《馬可・波羅遊記》的研究比不上西方。因此，還要加強對《馬可・波羅遊記》的研究。

第二十章　從《馬可‧波羅遊記》
看元初的中國文化

　　馬可‧波羅的遊記中有著對元朝中國文化精到的描述，記錄當時中國文化的狀況。本文正是從馬可‧波羅的角度出發，通過他對商業文化、宗教文化和生活習俗文化的敘述，揭示元朝中國文化的繁榮昌盛，同時發現蒙古文化和漢文化在明顯的差異性下處於共存的狀態，從而得出當時的中國文化處於蒙古文化和漢文化共同形成的文化雙核心模式的結論。

　　在元朝及其以後的近代中西文化交流中，馬可‧波羅與他的名著《馬可‧波羅遊記》無疑起著不可磨滅的作用。今人的史家論著中多有對他推崇備至、鄭重其事的章句也就不足為奇。對於馬可‧波羅的研究，雖非浩如煙海，也不會是鳳毛麟角。然而，於他對璀璨宏大的中國文化的描述與理解一處還可以鈎隱抉微，細究其中的深遠影響。本文擬在前人研究的步伐上，針對馬可‧波羅對中國文化的闡釋，從商業、宗教和生活習俗三個方面，著重瞭解他眼中的中國文化，提出一些個人看法。

一、商業文化

　　經過數十年的南征北伐，元世祖忽必烈時期，蒙古帝國業已發展成為橫跨亞歐大陸的空前絕後的大帝國。伴隨政治強大帶來的是經濟的高度繁榮。蒙古帝國的統一使歐亞的商路暢通無阻，商人在曾經因分裂和戰亂而危機四伏的商道上獲得了安全的保障。1264 年，忽必烈從蒙古草原上的哈剌和林遷都北京，自動向歐洲商人打開了中國的大門。14 世紀中葉，甚至有一本意大

利的小冊子通過描寫一條起自頓河河口的塔那、橫穿中亞的商路，證明商路的絕對安全性及蒙古和平時商業的重大意義。〔註1〕馬可‧波羅到達大都的時候，正是在這種環境上形成對這一強大的帝國的中心——元朝的商業文化的認識的。

《馬可‧波羅遊記》對商業的描寫占著不小的篇幅。有人統計，《遊記》中關於商務的記錄，約占中國部分的六分之一以上，以致於歐洲人曾把它看成東方的「商業指南」。〔註2〕這足以證明當時中國的商業對世界舉足輕重的影響力。甚至因此使一些學者認為馬可‧波羅在中國的職業就是商人。〔註3〕馬可‧波羅對大都的境況的描寫，讓人不難領略當時的繁華豪奢。

「應知汗八里城內外人戶繁多，有若干城門即有若干附郭。此十二大郭之中，人戶較之城內更眾。郭中所居者，有各地來往之外國人，或來入貢方物，或來售貨宮中。所以城內外皆有華屋巨室，而數眾之顯貴邸舍，尚未計焉。」〔註4〕

「外國巨價異物及百物之輸入此城者，世界諸城無能與比。……百物輸入之眾，有如川流之不息。僅絲一項，每日入城者計有千車。」〔註5〕

「此汗八里大城之周圍，約有城市二百，位置遠近不等。每城皆有商人來此買賣貨物，蓋此城為商業繁盛之城也。」〔註6〕

成千上萬的居戶，絡繹不絕的異國商人，浩如煙海的貨物，堆砌成大都的繁華景象。單憑以上馬可‧波羅淺顯的敘述，即足以證明元大都是當時國際性的商業大都市。在這座城中，來自五湖四海的商客八方雲集，一片車水馬龍的景象。與之相比，作為曾經的南宋的都城的臨安府（即杭州），則是另一番別具風格的昌盛氣象。

「城中有商賈甚眾，頗富足，貿易之巨，無人能言其數。應知此職業主

〔註1〕 〔美〕L. S.斯塔夫里阿諾斯著，吳象嬰，梁赤民譯，全球通史〔M〕，上海：上海社會科學院出版社，1988，333。
〔註2〕 蔡美彪，試論馬可‧波羅在中國〔J〕，中國社會科學，1992，（2）：184。
〔註3〕 蔡美彪，試論馬可‧波羅在中國〔J〕，中國社會科學，1992，（2）：185。
〔註4〕 〔意〕馬可‧波羅著，馮承鈞譯，馬可‧波羅行記〔M〕，北京：東方出版社，2007，258。
〔註5〕 〔意〕馬可‧波羅著，馮承鈞譯，馬可‧波羅行記〔M〕，北京：東方出版社，2007，259。
〔註6〕 〔意〕馬可‧波羅著，馮承鈞譯，馬可‧波羅行記〔M〕，北京：東方出版社，2007，259。

人之爲工廠長者，與其婦女，皆不親手操作，其起居清潔富麗，與諸國王無異。」〔註7〕

「城中有大市十所，沿街小市無數，尙未計焉。……市後與此大道並行，有一寬渠，鄰市渠岸有石建大廈，乃印度等國商人挈其行李商貨頓止之所，利其近市也。」〔註8〕

與大都因其爲元朝帝都的特殊地位和影響力而造就的國際性商業貿易不同，杭州的商業繁榮憑藉的是自宋朝就形成的國內市集貿易。杭州的商業文化有著遠遠久於大都的深厚基礎，是宋朝商業的延續。國內或者說江淮一帶的百姓之間的市集貿易在杭州商業中起著主導作用，外國商人雖然爲數不少，但他們的存在對該地的商業發展的影響和作用就大不如大都。根據第一段引用材料，明顯表明當時的雇傭勞動在杭州相當發達，宋朝打造成的商業繁榮完整地延續到了元朝。馬可‧波羅遊訪杭州時，稱杭州爲「行在」、「天城」，稱蘇州爲「地城」，也就是我國諺語「上有天堂，下有蘇杭」的一種譯稱。《遊記》比較眞實地描述了13世紀杭州經濟、文化高度發達的景況。杭州城市發展在南宋達到高峰，城市人口空前膨脹，商業非常繁榮。根據馬可‧波羅的描述，其繁榮主要表現在四個方面。1、手工業和農業貿易的數量巨大，種類繁多；2、服務性行業發達；3、倉庫儲存業發達；4、貨幣流通便利。〔註9〕從這四個方面可以看出，杭州的商業文化是經歷長久的歷史發展形成的，是穩步漸進地形成，深具漢文化所特有的穩定性。

商業文化繁榮的另一個方面表現在紙幣。《遊記》中有記載用樹皮製成紙幣，通行全國：「在此汗八里城中，有大汗造幣局，觀其制設，得謂大汗專有方士之點金術，緣其製造如下所言之一種貨幣也。此幣用樹皮作之，樹即蠶食其葉作絲之桑樹。」〔註10〕紙幣作爲一種方便又流行的貨幣，在元朝商業中起著重要的作用。無論在大都、蘇州，還是杭州，都不乏紙幣的流通。在《遊記》的描述，紙幣已經遍及整個元朝社會。它在商業上的流行無疑促

〔註7〕　〔意〕馬可‧波羅著，馮承鈞譯，馬可‧波羅行記〔M〕，北京：東方出版社，2007，399。

〔註8〕　〔意〕馬可‧波羅著，馮承鈞譯，馬可‧波羅行記〔M〕，北京：東方出版社，2007，405。

〔註9〕　〔意〕馬可‧波羅著，馮承鈞譯，馬可‧波羅行記〔M〕，北京：東方出版社，2007，42。

〔註10〕　〔意〕馬可‧波羅著，馮承鈞譯，馬可‧波羅行記〔M〕，北京：東方出版社，2007，261。

進了貿易的發展，貨幣的便捷所導致的直接的結果就是貿易量的激增。反而言之，商業的繁榮昌盛的表現正是紙幣的流行。

言及商業，馬可‧波羅的描述中自然也涉及連接中西交流的紐帶——絲綢之路。絲綢之路可分為定向於漢代的路上絲綢之路和在宋代發揮巨大作用的海路絲綢之路。元朝時期，海路陸路在蒙古帝國統一的穩定環境下，迎來新的繁榮。《遊記》記載著馬可‧波羅沿著絲綢之路往來中國和意大利的經歷。馬可‧波羅一行沿著這條歷史悠久的古老絲路，由西向東，前往中國。他們穿越敘利亞和兩河流域，橫越波斯全境，走過沙漠和高原，來到東方的疏勒國，經過沙州、肅州和甘州等地，最後到達上都。1292 年又護送蒙古公主闊闊真從泉州乘船出發，經過蘇門答臘、爪哇、印度等地，到達波斯，最後回家。〔註 11〕作為商人和旅行家必經之路，及國家交流的重要途徑，絲綢之路依然在商業貿易方面發揮著不可替代的作用。正是由於絲綢之路使馬可‧波羅得以涉足和瞭解中國文化，並把它傳播到西方社會。

馬可‧波羅是商人，每到一地，對於物產商業的情況，很留心觀察和記載。〔註 12〕在他的眼中，元朝的商業文化在南方和北方都呈現高度的繁榮，這也正反映了當時的真實情況。在蒙古帝國營造的良好環境下，中國的商業獲得了自宋朝以來的又一次發展，其商業貿易的方式、範圍和規模都實現了突破，陸上和海上，國內和國外，區域性與國際性，各種商業貿易共同形成元朝獨特而繁華的商業文化。

二、宗教文化

蒙古人統一中國，對各種宗教採取容忍的政策。〔註 13〕元朝境內各宗教林立，基督教、回教、佛教、道教和儒教都有著一定的影響力，均可自由傳道。馬可‧波羅是基督教徒，對歐洲的基督教十分熟悉，於元朝對基督教的態度自然十分上心。《遊記》中記載忽必烈對基督教的好奇與熱衷，並向波羅兄弟允諾，只要有基督徒能證明基督教為最優宗教，他就同其臣民舉國信仰基督教。「……命教皇遣送熟知我輩基督教律，通曉七種藝術者百人來。此等人須知辯論，並用推論，對於偶像教徒及其他共語之人，明白證明基督教為

〔註11〕黃劍華，馬可‧波羅的遊歷〔J〕，文史雜誌，2003，（4）：60。
〔註12〕唐錫仁，馬可‧波羅和他的遊記〔J〕，世界歷史，1979，（3）：92。
〔註13〕龍達瑞，《馬可‧波羅行紀》中所涉及的宗教問題研究〔J〕，宗教學研究，1990，（Z1）：54。

最優之教，他教皆爲僞教。如能證明此事，他（指大汗）同其所屬臣民，將爲基督教徒，並爲教會之臣僕。」〔註 14〕忽必烈對基督教有好感可能有兩個原因。一是元朝的基督教徒中有后妃、貴戚、將相大臣。二是來自一些信仰基督教的科學家、醫生。〔註 15〕忽必烈身處宮廷，與這些人經常接觸，宗教觀念上受到他們的影響。再者蒙古族的游牧文化相對落後，在與先進的外來文化碰撞時，會被它的優越性吸引。忽必烈有歸於基督教的想法正是以上種種因素影響的結果。基督教在西域、蒙古和中國北方有著較多的信徒，它的影響在以蒙古人和色目人爲優的元朝有著普遍化的趨勢。

　　道教和佛教是東漢就已傳入中國的，對中原文化的影響深遠持久，至元朝已經完全融入中原文化之中。馬可·波羅有這樣一段記敘：

> 尚有別種教師名稱先生，守其教戒，節食苦修，終身僅食糠，澆以熱水，此外不食他物，僅飲水，日日持齋，是蓋爲一種過度苦行生活也。此輩亦有其大偶像，爲數不少。〔註 16〕

此處指的是金朝初期王重陽創立的全眞教，主張忍恥含垢，苦己利人，戒殺絕色，節飲食，少睡，信徒稱「先生」，與馬可·波羅的描述完全相符。〔註 17〕佛教方面，馬可·波羅注重對喇嘛教的記錄：

> 其遵守偶像教徒之僧人，生活較之他人正直。彼等禁止淫佚，然不視之爲大罪，但於犯男色者罰以死罪。彼等有一教會日曆，與我輩同。每月有五日謹守齋戒，不殺生，不食肉，節食甚於他日。〔註 18〕

　　由於缺乏對道教和佛教的充分瞭解，馬可·波羅在其遊記中對兩教泛稱爲偶像教派，因佛道兩教的特點就是尊奉祭拜偶像。《遊記》中記述具有偶像崇拜的地方是相當廣泛的，遠至唐古忒州（今敦煌）、肅州和甘州都有偶像教徒，大都的偶像教徒也不在少數。江淮地區的南宋故土則基本都是偶像教徒，

〔註 14〕〔意〕馬可·波羅著，馮承鈞譯，馬可·波羅行記〔M〕，北京：東方出版社，2007，13。

〔註 15〕龍達瑞，《馬可·波羅行紀》中所涉及的宗教問題研究〔J〕，宗教學研究，1990，（Z1）：58。

〔註 16〕〔意〕馬可·波羅著，馮承鈞譯，馬可·波羅行記〔M〕，北京：東方出版社，2007，191。

〔註 17〕龍達瑞，《馬可·波羅行紀》中所涉及的宗教問題研究〔J〕，宗教學研究，1990，（Z1）：55。

〔註 18〕〔意〕馬可·波羅著，馮承鈞譯，馬可·波羅行記〔M〕，北京：東方出版社，2007，140。

不信其他教派。除馬薛里吉思在鎮江府、杭州城等地所建的七所禮拜堂外，幾乎找不到其他教派的蹤迹。

值得一提的是，馬可‧波羅的書中並沒有提及儒教。儒家文化是自西漢以來確立的中國傳統文化正統思想，又是歷朝文人藉以獲取功名利祿的工具，馬可‧波羅居住中國多年，必然於儒教文化有所接觸。追根溯源，這與元朝的政治制度有關。元朝實行人的等級制度，把人分爲蒙古人、色目人、漢人和南人四類。選官標準也參照四種人的等級高低分配，以往科舉制的選官制度的影響急劇下降，儒教的地位亦因此受到影響。元朝重武輕文，對中國傳統儒家文化缺乏重視，儒教在社會的影響——特別是對上層社會——漸趨淡化。而在南宋故土地區，由於宋朝理學的發展，儒教文化已經深入民間社會的日常生活，更多的是以一種社會綱常倫理或民族習俗的形式表現出來。儒教文化已經在中原文化圈中普遍化了，對於中國文化僅有淺顯認識的馬可‧波羅自然難以發現其中特色。

元朝的統治者對各教並無軒輊，只要爲我所用，無不樂從。〔註 19〕各種宗教因此得以在元朝境內自由傳播，形成國內宗教文化百家爭鳴的氣象。忽必烈對各個宗教的態度也基本達到不偏不倚，朝廷中的群臣都有不同的宗教信仰。這是文化和信仰自由的一種表現，蒙古文化在保持自身獨特性的同時，允許異族文化的存在。但正因如此，蒙古統治者並未吸收和學習的漢文化，漢文化的集聚地也對外來宗教文化保持一種冷漠態度，變成了兩者格格不入的局面。

三、生活習俗文化

元朝境內的生活習俗文化因民族的不同而顯得各具特色，其差異也在《遊記》的各類文化差異中表現的最爲明顯。作爲統治者的蒙古族並沒有像其他民族一樣在與中原文化的碰撞中受到同化，而是一直保持著自己的獨立性。馬可‧波羅的《遊記》有關於蒙古人生活習俗文化的相關描述：

> 韃靼冬居平原，氣候溫和而水草豐肥足以畜牧之地。夏居冷地，地在山中或山谷之內，有水林牧場之處。其房屋用竿結成，上覆以繩，其形圓，行時攜帶與俱，交結其竿，使其房屋輕便，易於攜帶。……

〔註 19〕 龍達瑞，《馬可‧波羅行紀》中所涉及的宗教問題研究〔J〕，宗教學研究，1990，（Z1）：54。

婦女爲其夫作一切應作之事，如買賣及家務之事皆屬之。蓋男子僅
爲打獵、練鷹，作適於貴人之一切武事也。〔註20〕

蒙古人保留了游牧民族特有的特色，冬夏遷居，居住在蒙古包裏面。婦
女負責家務事宜，男子則負責打獵和戰鬥。蒙古人的婚姻之法比較特別，《遊
記》中記載，「各人之力如足贍養，可娶妻至於百數」，又「韃靼可娶其從兄
妹，父死可其父之妻，惟不娶其生母。娶者爲長子，他子則否，兄弟死亦娶
兄弟之妻。」〔註21〕此外，還有冥婚的習俗。蒙古人的首領——大汗的喪葬
也十分特別，「一切大汗及彼等第一君主之一切後裔，皆應葬於一名阿勒臺之
山中。無論君主死於何地，皆須運葬於其中，雖地遠在百日程外，亦須運其
遺骸葬於此山。」〔註22〕

與山林土地相融的消逝方式完全展現了草原文化的特質。飲食方面，他們
多以肉乳獵物爲食，飲馬乳。關於馬乳，馬可·波羅在《遊記》中說：「馬乳是
他們的飲料，製得味道像酒一樣美好。」元朝大汗的大朝宴上飲馬奶酒，一是
說明蒙古統治者保持民族飲食文化的特性，二是說明馬奶酒之珍貴。〔註23〕崇
尚白色，新年之際都穿白袍、白衣作爲吉服。他們保存著身爲好戰民族彪
悍的民風，有屬於自己民族的婚姻、喪葬、信仰等習俗。這種習性的長久保
持，使蒙古族的戰鬥力遠比其他民族強悍和持久，以致帝國的疆土不斷向西
擴張。蒙古統治者君臨大都以後，依然維持這屬於他們自己的民族的獨特性，
上層社會形成了以蒙古族的游牧文化爲核心的獨特文化圈。西域地區的各州
在生活習俗上與蒙古族一樣，唐古忒州、哈密州、肅州和甘州等都有自己的
地方獨特性，生活方式和風俗習慣有別於中原文化。馬可·波羅由西域到達
上都的途中，以好奇的心態記錄下了相關的習俗。他們依靠當地的土產果實
爲食，有自己的彈唱歌舞，依據信仰的宗教實行不同的喪葬方式。

江淮一帶及以南的宋朝故土則儼然一派中國傳統社會的生活氣象。亭臺
樓閣林立，各行各業雲集。安土重遷的農耕文化根深蒂固，百姓居住在固定

〔註20〕〔意〕馬可·波羅著，馮承鈞譯，馬可·波羅行記〔M〕，北京：東方出版社，
　　　　2007，162。
〔註21〕〔意〕馬可·波羅著，馮承鈞譯，馬可·波羅行記〔M〕，北京：東方出版社，
　　　　2007，162。
〔註22〕〔意〕馬可·波羅著，馮承鈞譯，馬可·波羅行記〔M〕，北京：東方出版社，
　　　　2007，161。
〔註23〕陽光文化系列叢書編輯會編，馬可·波羅的中國傳奇〔M〕，上海：上海文化
　　　　出版社，2001，53。

的房屋，《遊記》描述：「其蠻子都城之中，凡房屋悉皆壯麗。別有巨大宮殿邸舍無數，尚未計焉。」〔註24〕以杭州城為例，該地居民分工十分複雜而細碎，士農工商各行皆有其專工。市集林立，商業貿易繁榮。城中有各類娛樂設施，浴場、酒館、賭坊和妓院等。馬可・波羅在《遊記》中詳細敘述一些公共設施和娛樂服務：

> 上言通行全城之大道，兩旁鋪有磚石，各寬十步，中道則鋪細砂，下有陰溝宣洩雨水，流於諸渠中，所以中道永遠乾燥。在此大道之上，常見長車往來，車有棚墊，足容六人。遊城之男女日租此車以供遊樂之用，是以時時見車無數，載諸城民行於中道，馳向園圃，然後由看守園圃之人招待至樹下休息，城民偕其婦女如是遊樂終日，及夜，始乘原車返家。〔註25〕

當時的漢人喜喝米酒和藥酒，元朝時釀酒手工業已經相當發達。〔註26〕自東漢以來，中原漢人多信佛教或道教，他們的生活習俗多受佛教和道教文化的影響。比如，當時的人多實行火葬，出殯時高聲禱告神佛。又如，兒童誕生時，親人會用紙筆記錄其生辰時日和生肖，長大後，關於出行、事業和婚姻等重大事宜都會拿這些信息向算卦的人占卜吉凶。這些在《遊記》中都有一一記載。宋朝故土深受中原農耕文化的薰陶，尊儒守禮，深會綱常倫理道德，宋朝重文輕武的制度又養成了漢人溫文儒雅的普遍特性。該地的生活習俗文化都蘊涵著江南水鄉的柔性，經濟的高度繁榮使市民階層壯大，形成獨特的世俗的市民文化。佛道儒三家信仰、江南水性及市民文化，三者的最終結合變成馬可・波羅筆下屬於江淮故土的生活習俗文化。

元朝疆域遼闊，多種民族星羅密佈，在生活習俗上各具特色，有自身的區域性和民族性。但以明顯差異分類，大致可以分成以蒙古族為主的草原文化和以漢族為主的中原文化。兩者在元朝境內共存，更多的是長久維持自己民族生活習俗的獨特性，但也不乏部分習俗在各民族的經濟交流和人口流動中互相傳播和影響。馬可・波羅所看到的忽必烈時代的中國，就是處於這樣

〔註24〕〔意〕馬可・波羅著，馮承鈞譯，馬可・波羅行記〔M〕，北京：東方出版社，2007，366。

〔註25〕〔意〕馬可・波羅著，馮承鈞譯，馬可・波羅行記〔M〕，北京：東方出版社，2007，408。

〔註26〕陽光文化系列叢書編輯會編，馬可・波羅的中國傳奇〔M〕，上海：上海文化出版社，2001，54～55。

的狀況之下。

　　縱觀全文，通過對馬可‧波羅筆下對元朝商業文化、宗教文化和生活習俗文化的描述，我們可以以微知著，深入認識元朝中國文化，得出以下結論：

　　元代中國的文化繼宋朝達到了又一次的繁榮。商業文化上，因爲蒙古帝國的統一獲得良好的發展環境，中國境內形成範圍遠大、領域寬廣的商業貿易圈，各色各樣的商業活動蓬勃發展，醞釀成兼具地方民族特色和國內國外貿易的商業文化。宗教文化上，各教各派在國內獲得寬容的宗教環境，自由交流和傳播，學說信仰異彩紛呈，呈現一片思想自由、百花競豔的景象。生活習俗文化上，中國境內各民族彰顯民族和區域獨特性，生活習俗迥異，多種多樣，其中更夾以外來民族的生活習俗的文化交流，形成中國疆域內風格各異而又星光燦爛的局面。此外，其他文化也紛紛發展，形成自己的特色和潮流，在元代薈萃的文化景象中佔據一席之位。一言蔽之，馬可‧波羅身處的元朝以其寬容性造就了中國文化在各個方面繁榮昌盛，鑄造出中國文化的又一個繁盛時代。

　　元代的中國文化形成蒙古草原文化和漢族中原文化的二元核心。正如王明蓀先生所認爲，蒙古草原與西域本質屬於同一文化圈，故蒙古初興時接觸接受西域文化遠多於接觸漢文化，後經半個多世紀與漢文化的接觸，爲了統治的需要，將「漢法」變爲帝國總體結構之一部分，但並未漢化，以蒙元帝國對漢文化言，不能以同化概稱。〔註27〕從馬可‧波羅的《遊記》中可以看出，漢族中原文化與蒙古草原文化存在相當明顯的差異。他更把宋朝故土稱之爲蠻子國。因兩種文化未實現相互同化，故至明朝建立爲止，蒙古族對漢族無論在政治上還是文化上都只能算是一種侵略，而非融合。元朝的建立使蒙古草原文化成爲上流社會的文化，並對其他民族文化造成影響。漢族中原文化則因源遠流長的歷史傳承，其優越性和固守性，並未失去中國文化主流的地位。結果，兩種文化在持久的對峙中形成以大都的蒙古草原文化爲代表及以杭州的漢族中原文化爲代表的雙核心模式。

〔註27〕王曉欣，鄧晶龍，馬可‧波羅與十三世紀中國國際學術討論會綜述〔J〕，歷史研究，2001，（4）：181。

第二十一章　蒙元時期中意物質文化交流

　　中華文化源遠流長，博大精深。中外文化交流也歷史悠久。本文擬對蒙元時期中國與意大利兩國的交流作研究，探討兩國物質文化之間的交流傳播及其是在怎樣的歷史背景下進行交流與傳播的。通過具體的史料對中國與意大利文化交流進行較爲全面的探討，並作出歸納總結。

　　蒙元時期，由於幅員遼闊加強了中國與世界各國之間的往來，與西方的交流也變的密切起來。本文探討的是地跨亞歐兩個大洲的大帝國蒙古帝國與意大利商貿往來（主要有：陶瓷、絲綢等）和發明創造的交流。其中有官方的和民間的來往，其中最著名的是馬可·波羅來華。開明的制度是兩國能夠進行交流的原因，此外本文進一步探討兩國能夠進行交流的原因進行深入的探討，及文化交流對兩國的影響和意義是非常重大的。特別是意大利。

　　蒙元時期的蒙古帝國作爲一個大帝國，一直都是國內外學者專家關注的對象，像苗東博士對蒙元時期的使臣就有深入的研究，其《元代使臣研究》就有寫到元朝與朝鮮、日本等國就互相派使臣；韓儒林的《元朝史》在中外交流上也是花了不少筆墨在朝鮮等東南亞國家上。而從中國與意大利兩個國角度來研究中外交流的論著屈指可數。在查找資料的過程中也發現，中國與意大利的交流不似與日本朝鮮國那樣頻繁。中國古代對外交流主要還是集中在南亞、東南亞、和中亞，與西方交流的歷史記載比較少。但是，蒙古時期就出現了一個震驚中外的人物，他留下的一本書，給後世留下了寶貴的財富。

一、遊記中的文化交流

（一）對珠寶與黃金的渴望

馬可・波羅是婦孺皆知的一個遍遊世界而又留下歷史記載的意大利商人，他的口述作品《馬可・波羅遊記》在東西方交流史上有重要的史料價值。從書中的記載來看，馬可・波羅在前往中國的路上經過的中東和中亞的亞美尼亞和波斯等國，最後進入蒙古帝國的統治範圍，經過唐古忒州、哈密州、肅州等，最後去了元大都覲見忽必烈，在中國呆了一段時間，馬可・波羅還遊歷過日本、印度、斯里蘭卡、東南亞，以及非洲東岸，這一歷程，記錄了每個地方的山川地形、物產、氣候、商賈貿易、居民、宗教信仰、風俗習慣等，及至國家的瑣聞佚事。這些歷史記載，對是研究書中涉及的地方的歷史的重要史料，也為研究各國交流史的提供重要的參考。馬可・波羅是一位意大利商人，他之所以來從遙遠的西方來到中國，就是抱著要發財致富的目標起航的。在途中，馬可・波羅也進行了一些貿易。書中大量記載金銀、寶石、珍珠、鹽、稻米、穀物、香料、瓷器、絲綢等商品。這些商品使得西方人發狂，為了得到東方的「寶物」，西方因為此書掀起了東方熱，這是後話。

根據馬可・波羅的自述，他在中國生活了十七年時間。當馬可・波羅回來後，「相貌變得極難辨認，蓄起了長長的下垂鬍鬚，通身是東方服裝。」〔註1〕俗話說，入鄉隨俗，馬可・波羅在中國生活那麼多年，在他的身上，體現著中國的特殊色彩。馬可・波羅整個人就是一個活生生的樣板，一個展現中國風俗習慣、服飾、飲食等的「百科全書」。他們想瞭解中國，從馬可・波羅那裏就可以得到很多信息。「在一次宴會上他當場拉開了自己的服裝，取出所佩戴的珠寶飾品在桌上一一展示，令在座賓客大為驚歎，而馬可・波羅也因此獲得了一個頗具嘲諷意味的綽號——『百萬富翁馬可先生』」〔註2〕。中國人就喜歡在身上佩戴珠寶，馬可・波羅身上也毫不例外的掛上珠寶飾品。這樣一來，讓賓客們對他財富的驚歎，對他佩戴那麼多珠寶來炫耀這一行為的表示驚訝，不可理喻。儘管這樣，那些意大利人，知道在東方有個盛產珠寶的地方，那裏遍地黃金。十四世紀新航路的開闢，有一個重要的原因就是

〔註1〕〔意〕瓦萊里奧・林特納著，郭尚興、劉亞傑、齊林濤譯，周末讀完意大利史〔M〕，上海：上海交通大學出版社，2009，95。

〔註2〕馬可・波羅口述，謙諾筆錄，余前帆釋注，馬可・波羅遊記〔M〕，北京：中國書籍出版社，2009，95。

西方人的「黃金熱」，因為馬可·波羅的遊記告訴他們在遙遠的東方，有一個這樣的「天堂」。

（二）中國四大發明之一：紙

自從有了文字之後，最重要的就是要有一個很好的載體。古代埃及人利用尼羅河的紙草來記述歷史；在古代的歐洲，人們還長時間地利用動物的皮比如羊皮來書寫文字；而中國，在造紙術發明以前，甲骨、竹簡和絹帛是古代用來供書寫、記載的材料。紙的發明是中國在人類文化的傳播和發展史上的一項傑出的發明創造，是中國史上的一項重大的成就。中國經東漢蔡倫改進的造紙術，是書寫材料的一次革命。經過蔡倫的改革，紙張變得便於攜帶，而且取材廣泛，製作簡單。造紙術推動了中國、阿拉伯、歐洲乃至整個世界的文化發展。馬可·波羅在遊記第二卷 21 章中有關於造紙術和紙幣的記載。「將那種葉子可以用來養蠶的桑樹的樹皮剝下來……最後製成紙。」〔註 3〕中國造紙術向外傳播的途徑自漢唐的絲綢之路，「經開羅、亞歷山大港穿過地中海進入西西里島，於 1276 年傳到意大利的法布里諾（Fabriano），並建起來該國的首家造紙工場……1293 年又在波洛拉（Bologna）興建了另一家造紙工場。到 14 世紀，意大利已經成為歐洲用紙的主要供應地。」〔註 4〕可以說，中國的造紙術在意大利的傳播是與馬可·波羅的記載是處在同一時期的。《馬可·波羅遊記》中有提及造紙術詳細的步驟和材料，我們不能不說，意大利造紙事業的發展與《馬可·波羅遊記》有著一定的聯繫。馬可·波羅還在第二卷的第 21 章裏寫到，到了元朝蒙古帝國統治的範圍內，大量的紙幣在國內的極大多數地方流通，特別是泉州、杭州、福州等商貿發達的地方。「在準備發行紙幣時，就把它裁成不同大小的紙張，形狀近似正方形。但是略長一些。這些紙幣中，裁成最小片的面值相當於半個圖爾，略大一點的相當於一個威尼斯銀幣」〔註 5〕。中國是世界上第一個使用紙幣的國家，最早的紙幣時北宋時期四川的「交子」，到了元朝紙幣流通的範圍就更廣。從造紙術的傳入來看，紙的使用還不是很普遍，想要大範圍的使用紙幣，首先紙的製造要普遍才能實現。馬可·波羅從中國回到意大利帶回來在中國使用的

〔註 3〕馬可·波羅口述，謙諾筆錄，余前帆釋注，馬可·波羅遊記〔M〕，北京：中國書籍出版社，2009，219。

〔註 4〕劉仁慶，中國造紙術的西傳〔J〕，北京：中華紙業，2008，（9）：80。

〔註 5〕馬可·波羅口述，謙諾筆錄，余前帆釋注，馬可·波羅遊記〔M〕，北京：中國書籍出版社，2009，219。

紙幣，馬可・波羅在遊記中也大大稱讚紙幣的方便。「馬可・波羅，把中國用雕版印刷的紙幣帶至西方。歐洲人看到後頗受啟發，便想模仿雕版印刷。」〔註6〕文藝復興是指復興鄉古希臘羅馬文化，首先起源於意大利。大量書籍的出版使得文藝復興思想的傳播，到 16 世紀文藝復興盛行整個歐洲，並掀起一場文藝復興運動，帶來科學與藝術革命，揭開了近代歐洲歷史的序幕。文藝復興最早發生在意大利，最重要的一個原因是中國造紙術和印刷術在意大利的傳播。如果沒有這兩個技術，意大利復興文化的思潮就不會在意大利全國乃至全歐甚至全世界引起巨大的反響，也不會使得文藝復興運動的發展更為迅速。

（三）厲害的投石機

《馬可・波羅遊記》第二卷第 67 章，尼古拉和馬飛阿兄弟助攻襄陽城時「所以它能夠以非凡的力量頂住長達三年之久的圍困……尼古拉和馬飛阿兄弟……演示用機械投射三百磅石頭的情景。這些機械隨後被裝船運往前線的軍中」〔註7〕。戰爭的結果是襄陽城投降歸順了朝廷。雖然宋代以前就已經發明了火藥，但火藥在軍事的使用還有一段發展時間。尼古拉和馬飛阿設計的投石機，讓元朝的人都開了眼界，一方面使得西方的戰鬥工具傳播到中國，另一方面也有利於元朝蒙古國改良作戰工具，為做出更好的設計，提高工具的殺傷力提供了一個參考。投石機在戰鬥中大大提高了軍隊戰鬥力。

（四）中國的陶瓷遠銷世界，意大利人垂涎

「馬可・波羅從泉州回國就帶回了白瓷和色釉小碗多件。在他所寫的《馬可・波羅遊記》中稱讚泉州附近的德化『製造碗及瓷器，既多且美，購價甚賤，除此港外，他港不製此物』」〔註8〕。中國早在新時器時代就會製作陶器了，經過秦漢、魏晉南北朝、唐宋歷代皇朝的發展，到了元朝，陶瓷工藝已經到了至高的境界。陶瓷貿易是當時重要的大宗出口商品，中國的陶瓷遠銷海外。「據考證，元代我國陶瓷器外銷的國家和地區主要是日本、朝鮮、菲律賓、馬來西亞、越南、印度尼西亞、新加坡、泰國、孟加拉、斯里蘭卡、柬

〔註6〕 盛靜，淺談中國的四大發明對歐洲文藝復興的影響〔J〕，中國西部科技，2010，（3）：90。

〔註7〕 馬可・波羅口述，謙諾筆錄，余前帆釋注，馬可・波羅遊記〔M〕，北京：中國書籍出版社，2009，320～323。

〔註8〕 戴杏貞，元代中外飲食文化交流〔D〕，暨南大學，2007，27。

埔寨、緬甸、伊朗、土耳其、沙特阿拉伯、埃及和蘇丹等」〔註9〕。「在13世紀後半期已成為廢墟的意大利南部盧切拉的中世紀古城址中，發現了12～13世紀的青瓷片三片和同時代的白瓷一片。這是毋庸置疑的事情。它們大概是從埃及等地再輸出的器物。」〔註10〕「歐洲，作爲傳世品從古代傳下的14世紀前後的中國陶瓷有數件，一是在意大利中在部阿累茲奧關術館收藏的元代青花玉壺春瓶」〔註11〕。在13、14世紀中國與意大利的海外貿易空前繁榮，意大利的威尼斯可以說是世界貿易的中心，中國元代的貿易在統治者的支持下，在龐大帝國的庇護下得到前所未有的發展。大量的資料顯示，元朝與西方國家的陶瓷貿易是靠「中間人」才達成的，而阿拉伯就是這一個中間人。元朝的陶瓷是否在強大的威尼斯商人的商船裏，意大利是否於中國有直接的陶瓷貿易？答案是肯定的。馬可‧波羅就帶回了多件陶瓷，而在馬可‧波羅出生前其父親也本著到東方賺錢的目的來到中國。強大的意大利商人不僅馬可‧波羅家族到過中國，那時候西方的奢侈品─瓷器，會讓意大利商人興奮不已。

二、官方之間的密切往來

蒙古人的鐵騎踏遍整個歐亞大陸，使得歐亞各國憂心忡忡。「首批出使蒙古的西歐使團，是羅馬教皇委派柏朗嘉賓率領的。」〔註12〕各國為保國家安全商議對策，最後決定出使蒙古議和，要求蒙古軍隊減少殺戮。意大利的柏朗嘉賓受教皇的指派出使蒙古，他攜帶教皇給蒙古大汗的信函，從法國里昂登程，於1246年4月到達欽察汗國。當時的大汗貴由汗派鎮海等人接待柏氏，瞭解教皇派他們來蒙古的用意，以及羅馬教廷和歐洲各國的情況。11月13日，柏氏帶著貴田汗給教皇的覆信啓程回國。柏朗嘉賓向羅馬教廷寫了一本《蒙古史》出使報告。「在報告中，他重點介紹了蒙古人所進行的戰爭、所征服的地區、武器裝備、風俗習慣，以及如何對付蒙古人的入侵等等。

〔註9〕戴杏貞，元代中外飲食文化交流〔D〕，暨南大學，2007，29
〔註10〕三上次男著，楊琮譯，13～14世紀中國陶瓷的貿易圈〔J〕，東南文化，1990，（3），223。
〔註11〕三上次男著，楊琮譯，13～14世紀中國陶瓷的貿易圈〔J〕，東南文化，1990，（3），223。
〔註12〕張來儀，試論蒙元時期東西方人員的往來〔J〕，西北大學學報，1994，（2），105。

他所介紹的有關蒙古及中亞的許多情況是歐洲人前所未聞的，至今仍是研究蒙古史和中國北方地區歷史的寶貴參考資料。」〔註13〕這些資料，不僅對研究蒙古史和中國北方地區歷史具有重要的史料價值，而且對於中外交流史具有同樣重要的作用。意大利人不僅有由羅馬教皇派使團，有組織有目的的去東方的中國，還有個人自己本著見識更多不同的民族、風俗、習慣、生活，文化、制度等方面的目的，或者是本著到東方發財致富，更多的人熱衷於冒險。「1316 年，意大利方濟各會托缽僧鄂多力克（1286～1331）來東方各國旅行……至廣州登陸；再由廣州北上，經泉州、揚州沿運河至大都；在大都居住 3 年後，又往中國西部旅行，直到吐蕃之地。此後，他大概是走陸路回到威尼斯。」〔註14〕托缽僧鄂多力克留下了回憶錄，記下了他在東方旅行路上的所見所聞。

元世祖忽必烈對西方文明具有濃厚的興趣，從馬可·波羅的遊記中可以看出他對商人、使臣和傳教士的待遇都非常好，而且馬可·波羅還在元朝當官並委以出使日本等國的重任。忽必烈希望羅馬教皇能派出基督教徒來中國，瞭解西方天主教和西方社會的方方面面。他還曾派遣使臣去西方瞭解情況。「大約在 1275 年，有兩個中國基督教聶思脫里派修士—大都人列班掃馬和麻古思，……列班掃馬還把他的見聞寫成遊記，描述了意大利和法國的奇風異俗，堪稱中國人第一部詳細記述歐洲的見聞錄。」〔註15〕不僅元世祖忽必烈對西方感興趣，元順帝在位時期，中西方的交往更向前邁進了一步。中國與意大利之間再度進行了直接聯繫。「1336 年，元順帝派遣在中國的歐洲人安德魯·威廉及阿速人脫孩爲使，致書羅馬教皇，表示友好，並請幫助購買良馬、珍寶等物……年底，教皇派遣佛羅倫薩人馬黎諾里爲特使，率領 50 人的龐大使團，攜帶致元順帝的信函及禮物，出使中國。使團於 1342 年 8 月到達大都。馬黎諾里給元順帝進獻了一匹歐洲駿馬，「神俊超逸」，轟動一時，人們稱之爲「天馬」……馬氏於 1353 年回到歐洲後向教皇呈奉了元順帝的回書，元順帝向教皇表示歡迎傳教士繼續到中國來。」〔註16〕從各種材料中可

〔註13〕張來儀，試論蒙元時期東西方人員的往來〔J〕，西北大學學報，1994，（2），
　　　　105。
〔註14〕戴杏貞，元代中外飲食文化交流〔D〕，暨南大學，2007，107。
〔註15〕張來儀，試論蒙元時期東西方人員的往來〔J〕，西北大學學報，1994，（2），
　　　　106～107。
〔註16〕張來儀，試論蒙元時期東西方人員的往來〔J〕，西北大學學報，1994，（2），
　　　　107。

以看出，中國與意大利的交流不再限於教皇爲了宣傳基督教而派使臣到中國，爲了是兩國的關係的友好，羅馬教皇也獻上寶物來取悅中國的皇帝。羅馬教皇對蒙古帝國的態度的轉變，使得意大利與中國兩國之間的交往更加密切了。

三、「天涯若比鄰」，遠渡重洋的可能

　　一個在太平洋西岸，一個在大西洋東岸，兩個相隔甚遠的國家何以衝破空間上的距離而進行各種交流呢？馬克思哲學說，世界上的任何事物都不能孤立存在，都與周圍其他事物處於相互聯繫之中。世界是不存在孤立存在著的事物，整個世界是一個相互聯繫的統一整體，所有的一切事物都處於縱橫聯繫之中。整個世界就好像一張巨大的網，一個網結代表一個事物，每個網結都與周圍的事物相互聯繫著，而周圍的其它事物又與其周圍的事物相互聯繫。蒙古帝國作爲一個大帝國，高調的屹立於世界。

　　蒙古族是騎在馬背上的民族，他們居無定所，因此思想就會比中原人更開放，交流意識更強。他們對於比他們先進的民族都有著一顆好奇心，從元世祖到元順帝還是其他皇帝，他們都對西方文化感興趣，他們沒有那種凌駕於一切文明之上的唯我獨尊的驕傲，而是虛心地與各民族交流。蒙古族還有重商意識，統治者重視商業的發展漕運和海運事業都得到統治者的大力支持與發展。強大的軍事力量使得蒙古人的鐵騎踏遍整個亞洲大陸，遼闊的蒙古帝國地跨亞、歐兩大洲。這就爲中國與意大利進行交流掃除了交通障礙，使得通航兩地之路更爲順暢。蒙古帝國統治除繼承宋朝的疆域外，還擴張了領土。蒙古帝國統治下有四大汗國，察合臺汗國、欽察汗國、窩闊台汗國、伊兒汗國。其中欽察汗國最遠抵達奧地利的維也納附近，這就拉近了兩國之間的距離。兩國之間的貿易往來少了地域上的阻礙。在《絲綢之路考》一書中說道，成吉思汗爲保護商業貿易的道路第一次西征，於 1219 年親率 20 萬大軍攻打花剌子模。經過元朝統治者的東征西討，使得「草原絲綢之路暢通無阻」。中西之間的往來就變得容易多了。

　　由於地域遼闊，元朝統治者建立驛站制度來維繫國家間的信息交流。「早在成吉思汗時期，由於戰爭中運輸糧食和軍隊的需要，就有通到中原和西域的釋路和相應的釋站設備。窩闊台建都和林後，正式建立了釋站制度，設置了和林到中原地區的驛道，每七十里左右置一站，由一個千戶負擔站役，共

設三十七站；又設置從和林到察合臺封地，再從察合臺封地到拔都封地的驛道。」〔註17〕馬可‧波羅在遊記的第二卷第23章，也有關於驛站的描述。「有驛馬和鋪卒的驛站從汗八里城有四通八達的道路通往各個行政區。每條路上，或者說每一條馳道上，根據城鎮所處的位置，每隔二十五或三十英里，就設有一座招待旅客住宿的驛站」〔註18〕。馬可‧波羅提到驛站裏面的建築高大宏偉，設施豪華，所需物品應有盡有。完備的設施、良好的環境使得往來的人絡繹不絕。驛站在我國古代運輸中有著重要的地位和作用，在通訊手段十分原始的情況下，驛站擔負著各種政治、經濟、文化、軍事等方面的信息傳遞任務。驛站的重要性也使驛站有一定的管理制度，對於過往的人都有嚴格的分類。但這樣的分類卻促進了道路的暢通和使得交通更加快捷。因為對於有官方的要求驛站給與方便憑證的，驛站無條件的配給使用。馬可‧波羅回國就有忽必烈賜給他「金字圓牌」，馬可‧波羅拿著這塊牌子在帝國範圍內暢通無阻，在驛站也得到了很好的招待。「元朝建立後，釋站制度进一步完善，規模進一步擴大。當時，以大都為中心修築了四通八達的驛站，東連高麗，東北至奴兒干，北達吉利吉思，西通伊利汗國和欽察汗國，西南抵烏斯藏，南接安南、緬國」〔註19〕。來往的人在連接著四通八達的道路的驛站裏得到休息和補給，更多中亞、東南亞甚至是西方的人走在發達的道路上。絲綢之路走得比以往任何時候更為暢通，更為頻繁。

中國與意大利國家之間的交流是兩國共同作用的結果。意大利在12、13世紀就在西方佔據貿易的統治地位，當時貿易繁榮的城市就有威尼斯、佛羅倫薩、米蘭，意大利成為東西方貿易的中轉站。國家頒佈一切保護貿易的措施，教皇對商業貿易大大的支持。意大利還開設學習各國語言的課程。馬可‧波羅掌握了四種語言，其中有一種是韃靼語。

屹立於東西方兩端的國家，他們舉手投足都會對周邊國家引起巨大的動蕩，產生巨大的影響。元朝與意大利兩國的人民因為各種各樣的原因，彼此之間的往來比前代的任何時候密切，大大促進了兩國文化的交流，也進一步促進了中國傳統文化在海外的傳播，對雙方社會的發展，包括社會經濟文化等各方面都會產生深遠的影響。

〔註17〕 韓儒林，元朝史〔M〕，北京：人民出版社，2008，423。

〔註18〕 馬可‧波羅口述，謙諾筆錄，余前帆釋注，馬可‧波羅遊記〔M〕，北京：中國書籍出版社，2009，224。

〔註19〕 韓儒林，元朝史〔M〕，北京：人民出版社，2008，424

第二十二章　蒙元時期與意大利的外交

蒙元時期中國與意大利的外交主要表現在與意大利商人、宗教人士等之間的相互交往，中意之間的交往對雙方都產生了積極和深遠的影響。

蒙元時期大致分爲兩到三個階段，1206 年成吉思汗統一蒙古，立國漠北，定國號爲大蒙古國；到 1271 年忽必烈定都漢地，改國號爲大元之際，共六十六年，稱爲大蒙古國時期，又稱蒙古帝國；再到 1368 年元惠宗出亡爲止，是嚴格意義上的元朝歷史。在這 160 多年的歷史中，成吉思汗通過西征，足跡涉及歐亞大陸，建立了空前遼闊的疆域，儘管這對定居文明產生了毀滅性的打擊，但進一步加強了東西方世界的聯繫。在現有的研究成果中，大多數學者將精力投向了元朝的政治、經濟、文化等方面，對當時與具體的國家的交往很少進行研究論述，很少有學者將目光投向意大利，因此這次對蒙元時期與意大利的外交進行專項研究，因研究資料不是太充足，希望大家能夠進行補充指正。

中國和意大利同屬歷史悠久的偉大文明古國，中意兩國的交往源遠流長，是東西方最早有交往的兩個國家。最早東西方交流的紐帶正是中國人爲世界做出的一大貢獻：絲綢，而絲綢之路的兩端就是當時的兩個世界大國——中國與羅馬。到公元 13 世紀到 14 世紀，在歐洲與中國大地上更是發生了一件驚天動地的事件，那就是：將勢力擴展到整個亞洲的蒙古帝國已登上了世界政治舞臺，使一度中斷了的東西方交流重又興盛起來。那時從歐洲到東方，均需通過地中海中部。意大利由於地理上的便利，成爲東西方貿易中的

重要角色。在很長時期內，威尼斯在與東方貿易中起著重要作用。

一、蒙古時代在中國的意大利人：商人

　　當時經過無數的戰亂後，亞洲的北部和中部全部臣服於蒙古帝國的統治之下，「和平」時期到來，商旅可以自由通行，貨物也可以自由流通，不必擔心強盜，無需繳納買路錢，不再蒙受大國的敲詐勒索，為大量的意大利商人來到中國進行貿易提供了便利。

　　薄伽丘在短篇小說集《十日談》開頭寫到「假如去過那些地方的幾位熱那亞人和其他一些人的話是可信的，那麼可以十分肯定，一位門第顯赫、富貴無比的人到過契丹的一些地方，他的名字叫 Natan。」〔註1〕，這就證實了在 13 至 14 世紀，有不少的意大利人經過長途跋涉，從歐洲來到中國。

　　在來到中國的意大利人中，馬可・波羅（約 1254 年～1324）無疑最為著名，他的貢獻已廣為人知。馬可・波羅出生在意大利威尼斯的商人家庭。他的父親尼哥羅與其叔父馬飛阿從君士坦丁堡渡黑海，前往金帳汗國的都城薩萊經商。由此繼續東行，至布哈拉城。大約在至元二年（1265 年）夏，到達上都，受到忽必烈的接見。忽必烈決定派遣使臣出使羅馬教廷，並以尼哥羅兄弟充副使隨行，請教皇能派遣熟知基督教教義、通曉七種藝術者百人來華。中途使者因病滯留，以國書交給尼哥羅兄弟繼續西行，於 1269 年抵達阿克兒，向教廷呈遞了蒙古的國書，回到了威尼斯城。1271 年，他們攜帶尼哥羅之子馬可・波羅陪同教皇所派遣的兩名宣教士尼古勒與吉岳木東來。二位宣教士在半途因懼怕危險而不前行，遂將教皇致大汗的信交給尼哥羅等代為送達。他們父子叔侄三人在路上走了三年半，於至元十二年（1275 年）夏到達上都。他們路經的線路大致就是古代東西貿易的交通要道——絲綢之路。在路經伊利汗國時，還曾到過許多波斯城市。其後越過帕米爾高原，到達可失哈耳（今新疆喀什），取道南疆東行經鴨兒看（今葉城）、忽炭（今和田）、羅不（今若羌），復經沙州（今敦煌）、肅州（今玉門）、甘州（今張掖）、額里折兀（今武威）、額里哈牙、天德軍（即豐州，今呼和浩特市東白塔古城）、宣德州（今河北宣化）、察罕腦兒行宮（今河北沽源縣北）等地而至上都。馬可・波羅在其《行紀》中說他也曾奉使雲南、江南及占城、印度諸地，在揚州做官三年。

〔註1〕　白佐良，馬西尼，意大利與中國〔M〕，北京：商務印書館，2002-10-1，32。

至元二十八年（1291 年），忽必烈應伊利汗國的請求，把闊闊眞公主嫁給阿魯渾汗〔註 2〕。馬可·波羅隨同阿魯渾的使臣護送公主，由海道西行。於 1292 年左右抵達伊利汗國，完成了護送任務。馬可·波羅繼續西行，1295 年返抵威尼斯。根據他口述在旅途和在元朝定居期間的見聞，整理出版了《馬可·波羅行紀》，全書以紀實的手法，記錄了中亞，西亞，東南亞等地區的許多國家的情況，而其重點部分則是關於中國的敘述，以大量的篇章，熱情洋溢的語言，記述了中國無窮無盡的財富，巨大的商業城市，極好的交通設施，以及華麗的宮殿建築〔註 3〕。第一次較全面的向歐洲人介紹了發達的中國物質文明和精神文明，極大地擴大了歐洲人對東方世界的眼界和對中國的認識，豐富了他們對外部世界的知識，並激起了人們對東方世界的嚮往，加速了意大利人來中國的腳步。

　　1291 年，意大利商人彼得魯斯從桃里寺出發，經印度洋到中國。他住在北京，估計他在北京的生意一定很興隆，因爲他與 1305 年把帝國宮殿附近的一塊地送給方濟各會修道士約翰·孟德科維諾。大約 20 年之後，熱那亞人安德魯也到中國，他在此贏得了大汗的信任，他作爲蒙古外使回到歐洲，後來於 1338 年再次來中國。

　　在威尼斯檔案館特別是熱那亞檔案館的卷宗裏，我們還可以知道，來中國進行貿易的商人還有達薩維尼奧內、德·維寥內、盧卡隆哥（被稱爲『最出色的商人』，於 1305 年到北京）、杜多、喬瓦尼·洛雷丹、弗蘭切斯基諾·洛雷丹和其他人，他們都是威尼斯人。關於這些在中國的史書中卻未曾記載，但在揚州發掘的兩塊墓碑爲我們證實了意大利商人曾在中國的這個事實。一次，地方當局作出不夠審愼的決定，要拆毀古老的城牆，結果發現了墓碑，上面刻著工整的哥特體碑文，一塊刻著維寥內女兒加大利納的名字，1342 年 6 月逝世，上有死者殉教圖；一塊刻著維寥內兒子安東尼奧的名字，1344 年 11 月逝世，上有死者復活及末日審判的圖象。原來那裏有一處墳場，不知在什麼年月被毀掉了，墓石被當做建築材料砌入城牆之中。現在墓碑被陳列在揚州博物館中，生動的證明著一個意大利家庭曾在遙遠的中國生活過〔註 4〕。

〔註 2〕　勒内·格魯塞，草原帝國〔M〕，北京：商務印書館，2007，（7）：388。
〔註 3〕　馮承鈞（譯），馬可·波羅行紀〔M〕，上海：上海書店出版社，2004，（1）：1。
〔註 4〕　朱耀廷，蒙元帝國〔M〕，北京：人民出版社，2010-5-1，258。

二、蒙古時代在中國的意大利人：宗教人士

蒙古汗國及元朝時期，道教、基督教、伊斯蘭教等宗教呈現出異常興盛的局面，與格列科夫所說的一樣，「蒙古貴族對偶像崇拜及佛教迷信得如此強烈」〔註5〕。它們並沒有因為不同民族間相互征服和戰爭泯滅，反而由於蒙古民族對擁有上述某種或多種宗教的地區的征服或侵擾而使該教呈現向外擴張和傳播的態勢，這正是由於成吉思汗及其繼承者們奉行了對諸種宗教盡行尊崇優禮的政策結果。具體措施是：對諸教普遍設立管理機構，委名僧大德以官職；對其減免賦稅；元朝的統治者任用宗教教徒為官，並對各派宗教領袖大加封賜。

宗教人士與商人不同，他們不遠萬里奔赴遠東，一方面傳播福音，救人靈魂，一方面也肩負著外交使命。「促使宗教人士遠東之行，也出自於一個絕對屬於世俗性的動機，這就是歐洲對蒙古這個神秘民族及其勢不可擋的征服運動的恐懼和思考的結果。崛起於遼闊的大草原上的蒙古大帝國不斷地對外擴張，一個一個地征服了將它與歐洲隔開的國家，災難已經降臨在歐洲人的頭上。歐洲一方面將此視為無所不在的威脅，是神對它的詛咒，是因它的敵對、仇恨、墮落而給予的懲罰。面對這極大的危險，歐洲各國要準備迎戰，要是在遠方的中國能找到同盟軍就更好了；另一方面，歐洲認為，在抗擊其宿敵穆斯林時，蒙古有可能成為一種可資利用的潛在力量。」正是由於在宗教上採取的這種開明政策與自身的思量，意大利的宗教人士紛紛接踵而至。

《草原帝國》中記載的：「教皇尼古拉四世從列班‧掃羅那得知蒙古帝國內有許多地區基督教教會，他於 1289 年，派意大利傳教士約翰‧孟德科維諾帶著給大汗忽必烈的信前往遠東。他來到中國後，得到忽必烈之孫，繼承者鐵穆耳的熱烈歡迎。鄂多立克對此記載到『我們一位聖方濟各派修道士在皇宮中任主教，每當皇帝騎馬外出，他給他祝福，皇帝虔誠地吻十字架』，他在北京建立了兩座教堂，幾年之內他給『一萬多韃靼人』施洗禮。」〔註6〕約翰‧孟德科維諾是第一任天主教總教主。此外《草原帝國》中還記載了另一位聖方濟各派修道士鄂多立克受到忽必烈重孫也孫鐵木兒在蒙古宮廷中的接見的場景等。兩年後，新教皇克萊蒙特五世再派 7 名主教前來幫助他，其中 3 人

〔註5〕 格列科夫，雅庫博夫斯基，金帳汗國興衰史〔M〕，北京：商務印書館，1985，
　　　　（6）：210。
〔註6〕 勒內‧格魯塞，草原帝國〔M〕，北京：商務印書館，2007，（7）：399。

最終抵達北京。孟德科維諾將《新約》等譯為蒙古文，寫了《書信》等著作，介紹了中國的一些情況，增進了西方人對中國的瞭解。大都總主教孟德科維諾約在天曆元年（1328 年）病死，羅馬教廷又委派尼古拉繼任總主教。尼古拉一行抵達阿力麻里，受到察合臺汗的歡迎。此後，即下落無聞。後至元二年（1336 年），順帝派遣的 16 人使團前往羅馬。1338 年抵達亞維農，受到教皇別內德克特十二世的接待。教皇立即籌組了一個包括馬利諾里在內的使團東來。使團歷經欽察汗國與察合臺汗國，並在阿力麻里建起一座教堂。至正二年（1342 年）七月，使團抵達上都，向順帝進獻駿馬。使團在大都留居三年，然後循海道西歸。

聖方濟各會的另一修士奧多里克（1265 年～1331 年）到過廣州、泉州、福州、金華、杭州、南京、揚州等地，1325 年到達大都，朝見了元朝的泰定帝並受到禮遇。三年後他經陝西、甘肅、西藏到喀布爾，由原路經君士坦丁堡回國，寫成了他的《奧多里克東遊錄》。這本書的內容非常豐富，其中談到他施洗入教者達兩萬人。他在書中描寫了各地的風光、城市規模、建築、物產、經濟狀況、農產品、特產、風俗習慣、信仰、價值觀等，特別寫到了中國因佛教和孔學的久遠傳統而對他所傳的宗教信仰的抵抗。他對當時北京的皇宮也做了詳細描述〔註7〕。更為可貴的是他對西藏情況的描寫，這是馬可·波羅的遊記中所沒有的，十分珍貴。

到過中國的宗教人士不止上述提到的兩位，到過大汗宮廷的教皇的使節還有若望柏郎嘉賓、羅伯魯威廉、佩魯嘉安德烈、和德里和若望馬黎諾里，除了第二位是弗蘭德人外，其餘都是意大利人。他們在工作中身份和分工有所不同，若望柏郎嘉賓和若望馬黎諾里負有教皇授予的官方使命，主要負責外交工作；孟德科維諾和佩魯嘉安德烈任主教；羅伯魯威廉受法國國王所託，擔任半官方的使節；和德里可以自由行動。我們先從柏郎嘉賓說起，他啟程的時候，蒙古仍處在擴張階段，歐洲陷入一片恐慌之中。蒙古人於 1242 年攻到了離維也納不遠的地方，眼見他們集中在匈牙利平原上的騎兵就要對歐洲發起進攻時，不料，他們突然調轉馬頭，折回蒙古大草原。然而，蒙古人重返歐洲的危險仍然存在，對歐洲的入侵隨時都會發生，因此需要尋找逃脫這場災難的出路，那就是派使者去拜見大汗，勸他信奉天主教並放棄對歐洲的進攻。在所有派出的使團中，柏郎嘉賓使團是成功進入大汗宮廷的唯一的一

〔註 7〕　韓儒林，元朝史（下冊）〔M〕，北京：人民出版社，1986，（8）：368。

個，但柏郎嘉賓的第一個目的終未達到，新可汗不僅不改變信仰，而且態度傲慢。他的第二個目的是收集關於蒙古人消息並向歐洲彙報，這個任務完成得很圓滿。柏郎嘉賓在它的《蒙古歷史》一書中準確的記載了那個民族的生活和習俗，目的在於提醒歐洲人要警惕蒙古人企圖統治世界的危險，他告訴歐洲人：「中國人有極大的可能成爲我們的同盟軍，他們在文化和信仰方面與我們相似。」〔註 8〕總之他相信中國人祭天的傳統就是他們信仰一神教的證據。蒙古人對歐洲的全面進攻終未發生，征服歐洲大陸的唯一機會也一去不返，從此以後，對蒙古人殺回歐洲的恐懼逐漸減弱，然而有一種願望卻變得更加強烈，那就是要更好地瞭解蒙古人，幻想著改變他們的宗教信仰。這個任務由羅伯魯威廉等繼續完成。威廉於 1254 年在哈剌和林受到蒙古大汗蒙哥的接見。安德烈是貧窮的會士，來中國後對「蒙古官員對宗教所表現出來的寬容」十分讚賞，他死後葬於中國。和德里去中國沒帶任何國書，也沒有任何官方職務。他於 1320 年啓程，從海路道中國，不能排除他肩負著一項秘密的使命，是爲他的修會服務：即考察中國的傳教工作並進行彙報。在他返國後所寫的報告，證實了這一點。他於 1330 年從陸路回到歐洲，以「比馬可·波羅更爲專心精細的觀察」，在帕多瓦向教會口述了「中國考察報告」。與他同會的會士相比，他的報告更具可讀性。若望馬黎諾里作爲使團成員於 1342 年到汗八里，受到「王侯般的禮遇」，1346 年回到歐洲，大汗「還爲他提供了交通工具和一隊人馬護送他返程」。

意大利教士鄂多立克，於 1321 年抵達廣州，再由廣州抵揚州，循運河北上，至於大都。鄂多立克在大都停留達三年，然後經今內蒙古遊歷了青藏地區。在他的遊記中，關於今杭州、大都的萬壽山、北海以及元朝分省置驛的情況，雖屬簡略，但大體上是準確的。

三、蒙元時代在意大利的中國人：專使

元朝也派遣使者去歐洲。中國基督教聶思脫里派修道士、大都人列班掃馬與東勝州人麻古思，決意去耶路撒冷朝聖。至元十五年（1278 年），他們得到忽必烈的准許，帶聖旨文字（疑是驛傳璽書），隨商隊西行，抵巴格達後，因戰爭稽留在伊利汗國境內。1280 年，麻古思被任命爲契丹與汪古部的大主教，改名爲馬兒亞伯剌罕。1281 年，因馬兒亞伯剌罕是蒙古人，而被選推爲

〔註 8〕 李治安，忽必烈傳〔M〕，北京：人民出版社，2004，（10）：179。

駐巴格達的聶思脫裏的總主教，並得到阿八哈汗的核准。其後，阿魯渾汗在位，企圖征服巴勒斯坦與敘利亞，乃由馬兒亞伯剌罕派遣列班掃馬以阿魯渾國王及馬兒亞伯剌罕總主教的名義赴羅馬，航經君士坦丁堡，至那不勒斯登陸，正值舊教皇死，新教皇未立之時。列班掃馬由羅馬前往法蘭西。到法蘭西後受到國王菲力浦四世的接見。列班掃馬又前往會見英國國王愛德華。1288年春，列班掃馬返抵羅馬。新教皇尼古拉四世熱情地接待了他，對阿魯渾汗優禮基督教徒表示感謝。列班掃馬勝利完成使命後，循原道返回，受到阿魯渾汗的嘉獎。此後，列班掃馬與馬兒亞伯剌罕一直留居在伊利汗國。列班掃馬在1294年逝世。馬兒亞伯剌罕則活到1317年。

四、蒙元時期中意交往的影響

（一）對意大利的影響

1、促進了意大利人思想的解放與眼界的開拓。歐洲文藝復興之所以發生在意大利，是因爲意大利人的思想最早轉向發現外部世界，也就是說它受了蒙元帝國的影響〔註9〕。由於《馬可·波羅遊記》的傳播，文藝復興時期的西方學者對東方文化尤其是蒙元時代多有好感，如羅哲爾·培根（1214～1294）認爲蒙古人的成功是靠科學，喬叟（1340～1400）在《侍從的故事》中對成吉思汗也不吝讚美之詞。此外，《馬可·波羅遊記》渲染東方的文明和富庶，聲稱蒙古大汗親近基督教，也使一般民眾心嚮往之。

2、促進了意大利經濟的發展與繁榮。自蒙古人入侵五十年以來，眾多被孤立分隔在各自的小圈子裏的文明融爲了一體，有了統一的洲際交通、商業、技術和政治體系；在亞洲，中國傳統的抑商政策被蒙古人徹底打破，中國的工場不僅要爲世界市場生產傳統的中國瓷器、絲織品，還要爲專門市場增加全新的品種，出口歐洲。意大利來中國經商的也有很多，這就促使了意大利經濟的發展，加強了貿易的流通。

3、促進了意大利科技的發展。火藥火器、印刷術、指南者先後經波斯傳入阿拉伯，又經阿拉伯傳到了意大利等歐洲國家，這就促使了意大利航海事業與印刷業的發展。

4、豐富了意大利人的物質生活與精神生活。在歐洲，自蒙古人入侵五十

〔註9〕雅各布·布克哈特，意大利文藝復興時期的文化〔M〕，北京：商務印書館，1979，（7）：280。

年以來，眾多被孤立分隔在各自的小圈子裏的文明融爲了一體，有了統一的
洲際交通、商業、技術和政治體系；在亞洲，中國傳統的抑商政策被蒙古人
徹底打破，中國的工場不僅要爲世界市場生產傳統的中國瓷器、絲織品，還
要爲專門市場增加全新的品種，出口歐洲〔註 10〕。中國的瓷器、書籍以及先
進的發明等傳入意大利，改變了意大利人的生活。

（二）對元朝產生的影響

1、促使元朝文化的多元化。意大利的文明與宗教傳入中國後，迅速的被
人們所接受，在這些文明的啓發下，元朝的科技與文明也獲得了很大的發展。

2、開拓了蒙元時期人民的視野。當他們接觸到遙遠的意大利人，聽聞他
們所講的奇聞異事與風俗人情，使人們的思想發生了巨大的震動。

3、同時促進了蒙元時期經濟的發展。元朝的經濟之所以發展的那麼迅
速，使之成爲既唐朝之後的大國，與意大利的交往有莫大的關係，威尼斯商
人的作用尤其明顯。

正如馬佐良在《意大利與中國》一書中提到的，「在漫長的歷史長河中，
中國跟西方國家的來往，也可以說就是中國跟意大利的來往」〔註 11〕。中意
之間的交往開啓了東西方交往的歷程，但願本文能加強中意兩國人民的相互
瞭解與友誼，爲進一步的交流做出貢獻。

〔註 10〕 王紀潮，被低估的蒙元時代〔J〕，博覽群書，2007，（5）：54。
〔註 11〕 白佐良，馬西尼，意大利與中國〔M〕，北京：商務印書館，2002-10-1，2。